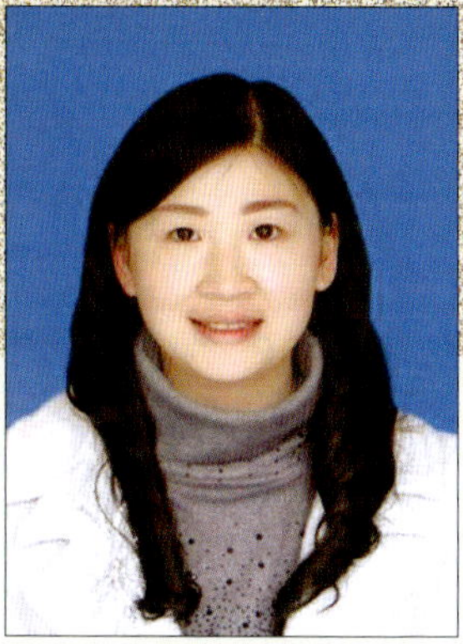

徐 岚 毕业于武汉大学经济与管理学院市场营销系，获管理学博士学位。香港城市大学博士后。现为武汉大学市场营销与旅游管理系副教授，市场营销专业硕士生导师。主要从事服务营销、消费者行为以及营销战略等领域的研究。先后主持和参与多项国家自然科学基金项目，在《管理世界》、《心理学报》等权威期刊上发表学术论文多篇。

作者简介

武汉大学学术丛书
Wuhan University Academic Library

消费者参与企业创造的心理机制研究

徐岚 著

本书是国家自然科学基金青年项目《消费者参与企业创造的心理机制研究》（批准号：70702019）的阶段性成果，
同时获得武汉大学人文社会科学自主科研项目
（项目编号：09ZZKY082）以及武汉大学学术丛书项目资助。

武汉大学出版社
WUHAN UNIVERSITY PRESS

图书在版编目(CIP)数据

消费者参与企业创造的心理机制研究/徐岚著.—武汉：武汉大学出版社,2011.4

武汉大学学术丛书

ISBN 978-7-307-08709-5

Ⅰ.消…　Ⅱ.徐…　Ⅲ.消费心理学—研究　Ⅳ.F713.55

中国版本图书馆 CIP 数据核字(2011)第 072023 号

责任编辑:柴　艺　　责任校对:黄添生　　版式设计:支　笛

出版发行：**武汉大学出版社**　（430072　武昌　珞珈山）

（电子邮件：cbs22@ whu. edu. cn　网址：www. wdp. com. cn）

印刷:武汉中远印务有限公司

开本：720×1000　1/16　印张:18.25　字数:259 千字　插页:3　插表:1

版次:2011 年 4 月第 1 版　　2011 年 4 月第 1 次印刷

ISBN 978-7-307-08709-5/F·1509　　定价:40.00 元

序

创新是人类发展的永恒主题。顾客创造性参与活动是企业市场营销创新的重要组成部分。顾客创造性参与活动，是指消费者为企业提供新产品创意、参与新产品开发过程或者创造各种与企业相关的思想、信息和言论。近年来，学术界对于本论题的研究日显突出，从美国营销科学学院（MSI）最近公布的2010—2012年优先研究方向目录上看，顾客创造性参与活动的研究主题位居前列，这反映了本论题在市场营销研究领域中的重要地位。

早在2000年，Prahalad和Ramaswamy在《哈佛商业评论》上发表论文《合作选择顾客能力》(*Co-Opting Customer Competence*)，率先提出了顾客与企业之间开展合作创造活动的观点。至今，随着网络科技的发展、消费者主权意识的增强和企业服务转型战略的采用，学术界及业界对这一问题越来越感兴趣。

首先，网络技术的快速发展使消费者逐渐改变对交易活动的传统观点，转而逐步接受互联网文化，即消费者通过交易在获得价值的同时也分享价值。这种基于分享和参与的价值观驱动了消费者参与合作创造活动的意愿。

其次，随着市场经济的快速发展，消费者的主权意识日益增强，他们不再愿意被动地选择由企业主观生产的产品，而是希望根据自己的需求来提供“定制”产品。同时，消费者也不再愿意依赖企业发布的商业广告，而更多地通过自己搜寻相关的各种信息来作购买决策。这些都促使企业更加关注消费者创造性参与活动。

再次，随着服务经济的发展，服务业在国民经济中占据举足轻重的地位，企业开始从制造型战略向服务型战略转型。服务型战略使企业更加关注顾客的合作创造活动，这是因为服务的显著特点是消费和生产同时发生，改善服务绩效和开展服务创新的一个重要方式是研究如何引导消费者更好地参与服务过程，并与服务人员一起对服务产品进行合作创新。

本书正是以消费者的创造性参与活动作为研究主题。这是作者在借鉴他人研究基础上，进一步深化研究的成果。本书着重研究消费者创造性参与活动的动机，即消费者为什么愿意参与创造、哪些消费者更愿意参与创造以及在什么样的条件下消费者会更积极地参与创造等一系列问题。通过研究，作者提出了三种特有的影响消费者参与创造活动的心理动机，并对每一种动机的心理机制进行了理论分析和实证检验。

本书采用了“理论—实证—理论—实证”的螺旋式上升的研究思路，即先以创造性研究中的一般理论框架为逻辑起点，再从来自市场的真实案例中寻找适用于研究消费者创造性参与活动的特有构念，然后再回归文献，从来自心理学、消费者行为学、社会学领域的相关文献中寻找理论支持，最后根据理论和相关文献提出研究假设和理论框架，并通过实证研究检验研究命题。这种研究方法使理论构建既能反映实践，又与相关理论相符，并使本研究在现有理论基础上有所前进。

本书是徐岚博士近几年来在该领域研究的创新性成果。她是国内较早研究消费者创造性参与活动的研究者之一。她在攻读博士学位期间，对企业与顾客的合作创造活动已表现出浓厚的兴趣。2005年，她参加全国首届 JMS 营销科学博士生论文大赛所撰写的关于消费者创造性参与活动的论文获得了一等奖。同年，她将研究消费者创造性参与活动作为自己博士论文的研究主题，并对该问题进行了系统和深入的研究。2006 年博士毕业后，她到香港城市大学从事博士后研究工作，其研究的主要方向也与消费者创造性相关。2007 年，她以此论题申请国家自然科学基金项目并获得资助。可见，本书是她这几年来对该论题深入研究的研究成果，具有创新性和可读性。

我作为徐岚的博士生导师，很高兴看到她在顾客合作创造这一前沿研究领域勇于探索并获得丰硕的创新性成果。期望未来有更多的研究者关注和参与这一领域的研究，以进一步丰富市场营销创新理论。

甘碧群

武汉大学市场营销学教授、博士生导师

2010 年 11 月于珞珈山

前　　言

在现实世界中，顾客参与创造新产品的活动与日俱增，对企业的影响越来越大。这可能归于多种原因：其一，随着技术和行业的发展，生产与消费得以同步进行，消费者成为合作生产者，为消费者的创造活动提供了机会。其二，随着后现代主义消费文化的形成，消费者越来越追求自我的彰显，不再盲从于大众的潮流，顾客需要更为个性化和独特的产品。其三，消费者主权时代到来，这一方面表现为顾客不再被动地接受产品，而是越来越多地要求企业按照自己的意愿来提供产品；另一方面顾客对企业的影响力越来越强，企业不得不更加重视顾客的特别需要。其四，一对一营销理念的提出及其技术的实现，使得企业与某一顾客共同创造专门为其定制的新产品成为可能。

尽管“消费者创造性”(consumer creativity) 的概念在20世纪80年代初被提出，但研究的内容并未涉足顾客参与创造新产品的领域。随着社会环境的变化，消费者创造性研究的视角需要进行相应的扩展和转移，并发展更为丰富的消费者创造性理论，以更深入地探索消费者行为，适应新环境下企业的需要。

本书是国家自然科学基金青年项目《消费者参与企业创造的心理机制研究》的主要成果之一。该研究选取了消费者参与企业创造活动的视角来研究“消费者创造性”，并对“消费者创造性”概念的内涵与外延进行了界定；比较了“消费者创造性”与“消费者创新性”概念的联系和区别，为消费者创造性理论的建构提供了概念基础。在对心理学领域的一般创造性研究进行回顾的基础上，本书提出了能力—动机—环境激励的汇合框架，并检验和证实了该框架在消费者创造性研究领域的适用性。在案例叙事研究的基础上，借鉴消费者行为学、心理学以及社会学领域的独特性需求理论、最适宜刺激水平理论和社会认同理论，本书提出并证实了消费者独特性产品需求、独特性体验需求、独特性集体身份需求三种主要的消费者创造动机，并进一步区分了三种动机的心理机制。本书还提出并证实了针对不同心理机制（基于结果、基于过程和基于社会认同）的创造激励分别对不同的动机类型产生了调节作用。

全书共分为七章。第一章绪论主要阐述了本研究的研究背景和主题。我们从消费者创造性研究对于消费社会的意义、对于企业的意义以及对于个体的意义三个方面分析和论述了本研究的现实背景与理论意义。然后我们综述了现有关于消费者与企业合作创造的文献观点，认为合作创造活动已经成为日益重要的实践趋势，但现有文献主要从企业视角出发来研究消费者合作创造行为，而缺乏对消费者参与创造的行为动因的探索。在此基础上，我们提出了本研究的主题、方法和框架，即采用规范研究和实证研究相结合的方法，从消费者的角度来研究消费者创造性参与活动。

第二章对消费者创造性概念的内涵与外延进行了界定。我们在对“创造性”、“消费者创新性”、“消费者创造性”等各种概念进行回顾和总结的基础上，分析了消费者创造性概念的内涵，特别探讨了消费者创新性与消费者创造性两种概念的区别和联系。我们将消费者创造性定义为消费者在消费情境中思考出新事物或者产生新颖、适当的创意或产品的能力、过程或者活动。在对消费者创造性概念的外延界定中，我们特别强调了参与中的消费者创造性，即消费者在消费过程中与企业共同创造新产品或体验的行为对于该领域研究的重要性，也指明了本研究的重点和范围。

第三章对心理学中有关创造性的研究进行了回顾和简要总结。大量学者分别从能力、人格、动机和环境方面对创造性进行了研究。然而，这些研究可能只强调了创造性理论的某一个侧面，因此，一些学者提出应该采取一种汇合的视角。在Sternberg、Bandura和Amabile三位学者所提出的汇合视角的基础上，我们形成了能力—动机—环境激励的汇合框架，以此作为消费者创造性研究的框架基础。

第四章采用了基于个案的叙事研究方法，从现实的市场案例出发来抽取可能的理论概念进行研究。通过选择四个消费者参与创造活动的个案作为研究样本，以及使用整体—内容的叙事分析模式，我们从叙事案例中识别了影响消费者创造性参与活动的具体的动机因素、能力因素以及环境因素。

第五章探讨了消费者创造性形成的心理机制。我们在四种理论的基础上对消费者创造动机进行了分析。其中第一节讨论了认知需求是否消费者参与创造的主要动机。我们在对认知需求的定义、认知需求与创造性的关系进行综述的基础上，提出认知需求在消费者创造性参与场景中的失效性，其原因可能是消费中的创造活动并未构成与认知需求的强关联。第二节讨论了消费者独特性产品需求对于消费者创造性的影响机制。在分析消费行为的个人意义和社会意义的基础上，我们对独特性需求理论进行了介绍和分析，探讨了商品的独特性属性作为满足个体独特性需求的中介手段，以及由此产生的独特性符号意义寻找行为对消费者创造性的影响。第三节讨论了消费者独特性体验需求对于消费者创造性的影响机制。在分析消费中的体验价值的基础上，我们引入了最适宜刺激水平理论，分析了消费者追求最适宜刺激水平的体验探索行为与创造行为之间的关系。第四节讨论了消费者独特性集体身份需求对于消费者创造性的影响机制。在分析集体身份对个体消费者的重要性的基础上，我们借鉴社会认同理论分析了形成独特性集体身份需求的心理机制，提出独特性集体身份需求作为消费者利他性创造行为的动机。

第六章在前述定性研究和理论发展的基础上，提出了研究框架、研究方法与研究假设，并通过三个实验来检验研究框架和假设。通过有关美发设计的实验场景操纵，研究一检验了能力—动机—外部激励框架以及消费者参与创造的利己动因——独特性产品需求和独特性体验需求对于消费者创造意愿的影响。研究发现，除认知需求以外，自我效能感、创造激励、独特性产品需求、独特性体验需求分别对消费者创造意愿产生了显著的影响。而且，创造激励调节了独特性体验需求与创造意愿的关系，信任调节了独特性产品需求与创造意愿的关系。

通过有关广告语设计的实验场景操纵，研究二检验了消费者参与创造的利他动因——独特性集体身份需求对于消费者创造意愿的影响。研究二支持了研究一的主要结论，同时发现，独特性集体身份需求对于消费者创造意愿产生了显著影响，并且创造激励调节了独特性集体身份需求与创造意愿的关系。

通过有关产品命名的实验场景操纵，研究三检验了三种不同类型的创造激励对于不同创造动机的调节作用。研究三支持了研究一和研究二的主要结论，同时发现，三种不同类型的创造激励对于创造意愿均产生了显著影响，并且基于结果的创造激励调节了独特性产品需求与创造意愿的关系，基于过程的创造激励调节了独特性体验需求与创造意愿的关系，基于社会认同的创造激励调节了独特性集体身份需求与创造意愿的关系。

第七章在前述理论与实证分析的基础上，提出了研究结论并加以讨论。本研究的理论贡献主要表现在三个方面：（1）本研究将一般创造性研究的范围扩展到对消费活动中的创造性参与的研究，检验一般创造性理论在消费领域中的适用性和局限性，丰富了一般创造性研究的主题和内容。（2）明确了消费者创造性概念的内涵和外延，借鉴各相关领域的理论及研究成果，形成了研究消费者创造性的汇合框架，并对该框架提供了一定的实证支持，有助于发展和充实消费者创造性理论。（3）从消费者视角对影响消费者创造性的因素进行了探索，其研究结果对于消费者行为以及营销领域的其他研究具有一定的借鉴意义。本研究为企业经营管理实践也提供了一些启示。首先，我们的研究表明消费者的创造性参与活动为他们自己带来了价值，因此，在某种程度上，“让顾客创造”可能比“为顾客创造”更能够使消费者获得他们真正期望的价值。其次，我们的研究为企业提供了一种基于创造动机的新分类方法，有助于企业更好地进行市场分析和细分。最后，我们的研究说明，通过创造激励来影响消费者创造性参与需要引起企业的重视。

总之，本书从能力、动机和环境激励三个方面研究了影响消费者的创造性参与意愿的心理机制，研究综合了来自于心理学、消费者行为学、社会学、市场营销学等学科的相关理论和文献，采用规范研究和实证研究相结合的方法，旨在丰富和发展消费者创造性研究，并为企业推动与消费者的合作创造实践提供一种分析工具和行动指南。然而，由于消费者参与企业创造是学术界新近出现的研究课题，相关文献和理论基础还不完善，在研究过程中难免存在对所研究问题认识不够准确的情况，加上受本人研究能力与知识基础所限，本书的内容和观点必定还存在很多不足，敬请读者不吝指教。

目　　录

第一章
绪　　论

人的本性就是永不满足地寻求意义，这种寻求不仅仅是去接受外界所给予的什么，而是要从世界的物质中创造出意义。

——卡尔·拉纳（Karl Rahner，1968）

第一节　研究背景及选题意义

一、消费社会的存在哲学：消费者创造性研究对于消费社会的意义

随着消费活动在社会经济生活中的比重和地位不断提高，当代社会逐渐从工业社会转型为消费社会。对消费社会的定义，尽管各学者的视角不同，由此产生的理解也不同，但最基础的共识还是来源于波德里亚在1975年提出的将消费社会作为一种变迁秩序的界定。在他看来，传统的工业社会是生产社会，而进入后工业时代，在从生产性社会秩序向再生产性社会秩序转变的过程中，技术与信息的新形式占有核心地位，它意味着具有自己独特组织原则的新社

会出现，人们进入了消费社会。简单而言，消费社会是以消费为主导的社会，消费成为生产和社会生活的主导动力与目标。然而，消费社会的出现引发了很多学者的忧心。

（一）学术界对消费社会的批判

对消费社会最为明显的批判莫过于其物质主义与消费主义的外衣。学者们认为，以消费为主导的社会，以鲜明的重视物质消费的物质主义为特征，强调通过物质的占有来达到心理的满足。随着商品极大丰富以及商品品类差异化，从消费中追逐商业价值的生产者可能背负制造浪费的骂名。正如汉森（1964）所述："我们不是生产优质的、随着时间的推移而越来越受重视的产品，而是生产一些我们自己不久也会厌弃的东西——瞬息万变的社会标准很快就会使这些产品过时。过去从来没有像现在这样把大量的生产资源都浪费在本身没有价值的东西上。"

更重要的是，在批判者的视野中，消费主义的大规模消费需求是被制造出来的。垄断资本主义的控制重心已经从生产领域转移到了消费领域，这时，符码控制着需求与社会化过程，而广告与营销在其中起到了主要的作用。

波德里亚（1975，1981）探讨了资本主义通过控制符号来制造需求的过程。"在资本主义的垄断阶段，垄断生产工具的重要性，已经比不上垄断符码的重要性了……符号形式给我们描绘的是完全不同的一个组织形态。所指和真正的指示物现在已沦为能指营利的工具，只是一个概括化的形式而已"（波德里亚，1975）。一旦能控制符号代码，就可以给商品赋予特定的意义（此时商品可能与其用途完全无关），要达到这个目的，就要操纵商品与其他符号的关系。随着越来越多的需要被带进符号消费领域，个人也就失去了以自主的方式来控制符码的能力，拜倒在符码脚下。虽然符号主义能通过检查符号系统来分析它们的意义，但这产生了一种"无限的后退"，一种符号产生另一种符号，而在系统之外没有任何"真实"。所有意义是社会建构的，没有基本的外部参照点，因此最终"在文本之外什么也没有"（Derrida，1977）。

然而，更深层地说，物品向符号转变的关键是它变成了人与人之间关系消费的中介物。“我们看到，那被消费的并不是物，而是关系本身——它既被指涉又是缺席，既被包括又被排除——在用于显示它的物品系列中，那被消费的正是关系的理念自身”（吴兴明，2005）。但是这种社会关系与符号本身一样，是强制的、外生的，甚至人的自我本身也成为如同符号一样被编码的商品。在人的自我认同与社会认同之中，符码成为唯一的线索，商品的消费过程实际上变成灌输与操纵的过程。

与消费主义和消费社会一同被批判的，还有后现代主义文化，理由是后现代主义鼓励了强调娱乐性、商业性、消遣性和享乐性的消费文化。当真实的实在转化为各种影像，当时间碎化为一系列永恒的即时片断，消费被指责为只剩下感官刺激和残缺模糊的体验。Leiss（1978）称之为需求与商品的“双重暧昧”。当商品变得愈来愈复杂，商品创造的需求也愈来愈矫饰，消费行为的结果往往因为夹杂着难以分辨的满意和不满意而变得模糊不堪，即一面是即时的刺激产生了短暂而不真实的快感，另一面却是快感之后长久弥漫开来的空洞和茫然。

詹明信（1984）批判了消费社会中的后现代文化，他认为当消费和市场成为一切事物的价值标准时，艺术与日常生活之间的界限被消解了，社会失去了追求深度、实施影响的可能性，它已沦为纯粹的模仿作品和肤浅的自我评论。艺术生产者的原创性特征衰微了，文化的高雅目标与价值屈从于生产过程与市场逻辑。这种建立在消费基础上的文化体系可能比过去建立在生产基础上的文化体系对世界的影响更甚，它不仅保证了资本积累中私人利益的合法性，而且还继续再生产出促进这种利益的社会关系，以保证资本的永续扩张，因此所有世界，不论是物质还是精神，都沦为资本的奴隶和傀儡。

（二）消费者创造性研究对于消费社会的意义

总体而言，对消费社会持批判观点的学者总是试图说明人类如何被自己制造出来的商品和符号所奴役和毁灭的过程。人们在享受物质的同时，不得不丧失精神的自由和创造的能力。因此，消费社会是一个看似“物品丰盛的”，实质如“恶魔般的”，“时时威胁着我们每一位”的消费神话。

然而，这些学者可能忽视了消费者主体的能动性。事实上，如果将消费活动视为消费者主体表现与实践的场所，而产品世界是由消费者所诠释或再次构建的意义结构网络，那么，消费社会就未必是批判者所想象的“社会的终结”。

实际上，有关消费社会合理性的争论焦点在于，消费者主体是否在消费社会中行使了自由决策和创造的权利，这种权利不只是简单表现为对企业所提供之有限产品的自由选择权，还反映在消费者对于生产者提供的产品（包括产品的功能、符号及隐藏在产品后的社会关系等）创造性地再建构、再加工以及对生产者意图的再影响。

如果将消费者对于产品的再创造考虑在内，那么我们需要重新审视消费社会存在的意义。首先，消费者对于符号意义的阐释和再加工改变了符码的操纵作用。尽管符号在消费社会中发挥中介的作用，但正因为人与物之间有着符号的中介作用，所以产生了变异。而变异的根本原因，不是符号的抽象和模糊，而是基于个人的心理意识对其作出的理解和阐释的差异。这符合文艺社会学所谓的“生产者之死”(即作者之死）的观点——文本的意义不能单纯简化为作者的意图、观点或代表的利益，生产者的主观意志无法强加在消费者身上。当消费者对符号意义的创造性阐释和再加工在消费社会中得以充分的发挥和体现时，消费社会成为消费者通过消费方式来寻求意义和建构意义的场所与舞台。

其次，消费社会虽然将社会关系体系建立在消费的基础上，但这些社会关系不是被强加或者既定的，而是可以自由选择和创造的。消费者通过商品来解构和重新建构社会关系体系。人们能通过消费商品来成为任何他们想成为的“可能的自我”(Markus and Nurius，1986)，这种建构自我认同的方式也被称为“DIY 自我”。同时，人们还积极通过商品来引导他人对自身的推断和行为。

再次，在消费社会中，消费是人们感知世界的重要场所，人们通过消费活动将外部的世界内化为自己的主观体验。从物品使用者变成商品消费者，不一定就意味着雷蒙德·威廉斯所说的“从自由之巅的沦落”。这一转变，可能更贴近于把体验理解为“再创造”时所产生的潜能。消费者也许不在乎获得什么产品，而是通过购买使自己进入某种审美的过程。从每个消费者对体验所形成的独特定义而言，消费社会为人类带来的不仅是短暂的即时感受，更重要的是每个人心中创造和定义的纷繁的社会世界。

因此，消费社会的存在哲学的关键是，消费者是否在消费社会中保持了创造性。因为消费者的创造性可能是保证消费社会在不断提高其物质生活质量的同时，提高精神生活质量自我更新和自我完善的机制。消费者只有在消费过程中保持创造性，才能使其不至于盲从生产者的意图，保证消费决策的自主性和独立性。另一方面，当生产者认识到必须与消费者的意图达成一致才可能保证资本的持续再生产时，生产者创造新产品的行为就必须以消费者为导向，或者至少以自己与消费者的合作为导向，这就使得生产者不可能完全听从资本的安排，去一意孤行地创造出大量无谓的商品。

正因为消费者创造性对于消费社会存续合理性的哲学含义，我们的选题有了更为深刻的现实社会意义。在消费社会中，当消费成为人们改造社会而不是被社会改造的工具时，这个社会就有了存在的意义，它也是本书选题的出发点所在。消费社会是否能成为推动社会进步的合理存在，归根结底在于消费社会是否更好地促进了消费中的创造性，这种创造性可能以生产者创造、消费者创造或生产者与消费者合作创造的形式存在，但究其根源都出自于人类通过消费来创造意义的需要。本书旨在探索消费者通过消费活动参与创造的心理机制，选取的是生产者与消费者合作创造的形式，因为这种形式可能既综合了存在于生产者创造和消费者创造中的影响因素，又特别显化了生产者与消费者互动渗透的过程。如果说消费社会的到来是历史发展的必然，那么对于消费者参与合作创造的心理机制的研究有助于我们更好地维持消费社会的合理存在，并推动其发展和革新。

二、企业价值创造的合作者：消费者创造性研究对于企业的意义

（一）传统企业创造活动的局限性

价值创造是企业的永恒主题。在传统的企业管理思想中，企业是价值创造的主体。其主导假设是企业与消费者承担着不同的角色，其中企业作为生产者，负责提供具有价值的产品和服务，而消费者则只是产品的购买者和使用者，企业与消费者之间的联结在于市场交换。从这种假设的角度来看，价值创造发生在企业内部和市场外部，即消费者只需要从市场中搜寻和获取已经由企业成功开发并注入价值（不论是功能价值还是符号价值）的产品。在这个过程中，价值创造和价值交换过程是分离的。企业是消费者的创新代理人，创造并生产出消费者所期望的产品，是企业的责任和义务。

因此，大量的新产品开发与创新管理文献关注于来自企业内部的创造力和革新精神。从企业自身寻找创新的源泉以及实现创新的解决方案是这些文献的研究主题，比如在组织内部培养创新风气，增加技术投入，奖励创新人员，训练创造技能，建立跨职能项目开发团队，等等。但是，实施技术创新战略的企业经常遇到的问题是，开发出的新产品往往和顾客的实际需要脱节。因此，由技术导向向市场导向转移的新产品开发思想强调对顾客和市场的前摄性研究，通过发现和了解顾客的潜在需要来提出适合的解决方案，以降低开发风险，增加新产品成功率。

然而，即使企业努力探索和研究顾客需求，也仍然可能在新产品开发过程中感到茫然和困惑。第一，顾客的需要可能无法直接表达，这可能因为顾客需要难以用语言概括，或者顾客自己并不能清楚地意识到自己的潜在需要。第二，顾客的需要在使用过程中经常变化，现在的需求并不代表未来的需求，企业根据当时所获得的顾客需求信息开发出新产品，可能已经无法满足他们的需要。第三，对顾客需要的理解存在“翻译”问题，企业对顾客需要的理解一般基于自己的观点和视角，因而可能会有意识地忽视或过滤掉一些企业认为不重要的需求因素，从而导致新产品开发失败。第四，承载顾客需要的产品原型可能发生变形和失真。即使企业捕捉到了真

实的顾客需要，但在将需要转换为创意以及实现创意的过程中可能因为种种原因（如工程或生产人员的曲解）使最后形成的产品无法满足顾客的真实需要。

（二）消费者创造性研究对于企业的意义

传统企业创造活动中的主导假设可能是产生上述困境的主要原因。如果价值创造活动仅存在于企业内部，那么就必须存在一个将创造成果与实际的市场需要按照某一方的意愿相匹配的过程，要么按企业的意愿，要么按消费者的意愿，但基本不可能是双方共同的意愿。

因为最真实的市场信号来源于市场交换过程，而在传统的创造活动中，价值创造独立于市场交换而产生，它可能发生在市场交换之前（传统技术导向下的创造活动，即先创造后市场），也可能发生在市场交换之后（传统市场导向下的创造活动，即先识别市场需求后创造）。这就使得将顾客的真实需要与企业的实际创造相结合存在天然的局限性。因为顾客的需要不仅模糊而且经常变化，并且企业对于顾客需要的理解和实现不可避免地受到自己固有的认知体系的影响，如果企业不能让顾客参与企业创造的全过程，并在创造的过程中与顾客进行互动交流，都可能使其创造活动与顾客需要脱节。

因此，对顾客需要最真实和即时的了解与捕捉，依赖于价值创造与价值交换过程的统一，让创造出来的产品即时交换，或者让顾客将价值创造过程本身视为一种价值的获得与实现过程，可能是最能使顾客的新鲜需要与企业的实时创造达成一致的方法。

考虑到消费者在企业价值创造过程中举足轻重的作用，有关消费者创造性的研究无论对于企业管理理论还是实践活动都具有显著意义。在这种背景下，研究消费者参与企业创造活动中表现出的创造性以及相关的心理机制，将有助于企业在价值创造活动中激发和挖掘消费者的创造性，使企业的新产品开发活动具有更加准确的市场方向，提高新产品开发的成功率，使企业的价值创造过程能真正实现以顾客为中心，为顾客提供更为贴心的产品和服务。

三、创造型消费的价值：消费者创造性研究对于个体的意义

（一）消费对于个体的意义

消费对于个人而言到底意味着什么？人们为什么消费？这似乎是一个古老的哲学问题，但总是流淌着时代的新鲜血液。事实上，消费对于个体的意义绝不是单一层面的，这既因为消费活动本身的可塑性和发展性，在不同时空下不同情境中的消费表现是不同的；也由于消费主体的随意性和个人化，每个消费者对于消费的理解与演绎也可能不同。因此，我们将从以下几个不同的角度来对消费对于个体的意义进行深入理解。

1. 作为功能的消费

消费对于个体的意义最初体现在其功能价值上。消费是为了满足人的基本物质需求，如同配第的论述“个人消费只不过为了劳动力再生产的需要，只要能使食物消费维持工人的最低限度的生活，那么资本主义生产过程也就可以持续进行了”。在传统经济学理论的视野里，消费一般是与功能（或者效用）联系在一起的。功能被认为嵌入在商品之中，消费的目的是为了获得商品的“使用价值”。

随着后工业社会的到来，信息和服务在社会中的比重日益增加，市场的主导逻辑开始从有形商品（制造业产品）的交换转向无形的专业化技能和知识以及过程（信息和服务）的交换。虽然承载价值的提供物有所改变，但 Gummesson（1995）强调在功能上，产品与服务是没有差异的，“顾客并不是购买产品或服务：他们购买使得服务创造价值的提供物”。这种消费对于个体的功能价值的观点的潜在假设是“人们完全能够理解并体验使用价值，它满足了人们的需求”。

2. 作为符号的消费

消费对于个体的第二种意义体现在其符号价值上。事实上，不论是历史学、人类学还是泛文化研究，都已提供了足够的证据，表明商品对人们之所以重要，不仅是因为它能够使用，更是因为它的符号意义。早在 1953 年，Thorstein Veblen 在其著名的“炫耀性消

费”论述中就已经表现出消费所具有的符号区分意义。人类学家 Marshal Sahlins（1976）指出，“任何物体的使用都在其文化背景的规定下，甚至日常生活中最为世俗和普遍的物品，也是以这一层符号意义为中介的”。或者我们可以认为，人类需要兼具物质基础与符号意义，即我们不仅需要通过商品来满足功能上的需求，还需要借助符号寻找存在的意义。因此，消费的符号价值源于个体对意义的渴望，人总要在商品的世界中，以符号来确定自己的位置。

3. 作为社会关系的消费

消费对于个体的第三种意义体现在其反映的社会关系上。消费既是“表现社会认同和社会区分的方式之一，又是沟通社会关系的纽带”(王宁，2001)。这使得消费品的意义必须建构在其社会背景之上，个体对商品的需求更多来源于它在社会活动中赋予消费者的角色，而不是它对简单的人类需要的满足。从这个意义而言，消费品不只是经济交换的对象，“它们是思考的商品，交谈的商品”(Fiske，1989)，或者说，消费不仅体现着人与物的关系，更加反映了以物或者符号为中介的人与人的关系。

因此，作为社会关系的消费至少在两个方面得以实现：其一，它从内部建构了个体的自我认同，即它帮助个人在一定的社会文化情境之下，用消费品和消费过程作为建构与维持身份、形成关系和建立心理事件的材料（Lunt and Livingstone，1992）；其二，它从外部建构了社会世界，即作为一种参与社会生活的方式，它将社会关系中的重要要素黏合起来，使消费的整个系统都表达着现有的社会结构（Baudrillard，1988）。

4. 作为体验的消费

消费对于个体的第四种意义在于其体验价值。蒂姆·爱德华兹区分了“买东西”(doing the shopping）与“去购物”(going shopping）的差别。此差别说明消费的过程（以及由此而来的体验）甚至比消费的商品更接近消费的本质含义。购物和消费被证明在提高自尊感、权力感和控制感等方面对人们产生了心理影响。由此，对某些人来说，当代购物体验是一种快感；但对于另外一些人来说，它却可能是压抑或受辱的体现。从体验的角度看，消费是一种个人的、主观的活动，而不是社会的、客观的或功能性的现实。

5. 作为文化的消费

消费对于个体的第五种意义在于其文化价值。Douglas 和 Isherwood（1978）在《商品的世界》一书中指出，人类学的分析应该把消费看成是某一社会中文化模式的一部分。“人们需要商品的原因，其实就是商品中可以显现出某些文化成分，而让文化得以继承延续和稳定发展”。如果从文化的角度来理解，消费就不仅体现和反映着社会结构与社会关系，而且是个体主动影响和形塑社会结构与社会关系的工具。

也许借用“仪式”的概念能更好地说明消费的文化内涵。人类学意义上的仪式，实际上是努力形成并巩固占优势地位的社会意义，它也是固定社会关系的一种方式。“商品只是仪式的附属品，消费也是个仪式的过程，仪式的主要作用在于给变动的、还未成形的事件赋予某种意义”(Douglas and Isherwood，1978)。一旦消费成为文化，那么它们将不再是结构主义中的二元对立关系，而成为互倚的关系，消费本身将建构和解构时代的文化，并融入时代文化之中，成为消费者创造和吸收文化的舞台。

（二）消费者创造性研究对于个体的意义

虽然消费活动对于个体的意义得到一些学者的关注，然而，消费领域中的创造活动对于个体的意义却鲜有学者研究。自从 Guilford（1950）呼吁关注创造性研究以来，个体的创造性吸引了心理学界的广泛兴趣。但是，很少有学者关注和研究个体作为消费者所表现出的创造性。这可能因为在多数人看来，消费者是没有创造产品的义务的。消费者的角色就只是挑选、购买和消费企业已经开发和生产出来的产品。

然而，随着时代和科技的发展，消费对于个体的意义也在不断扩展和丰富。如前所述，消费不只是作为满足顾客基本的生活需要的手段，而是以更多样和复杂的形式出现。对于消费者而言，消费的表象虽然是获得个体需要的产品或服务，但其背后潜藏的却是个体以消费为中介与社会建立起来的联系，这种联系确定了个体在社会中的意义和价值。

因此，消费本身就具有创造的潜质，它意味着消费者对意义的创造活动。这里所指的意义创造不仅是凝结在购买决策中的阐释或审美意义上的创造活动，还包括与消费直接和间接相关的所有过程中的意义创造活动。其中最为突出的是消费中所体现的消费者与社会的关系，比如消费者与生产者、消费者与消费者之间互动所共同创造出的社会意义。在这些互动过程中，人们使用共同的符号来预期他人的行为，并做出自己的行为决定（Berger and Luckman, 1967）。可以说，消费为人类建立了一个创造和共享意义空间的平台。

另一种消费中体现出来的创造活动是消费者对自我的创造，即消费者对于自己“成为”(being）状态的创造。这种创造首先源于人的本性，“创造力并不是当生活中一切其他事情都完成之后的奢侈品，而是人之为人的内容。而创造活动的中心又是自由，即自我主宰的行为”(Schiller, 1954)。通过消费，人们创造出真实的和本能的自我，从这种打破自我欺骗和冲破社会压制的自我实现的行动中能获得最深刻的幸福感。

如果将消费与个体的意义创造行为相联系，那么关于消费者创造性的研究就显得尤为重要。消费者创造性研究不但有助于将创造性的研究领域从一般的生产或个人发展领域扩展到消费领域，而且有助于人们更深入地分析个体如何利用消费来为建构自我和社会关系服务，有助于引导和强化消费对于人类的积极意义，使人们从消费活动中创造更多的意义和价值。

第二节 消费者与企业的合作创造：国内外研究综述

有关消费者创造性的直接研究，在现有的学术文献中并不多见。虽然 Hirschman 在 1980 年提出了“消费者创造性”的概念，但管理学界对于“消费者创造性”并未给予特别的关注。不过，虽然学者们在文献中并没有指明或强调消费者的“创造性”，但是，一些关于消费者与企业的合作创造的研究已经涉及消费者创造性方面的问题。因此，在本节我们将对国内外与消费者创造性研究相关的合作创造文献进行回顾，在此基础上形成我们的研究思路和方向。

一、消费者与企业合作创造活动及其产生背景

最早对消费者参与企业合作创造活动进行研究的是 von Hippel (1977)，他在对半导体和电子产品行业研究时发现，许多商业上成功的产品是由产品使用者，而不是由产品生产者开发出来的。von Hippel 因而比较了制造商支配的创新和用户支配的创新，他认为传统的创新过程是一种制造商起支配作用的创新，其中用户只是简单地表达需求，由制造商提供相应的解决方案，然后构想、试验并开发市场。而在用户起支配作用的企业创新过程中，消费者的作用就不仅是表达需求，还包括关注企业产品创新的需要，给出一个解决方案，建构一个原型计划，通过使用来确定该原型的价值。

在 von Hippel 研究的基础上，越来越多的学者对消费者参与企业的合作创造活动的内涵进行了界定。Prahalad 和 Rarnaswamy (2004) 提出了消费者与企业合作创造价值的观点，他们在文章中谈道："公司不再希望创造出产品价值，并根据这些已经创造出来的价值来进行交换，而是必须在与顾客交换的同时，与他们合作创造价值。我们称其为价值的合作创造。"(Prahalad and Rarnaswamy, 2004a)。Sheth、Sisodia 和 Sharma (2000) 提出合作创造营销的观点，他们认为随着以顾客为中心的营销活动的增加，顾客将会增加他们在创造过程中的作用，产生"合作创造营销"。合作创造营销涉及营销者和顾客在设计、生产和消费产品及服务方面的交流与互动。

我国学者刘哲、李兆友 (1994) 认为消费者与企业合作创造的活动改变了传统企业创造的主导假设。在合作创造中，消费者是积极的参与者和价值创造者，而不是被动的倾听者和价值接受者。合作创造不仅意味着顾客可能参与到价值创造的过程之中，也可能使价值创造和交换过程融为一体。合作创造通过授权顾客参与到产品创造、定价、分销和交付、沟通过程之中，不但能降低商业成本和风险，而且加强顾客忠诚。

Friesen（2001）分析了“合作创造”的实质，认为其价值源于它能整合现有的资产和已有的顾客关系，从中产生显著的新价值。“它使1加1成为11”。这种过程可能完全不同于过去以顾客为中心的传统形式。因为它并不是一种通过发现顾客需要来更好地瞄准他们的方式（如传统的STP方法），而是将顾客同样作为一个平等的问题解决者。顾客为新的解决方案直接贡献了知识，而不是经由企业的揣摩与“翻译”来间接转换。

应当看到，顾客与企业的合作创造活动与日俱增，对企业的影响越来越大，这并不能简单地归因于企业创造活动主导假设的转变。一些先锋学者研究了合作创造活动的产生背景。

首先，合作创造活动的产生可能源自于服务业所形成的顾客参与的结构特点。Kelley等（1990）的研究发现，服务业的一个典型特征是生产与消费同步进行，并且涉入服务的顾客往往作为合作生产者，其拥有的知识和经验必然影响到服务的质量。Lundkvist和Yakhlef（2000）认为，正因为消费者在服务中的参与特性，顾客可能形成自己在服务过程中的角色期望，并尝试通过自己的行动来直接影响或干预服务的形成和传递过程，从而创造出新的服务设计和体验。Foxall（1989）以及Gales和Mansour-Cole（1995）的研究也说明顾客参与加强了消费圈与生产圈之间的反馈循环，增进了创新出现的可能。

其次，网络技术以及互动规则的形成极大地促进了合作创造活动的发展。网络的出现扩宽了消费者的信息通路，也提高了消费者的鉴别和判断能力，这使过去习惯于从“信息不对称”中获利的企业面临着根本性的转变。Friesen（2001）谈到大众市场中无效的信息交换问题，他将其归咎于来自企业的“单向的独白”。而网络浪潮将这种单向的独白改变为双向的对话，它为消费者与企业以及消费者与消费者之间不受时空限制的交流创造了条件。Haahti（2003）认为更重要的是网络形成了一种以知识和信息共享为基础的互动规则，也就是说，网络中有一些成员们默守的行为规范，其核心可能是一种互惠和交流的思想，即在获取信息的同时也应该提供信息。这使得消费者更多地在交流中合作创造出可以与外部共享的价值，而创造出的价值又为下一次的创造提供了基础。

最后，体验时代的到来为合作创造活动注入了更为丰富的内涵。在后现代主义者看来，社会的一切活动都是由真实实践中的主观体验所构成的。Prahalad 和 Ramaswamy（2004c）提出所有的产品或服务只是外在的形式，其最终是要为消费者提供一种体验，在这里，体验是价值的来源。企业创造价值的活动可能就是创造体验的活动，这意味着企业必须考虑所有与顾客相关的活动和过程。Harris 和 Baron 对零售业的研究也发现，顾客需要参与创造他们自己想要的体验，因为从体验的角度而言，现实中的顾客是完全异质的，没有任何两个顾客对体验的感知是完全相同的。体验的主观性决定了企业必须与顾客合作创造其体验。

传统交换与合作创造体验的区别见表 1-1。

表 1-1　**传统交换与合作创造体验的区别**

	传统交换	合作创造体验
交流的目标	提取经济价值	通过有趣的合作创造体验来合作创造价值，以及提取经济价值
交流点	在价值链终端，一次性	重复，在系统内的任何地点和任何时间
公司—顾客关系	基于交易的关系	在一系列合作创造体验基础上的互动和交易
选择观点	多样性的产品，服务，特色，功能性，产品绩效，操作程序	基于多种渠道、观点、交易和价格—体验关系的互动基础上的合作创造体验
公司与顾客的交流模式	被动的，公司发起的，一对一的	主动的，公司或顾客发起的，一对一或一对多的
质量点	内部过程的质量，公司提供的产品	公司—顾客交互的质量和合作创造体验

资料来源：C. K. Prahalad，Venkat Ramaswamy. Co-creating unique value with customers. Strategy & Leadership，2004，32（3）：8.

二、合作创造过程形成的内在机理：知识和关系视角

进一步探索合作创造形成的内在机理可以发现，两种视角——知识视角和关系视角为合作创造过程提供了研究视野和理论基础。

（一）知识视角下的合作创造过程

知识视角可能是最常被用来解释创造形成过程的理论框架。许多对合作创造过程的研究也基于该视角。这些研究认为顾客所拥有的知识是合作创造的基础，也是所创造价值的来源。企业合作创造的目的是充分利用顾客的知识来获取利润。

知识视角下的合作创造活动有两个基本的假设：顾客知识的异质性和内隐性。顾客知识的异质性指顾客拥有的知识往往跨越了企业现有的认知结构和知识体系，因此与企业员工的知识有很大不同。对于企业而言，组织的甄别和认同机制会有意或无意地将一些认知结构不合群的人员过滤掉，即使有的组织意识到思维相似性对于创造活动的弊端而采取一些措施，比如有意保留不同知识结构的员工或进行跨部门项目整合，但是在长期的磨合中还是难免形成一致的“群体思维”，从而使企业的创造活动受限于固有的思维模式。Hargadon 和 Sutton（1997）认为，在这种背景下，将不同来源的消费者引入企业的创造活动之中，可看作一种有效挑战“知识同质”的方式。Matthing 等（2004）对瑞典移动电话服务的终端消费者的研究发现，相比较那些服务产品开发者的设计而言，顾客的观点在原创性和适用性方面更具创新性。Achrol 和 Kotler（1999）、Ahuja（2000）以及 Rowley 等（2000）也认为顾客来自于不同的市场和不同的职业背景，这些经历不同、思维不同的人群集合在一起，产生的想法虽无章法可循却往往具有丰富的想象力和创造力，能使企业接触到一系列新的产品创意，帮助它们拓宽视野，捕捉新的市场机会。

McEvily 和 Zaheer（1999）、Rindfleisch 和 Moorman（2001）等学者从顾客知识异质性的角度，提出在合作创造过程中需要注意知识冗余的问题。知识冗余被定义为在产品相关信息、合作伙伴的知识与能力以及关系接触中的重叠方面的相似程度（Burt，1992；

Granovetter，1973）。Ahuja（2000）认为要保证顾客知识的异质性，企业需要有目的地选择一些与之有较少社会联结的顾客，因为企业与那些经常联系的客户之间可能产生了冗余的信息。比如，两个参与共同行业事件和活动的公司相互间有直接影响，或者分享了共同的接触，它们处理的信息一般是冗余的。

顾客知识的内隐性指顾客拥有的一般是高度个人化的知识，Nelson（1982）指出这些知识不同于那些能够用文字、数字、图表等清楚地表达、传递和分享的编码知识，它们经常是存储于人们头脑中的属于经验、诀窍、判断、直觉、灵感的那部分知识，因此具有难以编码和规范化的特点，不易复制和转移。von Hippel（1994）用“粘着信息”来说明顾客的内隐知识，他将粘着信息定义为“需要花费大量成本去获得、转移和在新位置使用的信息”。在传统的顾客知识管理研究中，强调最多的是对顾客显性知识的开发与获取，包括最大可能地接近顾客信息和分析顾客信息。然而这些显性信息并不能完全反映顾客的思维能力和行为倾向，并且也容易为竞争对手无差异地获取和利用。而事实上，那些能够反映顾客真实感知以及潜伏在顾客意识之下的隐性知识，却无法脱离顾客的身体，它们经常隐含于过程和行动之中，在具体的情景下得以释放，企业必须通过与顾客的互动实践才可能发掘和领悟。因此，让顾客参与到企业的价值创造活动之中，是开发顾客隐含知识的一种重要途径。

Prahalad 和 Ramaswamy（2000）从顾客知识内隐性的角度，提出在合作创造过程中需要培养顾客的情感承诺和深度涉入，鼓励消费者和企业开发人员在创造过程中形成亲密的互动，激发消费者偶然的“灵光一现”。Oliver、Rust 和 Varki（1998）也认为消费者通过与企业分享共同的情感和经验，将促进他们富有创造性的即席创作和基于“真实时刻”的知识共建和转移。

（二）关系视角下的合作创造过程

关系视角下的合作创造过程强调企业通过合作创造，与消费者建立共同的联结，以培养与顾客长期和良好的关系。在这里，关系既是合作创造的基础，又是合作创造的结果。关系视角下的合作创造过程也基于两种假设：关系的嵌入性和互惠性。

关系嵌入性假设来源于社会资本理论。Coleman（1990）指出社会资本意味着“个人拥有的社会结构资源”，它会“促进处在结构内的个体的某些行动”。Portes（1995）认为，社会资本实质上也可以理解为个人“与他人关系中包含着的一种资产”，这种资产必须基于相对稳定的关系结构，因此是“嵌入的结果”。所以，嵌入关系使网络成员附着于现有的关系结构，并依赖其创造共享的社会资本。许多关系营销的文献，如Rindfleisch和Moorman（2001）、Sivadas和Dwyer（2000）也强调了关系嵌入性对于企业的作用。Rust等（2001）提出建立、保持和维系与顾客的长期关系能使企业获得增值的顾客资产。通过培养忠诚的顾客关系，企业能提高顾客的转换成本，加快顾客信息交流频率，降低企业经营成本，从而形成难以复制和转移的核心竞争力。Hansen（1999）发现弱的单元间联系阻碍了复杂的、更多的隐含和精炼的信息，他认为强联系更有助于处理非编码的信息。在研究战略联盟时，Rindfleisch和Moorman（2001）发现关系嵌入与产品创造性和开发速度的正面关系得到实证支持。存在嵌入关系的组织很少产生目标冲突。从某种意义而言，关系的嵌入性可以视为某种限制机制，尽管它并不一定以强制的方式来执行。嵌入关系中的个体有时不得不为了延续其已有的社会资本而服从结构的安排，或者说，一旦个体被深度嵌入某种关系结构，就只能延续这种“路径依赖”。

Swan、Bowers和Grover（2002）认为这种性质对于合作创造而言可能尤为重要，特别是在企业创造活动的不确定性增强时，让顾客早期涉入企业的创造过程，形成一种嵌入的开发结构，有助于顾客体会开发工作的难度，更容易接受创造的结果，降低开发风险。Kellogg、Youngdahl和Bowen（1997）发现在积极的关系下，顾客通过直接干预服务传递过程来补救服务失败的结果，提高了他们对服务的满意程度。Mohamed（1992）认为在高科技产品的开发过程中尤其需要鼓励消费者（至少是领袖顾客）从早期就参与开发的全过程，因为大量的新技术和新创意存在巨大的学习成本和转换成本。Bonner和Walker（2004）指出企业与消费者合作创造的过程也是共同学习的过程，企业学习如何使高新技术更好地满足顾客需要，而消费者学习如何理解和发现新技术带来的快乐。可以说，嵌入的关系使合作创造过程更为稳定，也使合作创造的结果更为适用。

关系互惠性假设强调关系中隐藏的既定的价值信念和行为规范，它要求关系网络中的成员在从现有关系中得到资源或价值的同时也贡献自己的资源或价值。Ritter 和 Walter（2003）运用来自233个供应商—顾客关系的数据，检查了关系管理任务对顾客参与新产品开发的影响，发现合作企业的相互信任和相互承诺及适应是顾客参与新产品开发的重要因素。Teichert 和 Rost（2003）认为，关系互惠性的主要特征是信任，它是建立文化适应性和维系长久关系的基础，因此创新和新产品管理的焦点应该从仅设计有形的新属性向更广的、前摄性的鼓励顾客参与的活动转移。Rowley、Behrens 和 Krackhardt（2000）认为关系内化了责任和义务，它包括对关系组织的战略和目标的集体理解、规定个人行动的意识形态以及组织的控制系统和规则系统。从关系规范和价值体系对个体行为逻辑的约束性而言，关系互惠性也可以视为关系中的“文化嵌入性”。

关系互惠性为合作创造行为提供了认知基础和行动指南。Normann 和 Ramirez（1993）提出合作创造需要一种双赢的动态过程，它只有在双方都建立了信任并且有意识地希望通过合作行为在双方之间分配收益时才出现。从互惠的本质而言，公司和顾客任何一方都不能完全控制合作创造的过程。因此，在 Sheth 和 Pavatiyar（2000）看来，企业的合作创造活动至少可以分为两个互为因果的过程：首先，企业必须通过合作创造过程，形塑与消费者共同的经历和事件，在成功培养顾客信任的基础上，与消费者达成统一的认识和合作目标。其次，合作创造关系中形成的统一目标和行为规范反过来又会形成消费者对关系的责任和预期，进一步促进合作创造活动的良性发展。

三、述评

总体而言，现有文献拓宽了传统企业创造观点的限制，提出了消费者与企业合作创造的新视角，并结合经济学和管理学等理论对合作创造的内在机制进行了探究，这对于企业的价值创造活动具有重要的创新意义。但是，现有文献对于消费者与企业合作创造活动的研究仍然非常有限，主要体现在以下三个方面：

第一，现有合作创造研究仍然集中于以企业为创造主角的观点。虽然先锋学者们注意到了消费者参与企业创造活动的重要性，但多数研究者仍然认为消费者只是配合了企业的创造活动，或者说，企业是推动合作创造的主体，因而合作创造研究必须以企业的视角为出发点。这种思路可能限制或者忽视了消费者的主动作用，事实上，消费者参与企业创造并不是为了提供顾客知识，或者维系与企业的关系，这些只是企业希望通过合作创造达成的结果，消费者参与企业创造可能另有其动机和目的。因此，从营销学的角度而言，让消费者参与企业创造活动的核心，是要站在消费者的角度去探究这种合作创造活动到底能为消费者带来什么，而不是仅仅从企业的角度出发来分析它为企业带来了什么。只有深入地了解消费者如何思考和理解合作创造行为，为什么愿意参与到企业创造过程之中，才能更好地引导或者设计消费者的参与创造过程，并且在合作创造活动中与消费者共同收获最大的收益。

第二，现有合作创造研究的理论基础仍然非常有限。多数研究从知识管理、社会资本或关系营销中借鉴概念和框架，虽然在一定程度上说明了合作创造的形成机制，但仍然无法深入阐释合作创造与企业创造的本质不同。如果合作创造只是企业获取顾客知识和维系关系的一种手段，那么它就不过是提高企业管理或营销效率一种替代工具。合作创造只是帮助企业更好地进行创造，仅此而已。合作创造是企业创造活动的优化和改进，更准确地说，只是企业改进创造活动的一种备选策略。从这种意义而言，合作创造与企业创造根本没有任何实质上的差异。然而，事实可能并非如此。尤其是从消费者的角度而言，合作创造可能意味着对传统消费方式的颠覆，它让消费者得以在消费和休闲的过程中自主地建构自己的体验和社会意义。因此，合作创造研究的理论基础还应该扩宽，我们需要在大量的来自心理学、社会学、人类学或消费者行为学的研究结论的基础上，运用多学科多视角的文献资料来发展和充实该理论。

第三，现有合作创造研究的方法较为单一，绝大多数研究仍然停留在观点的争鸣和思辨阶段，未有实质的经验研究和定量研究。出现这种现象的主要原因一方面可能是合作创造研究目前仍处于起步阶段，尽管已有学者开始关注并指出其未来发展的强大趋势（Bendapudi and Leone，2003），但对那些深受传统产品创造假设影响的学者们而言，还需要时间来转变；另一方面也可能是对合作创造活动的实证研究相对困难。由于合作创造涉及消费者和企业两个甚至更多的创造主体，而且其创造活动还受到具体情境和互动过程的影响，这使得无论对合作创造的观察还是调研都可能存在极大的随机性和不确定性。但正因为前述两个原因，合作创造研究才需要更多的学者投入研究兴趣，理论联系实际，发展和尝试不同的研究方法，以构建并检验更丰富更合理的合作创造理论。

第三节 研究主题、方法及框架

一、研究主题与范围

（一）研究主题

在本研究中，我们将从消费者的视角来研究消费者与企业的合作创造行为，与从企业视角研究合作创造不同，我们更多地关注创造活动可能为消费者带来的价值对消费者参与意愿的影响。从消费者的视角出发，我们的研究强调促使消费者在消费活动中自主创造的行为动因，而不是消费者为企业提供的创造价值的大小。

因此，我们的研究集中于以下内容：第一，我们试图从消费者与企业合作创造的角度对消费者创造性进行界定，具体而言，我们的研究重点探索了顾客在合作创造活动中的消费者创造性概念以及相关的独特特征。第二，我们从一般创造性研究中整理出汇合的研究框架，将其应用到消费者创造性研究领域，检查能力、动机、环境激励三类因素对于消费者创造性的影响。第三，我们从心理学、社会学、消费者行为学相关理论中发展出适用于消费者创造性研究的独特的动机因素，说明了消费者参与创造的心理动机及其作用机制。第四，我们探索了企业提供的创造激励对于消费者创造性的影响，有助于指导企业合理地引导不同类型的消费者参与合作创造过程。

（二）研究范围

本研究主要的研究范围可由理论与实证两方面来说明：

1. 理论研究范围

本研究主要从消费者视角来探索消费者参与企业创造的行为，因此理论研究主要涉及三个方面的内容：其一是创造性理论，即研究个人的创造行为以及影响因素。该部分内容主要以心理学的一般创造性理论为基础。其二是消费者行为理论，即研究个体作为消费者对于创造活动的理解和反应。该部分内容主要以消费者行为学、心理学以及社会学的相关理论（如独特性理论、OSL 理论、社会认同理论等）为基础。其三是外部激励理论，即研究企业激励对于消费者创造性的影响。该部分内容主要以一般创造性理论的环境激励理论、营销学的关系营销理论等为基础。

2. 实证研究范围

为使研究结果尽可能地具有普遍适用性，我们设计了三种不同的消费场景作为实验研究的背景，它们分别是美发店的发型设计活动、网络游戏的命名活动、学校的广告语设计活动。从行业选择来看，这三种消费场景代表了传统的服务业、新型的软件业以及居于传统与新型之间的文化教育业。从创造任务安排来看，三种场景提供了从开放式到封闭式程度不等的创造任务要求。这使得本研究包括了较大的行业跨度和较差异化的创造任务安排，从而为研究得出具有一般意义的结论奠定了基础。

二、研究方法

本研究采用规范研究和实证研究相结合的方法。

在规范研究中，我们主要使用文献分析和逻辑推演的方法，在对相关领域的文献或理论进行综合的基础上，结合我们的研究主题进行分析和讨论，以形成本研究的理论架构。

在实证研究中，我们主要采用实验法与自我报告法相结合的方法，通过实验设计操纵和控制消费场景与实验变量，并对所有测量变量进行定义和检查，所有研究数据以问卷调查的方式获得，运用SPSS和AMOS软件对调查结果进行分析，以验证本研究提出的理论架构及相关假设，并对有意义的研究结果进行了讨论和分析。

三、本书框架及内容

（一）本书框架

如图1-1所示，本书可分为基础理论、理论发展、实证研究和结论四大部分。其中，基础理论部分包括第一章和第二章，主要阐明本研究的背景及选题意义、研究主题、研究方法以及相关文献综述。

理论发展部分包括第三章和第五章，在对消费者创造性的概念进行分析和界定的基础上，从一般创造性研究中整理了汇合的框架，并结合认知需求理论、独特性需求理论、OSL理论、社会认同理论对消费者创造性形成的心理机制进行了深入分析。

实证研究部分包括第四章定性研究和第六章定量研究，通过对四个市场案例的叙事分析以及三个实验设计检验了理论发展部分所提的框架与理论。

可以看到，在本书中，理论发展部分和实证研究部分是相互嵌套、交互进行的，“理论—实证—再寻找理论—再进行实证”的研究路径有助于我们在缺乏直接文献支持的条件下，以现有文献为基础，以市场现象为线索，结合二者去寻找新的支持理论。

最后，在第七章，即结论部分，我们得出了结论及其管理意义，并指出本研究的局限，提出未来研究建议。

（二）本书内容安排

第一章首先阐述了本书的研究背景及选题意义。我们从消费者创造性研究对于消费社会的意义、对于企业的意义以及对于个体的意义三个方面分析和论述了本研究的现实背景和理论意义。然后我

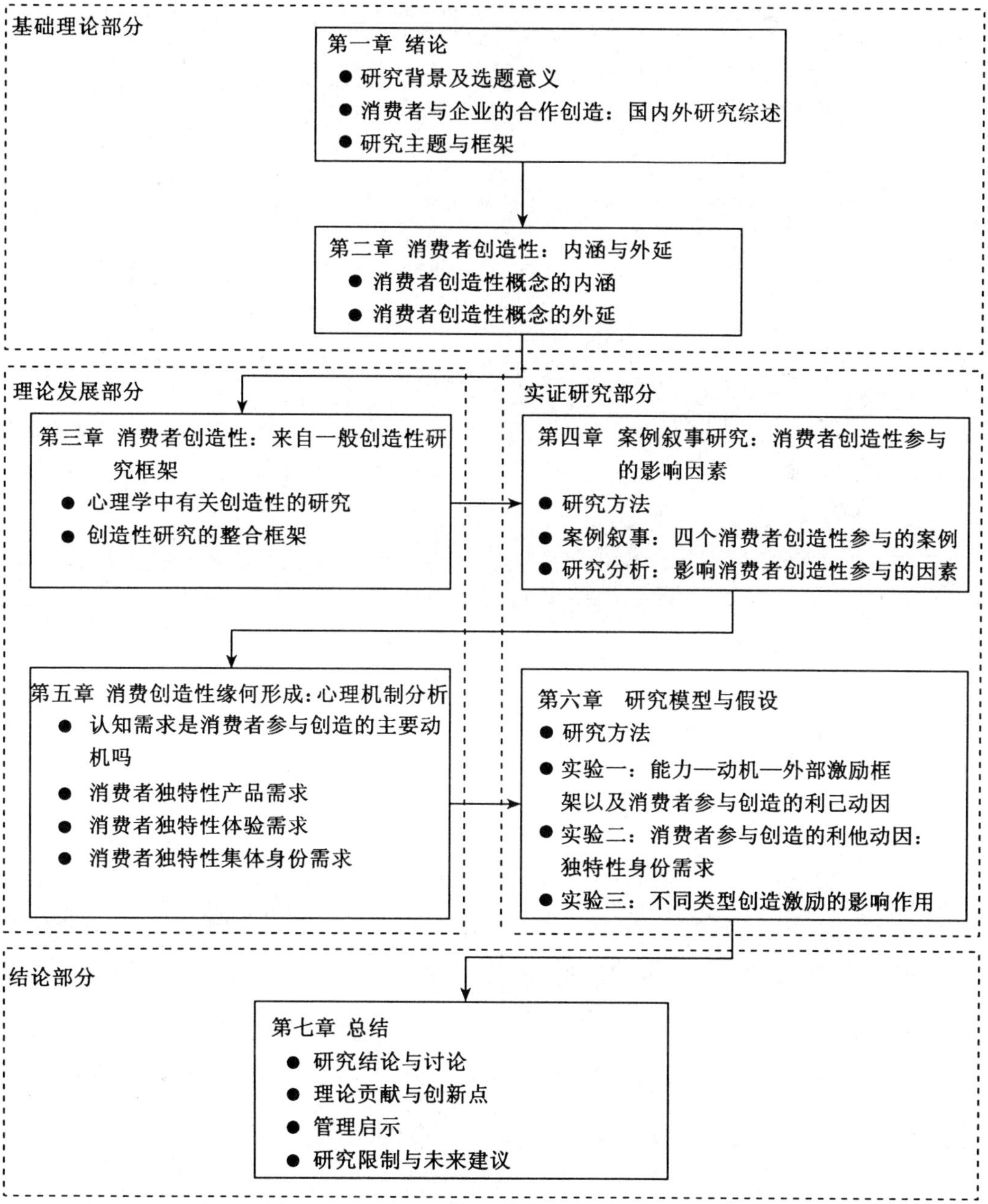
基础理论部分
第一章 绪论
● 研究背景及选题意义
● 消费者与企业的合作创造：国内外研究综述
● 研究主题与框架
第二章 消费者创造性：内涵与外延
● 消费者创造性概念的内涵
● 消费者创造性概念的外延
理论发展部分
第三章 消费者创造性：来自一般创造性研究框架
● 心理学中有关创造性的研究
● 创造性研究的整合框架
实证研究部分
第四章 案例叙事研究：消费者创造性参与的影响因素
● 研究方法
● 案例叙事：四个消费者创造性参与的案例
● 研究分析：影响消费者创造性参与的因素
第五章 消费创造性缘何形成：心理机制分析
● 认知需求是消费者参与创造的主要动机吗
● 消费者独特性产品需求
● 消费者独特性体验需求
● 消费者独特性集体身份需求
第六章 研究模型与假设
● 研究方法
● 实验一：能力—动机—外部激励框架以及消费者参与创造的利己动因
● 实验二：消费者参与创造的利他动因：独特性身份需求
● 实验三：不同类型创造激励的影响作用
结论部分
第七章 总结
● 研究结论与讨论
● 理论贡献与创新点
● 管理启示
● 研究限制与未来建议

图 1-1　本书研究框架

们综述了现有关于消费者与企业合作创造的文献观点，认为合作创造活动已经成为日益重要的实践趋势，但现有文献主要从企业视角出发来研究消费者合作创造行为，而缺乏对消费者参与创造的行为动因的探索。在此基础上，我们提出了本研究的主题、方法和框架，即采用规范研究和实证研究相结合的方法，从消费者的角度来研究消费者的创造性参与活动。

第二章对消费者创造性的内涵与外延进行界定。我们在心理领域对“创造性”概念理解的基础上，分析了消费者创造性概念的内涵，特别探讨了消费者创新性与消费者创造性两种概念的区别与联系。在对消费者创造性概念的外延进行界定的过程中，我们特别强调了参与中的消费者创造性对于该领域研究的重要性，也指明了本研究的重点和范围。

第三章对心理学有关创造性的研究进行了回顾和简要总结，在此基础上，我们形成了能力—动机—环境激励的汇合框架，以此作为消费者创造性研究的框架。

第四章采用叙事研究和案例研究相结合的定性研究方法，对四个来自市场的真实的消费者创造性参与活动案例进行了研究，识别了影响消费者参与创造的动机因素、能力因素和环境因素。

第五章在案例叙事研究结论的基础上，从心理学与消费者行为学寻找理论支持，进而探讨了消费者创造性形成的心理机制。我们在认知需求理论、独特性需求理论、最适宜刺激水平理论以及社会认同理论这四种理论的基础上重点对消费者创造动机进行了分析。

第六章在前述定性研究和理论发展的基础上，提出了研究框架、研究方法与研究假设，并通过三个实验对研究假设进行了检验。

第七章在前述理论与实证分析的基础上，提出了研究结论并加以讨论，并指出了本研究的理论贡献和实践意义。此外，本章还分析了研究限制，并对未来研究提出了若干建议。

第二章

消费者创造性：内涵与外延

第一节　消费者创造性概念的内涵

一、心理学领域对“创造性”概念的理解

（一）创造性的概念

关于创造性的论述可以追溯到古希腊的柏拉图，但直到19世纪中叶，这一研究领域才引起心理学家的关注。从19世纪60年代到20世纪50年代，有关创造性的研究文献并不多见，且大部分研究是思辨性的，没有实质性的进展。自20世纪50年代以来，在Guilford的大力倡导下，人们对创造性进行了大量的研究，取得了丰富的研究成果。

但是，有关创造性的概念，迄今为止还没有一个统一、精确的定义。出现这种情况的原因可能源于创造性的复杂性和多面性，或者“创造性实质上就是以与他人不同的方式思考同一件事物”，对创造性概念的理解和界定本身也是一种理论创造的过程，体现了创

造的特质和精髓。

创造性可以从很多视角来进行界定，它经常被描述为“创造性思考”、“能力”、“解决问题”、“想象力”或“创新”。从这些纷繁的定义中，我们可以发现，创造性的概念主要包括四个相互关联的内容：创造性能力、创造性过程、创造性环境和创造性产品。在此基础上学者们分别形成了创造性概念的能力观、过程观、环境观和产品观。

创造性的能力观认为创造性是我们所具有的独特天赋、才能或视野，它是“人类认知的能力”(Guilford，1967)，“是一种思考出新事物的能力”(Lumsden，1999) 以及“产生新颖与适当的产品的能力”(Lubart，1999)。

创造性的过程观认为创造性是一种创造性思考的过程，它“从既定的信息中产生信息，从同一来源中产生丰富多样的输出结果”(Guilford，1950)，“这个过程包括对问题缺陷、知识不足以及要素不和谐的察觉和识别，继而发现问题，寻找答案，提出有关的推测和假设，并对这些假设求证、再求证或修正假设，再进一步求证，然后根据获得结果提出报告，传递给别人”(Torrence，1966)。

创造性的环境观认为创造性不可避免地发生在我们特定的社会和文化范围中，因此，它代表着“相对于所发生的情境而言新颖与适当的想法”(Martindale，1999)，是“智力过程、知识、智力风格、人格、动机与环境交互作用的结果”(Sternberg，1988)。

创造性的产品观认为创造性意味着特别的产品或结果，因此是“所产生的新颖与有用的思想、产品、过程、服务或方法”(Amabile，1988)，“产出的作品是充足而且独特的”(Wallach and Kogan，1965)。

通过考虑不同的视角（能力、过程、产品或环境），我们能更好地开展创造性研究。事实上创造性研究本身就强调运用灵活的方法和观点以避免思想被“功能固定”或为“定式”所抑制。因此研究创造性的学者应避免使用一种视角。比如环境视角可能有助于了解客观和情景的因素，但如果只考虑该视角而忽视能力或过程，将其视为另一种理论类别，那么永远不会形成理想的观点。

（二）创造性的基本特征

虽然创造性的众多概念因为视角不同而各有主张，但它们仍然存有基本一致的观点。Mayer（1999）在整理 Sternberg 编写的《创造性手册》(*Handbook of Creativity*) 一书中各作者的观点时，发现大部分作者对于创造性的描述虽然不同，但都认为创造性必须具有两大类特征：新颖性（novelty）和有用性（usefulness）。与新颖性有关的用词包括新（new）、新颖（novel）、原创（original）等，与有用性有关的用词包括有价值（valuable）、适合（appropriate）、重要（significant）、适应（adaptive）、有效（utility）等（见表2-1）。

表 2-1 **各文献中有关创造性特征的描述**

文　献	创造性特征	
Amabile(1987)	新颖,独特(novel,different)	正确,有价值,有用,适合(correct,valuable,useful,appropriate)
Benack、Basseches 和 Swant(1989)	新颖(novelty)	有价值(value)
Boden(1999)	新颖(novel)	有价值(valuable)
Feist(1999)	新颖(novel)	适　应(adaptive)
Gruber 和 Wallace(1999)	新颖(novelty)	有价值(value)
Hausman(1987)	新　(new)	有价值(valuable)
Lubart(1999)	新颖(novel)	适　合(appropriate)
Lumsden(1999)	新　(new)	重　要(significant)
Martindale(1999)	原创(original)	适　合(appropriate)
Newell、Shaw 和 Simon(1963)	新颖(novelty)	有价值(value)
Nickerson(1999)	新颖(novelty)	有　效(utility)
Sternberg 和 Lubart(1995)	新颖(novel)	适　合(appropriate)

资料来源：Mayer, R. E.. Fifty years of creativity research. In R. J. Sternberg (Ed.). Handbook of Creativity. Cambridge: Cambridge University Press, 1999: 450.

从演化论的角度，新颖性和价值性可能刚好暗合了生物进化理论中的“变异”与“选择”两大概念。因而，创造的存续必须取决于两种条件：第一，它应该是一种新生的事物，虽然脱胎于旧有的母体，但在形式和内容上都发生了深刻的变化，以形成与旧事物的本质区别。第二，它必须具备与旧事物竞争和对抗的能力，以成功地取代旧事物。

因此，创造性思维包括发散式思维和收敛式思维。发散式思维指思考许多原创的、多样的复杂观点的能力，它一般用于产生独创性的创造结果。而收敛式思维是对各种备选观点进行逻辑评价、批判和选择最适宜的观点的能力，它用于确保创造结果的价值性和适用性。这两种思维方式相互补充，缺一不可。

Sperry（1964）对大脑半球的著名研究是一个例子，他的研究经常被应用到艺术创造中。他认为，创造性实际上需要两个半球的能力。创造性不总是完全直觉的，也不是根本上的独创。创造性反映了创意和合适性、直觉和逻辑的结合。Katz（1997）指出，“创造性活动不能定位为特殊的某一个半球的功能，而是两个半球的促进过程的协调”。

Csikszentmihalyi（1996）认为，人们平时使用的“创造性”一词可能涉及太多不同的层次和水平，造成了理解上的混乱。他区别了三种可以被称为创造的现象：第一种现象在日常谈话中被广泛采用，指的是那些表达出不同寻常思想的、有趣的、有激励作用的人，即我们常说的“聪明人”；第二种现象指的是那些以奇妙的、独特的方式体验世界的人，即我们常说的“怪异的人”；第三种指的是那些以某种重要的方式改变了我们的文化的人，如爱迪生、毕加索或爱因斯坦等，他们是无可非议的具有创造性的人，即我们常说的“创造天才”。

事实上，Csikszentmihalyi 对于创造现象的分类也可以用新颖性和价值性的观点来解释。为此，我们需要从个人层次和社会文化层次两个维度来对新颖性和价值性进行分析（詹志禹，2002）。如表 2-2 所示，存在个人层次和社会文化层次的两种新颖性和价值性。在个人层次，“新颖性”意味着“对自己而言前所未有”；在社会文化层次，则是“对其他人前所未有”。Stewart（1950）主张，一个人只要想出自己前所未有的创意，即使该创意早有其他人在其他地方想出来，这个人仍然在从事创造性思考。Thurstone（1952）也强调个人层次的创造，他认为创造性地解决问题的过程必须隐含“思考者所发现的解决策略对于个人而言是新鲜的”。另一方面，Stein（1953）主张，我们必须从文化层次来定义创造，所谓“新颖性”就是指没有任何其他人提出同样的产品。Csikszentmihalyi（1988，1999）也强调文化层次的定义，他认为判断某事物是否具有创造性的唯一方式，是“透过比较、评价和解释”。

表 2-2 创造性结果的分类

	新　颖	有价值
个人层次	非习惯性产品	个人珍视的产品
社会文化层次	非传统性产品	社群珍视的产品

资源来源：詹志禹．“创造力”的定义与创造力的发展．教育研究，2002，100：121.

同样，“价值性”也可以分别从个人角度和社会文化角度去理解。在个人层次而言就是“自己心中的评价标准与选择原则”，在社会文化层次而言就是“相关社群的评价标准与选择原则”。个人内心的标准与原则是通过和社会文化互动之后在内心所建构的指标，即“内化”(internalization）的过程。但个人并非将外在标准与原则直接原封不动地植入内心，而是主动地解释外在压力，并在心中建立假设性指标，然后通过演化的“假设—验证”过程加以调整和稳定化。社会文化层次的评价标准通常存在于相关社群，如通过同行评审、专家评审、权威意见、职业评论者、社会大众等共同形成的评价标准。

根据个人和社会文化两种层次的“新颖性”和“价值性”，可以将创造性结果分为四类（詹志禹，2002）：在个人层次“新颖”的产品是非习惯类产品；在个人层次“有价值”的产品是个人珍视的产品；在社会文化层次“新颖”的产品是非传统性产品；在社会文化层次“有价值”的产品是社群珍视的产品。

（三）不同类型的创造性

之前我们已经提出，学者们对创造性的概念在新颖性和价值性特征上达成一致（Amabile，1983；Mumford and Gustafson，1988）。然而，这种同质的观点可能阻碍了对创造性过程以及影响因素的深入分析。事实上，人们在参与创造活动的过程中有两个基本问题：第一，为什么参与创造性活动？第二，引发创造性的最初动因是什么？问题一涉及创造产生的驱动力，包括从内部驱动到外部驱动（Deci and Ryan，1987）。问题二涉及创造产生的起点，包括从封闭型问题到开放型问题的连续区间（Getzels and Csikszentmihalyi，1967）。

Unsworth（2001）在驱动类型和问题类型两个维度的基础上，根据个人参与创造的过程对创造性进行了分类（见图 2-1）。垂直轴代表问题类型，从封闭型问题（即向个人表述的已形成的具体问题）到开放型问题（即未形成的有待个人发现的模糊问题）。水平轴代表参与创造过程的驱动力，从外部驱动（即创造性因为外部的需求或压力而启动）到内部驱动（即创造性因为自我确定的选择而启动）。由此形成四种类型的创造性——反应型创造性、期望型创造性、贡献型创造性和主动型创造性。

反应型创造性是参与者在外部驱动下对封闭型问题进行的创造性活动，一般要求参与者对情景的必需条件和所提问题做出反应。在组织环境中，反应型创造性的例子是指定的负责解决具体问题的焦点小组。反应型创造性是研究的创造性中最常见的形式。在许多研究中，参与者提供一个问题（创造性测试），并通过外部驱动要求被试者参与创造。因此，从这些研究中得到的模型可能只与反应型创造性相关。反应型创造性也与许多职业创造性研究相关，如建筑师、工程师、研究人员等。这些职业暗含了创造的责任和义务（外部驱动），并且对于许多人，自主选择任务是有限的（即更多是封闭型问题）。因此，多数职业创造性的研究者是在探索反应型创造性。

问题类型 \ 驱动力	外部	内部
开放	**期望型创造性** 对所发现的问题必须提供解决方案 例子：创造作品	**主动型创造性** 对所发现的问题自愿提供解决方案 例子：自发的建议
封闭	**反应型创造性** 对具体问题必须提供解决方案 例子：通过讨论小组产生的反应	**贡献型创造性** 对具体问题自愿提供解决方案 例子：非项目组成员的贡献

图 2-1　创造性类型矩阵

资料来源：Unsworth，K.. Unpacking creativity. Academy of Management Review，2001，26（2）：291.

期望型创造性指创造性通过外部驱动产生，但解决的是自我发现的问题。在组织中，期望型创造性的例子能在质量圈和全面质量管理中发现，员工被要求对工作进行自查，但所发现的问题是开放的。Getzels 和 Csikszentmihalyi（1976）具体测量了期望型创造性。他们给学生一系列物品，要求参与者选择物品并将其摆在桌子上，描绘一个静止的生活画面。在该实验中，问题本身是开放的，因为没有明确表达对物品的摆放要求，而参与的驱动力是外部的。

贡献型创造性基于自我决定的参与行为和明确表达的问题，其多数例子涉及帮助行为。如一个员工选择从事创造活动去帮助解决一个并不与他直接相关的问题。Eisenberger、Faolom 和 Davis-LaMastro（1990）在对雇员的调查中测量并发现了雇员中存在的对于具体问题的自愿性反应的创造性。这些反应者可能更多为内部动机而非外部需求所驱动。

主动型创造性发生在那些内部动机驱动的个人身上，他们积极地寻求问题和探索问题。那些对改进制造过程的自愿建议和对新产品的自发提议代表了主动型创造性。在组织研究中一般很难将主动型创造性与期望型创造性分开，因为员工既可能被要求有规律地参与创造活动，也可能受他们自己内部的驱动因素影响而参与创造活动。

不同类型的创造性可能意味着不同的创造过程，因此其形成机制和影响因素也可能存在不同。Getzels（1975）提出，开放型问题相比封闭型问题而言，需要个人主动地识别和确定问题。因而，解决开放型问题的创造性首先涉及扫描环境并发现问题，然后寻求以能解决问题的方式来界定问题。因此，期望型创造性和主动型创造性可能涉及更多的环境扫描和界定活动。而内部驱动产生的创造性更加需要让他人理解和接受，因此主动型创造性和贡献型创造性可能需要更多的主动“销售”行为，因为它们需要被他人认可和证实其观点的创造性。所以，员工的可信度（如地位、权力、知识）或其销售技能（如社交技能、协调能力）会影响这两种类型的创造性，但不一定影响反应型和期望型创造性。同时，创造性的不同类型也能够合理解释过去研究发现的时间压力对于创造性的两种相反影响。有研究表明，当处理明确确定的创造性任务时，时间压力有助于工程师聚焦；而当创造性任务未明确确定时，或者当其未在设计师的工作范围之中，时间压力则成为阻力。从中看到，反应型创造性被时间压力促进，而期望型创造性和主动型创造性被时间压力抑制。

（四）不同领域中的创造性

早期的创造性研究考察了从事创造工作的专业人士（如艺术家和建筑师）的创造性。Gardner（1983）从七个方面识别了不同职业领域中的创造性：音乐的、数学的、语言符号的、身体运动的、空间的、人际的以及内心的创造性。后来 Soloman 和 Gardner（1999）增加了“自然主义创造性”，即对植物和动物敏感的创造性。

对不同领域创造性的研究，使我们相对容易地了解创造性在文化上的差异。在西方文化中，许多创造性培养和教育计划集中于语言和数学领域，但在其他文化中，传统上可能更重视自然主义创造性，或者空间或其他非语言领域。差异性明显反映了文化中的控制点以及态度、价值观和期望。

学者们现在认为创造性能在“每个人”的领域中被探索和使用（Runco and Richards，1997）。这将成为重要的研究领域，因为该观点认为创造性是在处理和解决日常问题过程中所形成的能力以及相关因素。每天产生的创造性不需要高水平的智力或专长，也不强求颠覆性的改变。它促使我们思考孩子或者其他非专业人员（如消费者）的创造潜力。

二、消费者创造性概念的内涵

尽管绝大多数的创造性研究集中于个人发展领域和生产领域的创造活动，但从20世纪80年代开始，一些营销学者开始对消费领域的创造性行为产生兴趣（如 Hirschman，1980）。然而，如何在心理学的一般创造性理论的基础上，发展和形成消费者创造性理论，一直是众多学者感到困惑的问题。原因在于，从传统的营销学研究视角来看，消费者是没有理由进行新产品创造活动的，创造新产品的责任和义务都应归于企业。

（一）消费者创新性的概念

消费者创新性的概念最早来源于 Rogers 与其同事所提出的创新扩散理论（Rogers and Shoemaker，1971）。在该理论中，创新一般是从一些早期产品采用者向大众逐步扩散的过程。那些“比其社会系统中的其他成员更早采用创新”的个人是企业新产品开发和创新活动成功的基础和核心，这些个体也被视为具有创新性的消费者。

正因为消费者创新性对于企业的重要性，越来越多的营销学者开始关注这一概念，但仅仅从扩散的角度来界定消费者创新性似乎是不够完整的，Midgley 和 Dowling（1978）认为，“这实质是一种操作性的概念，因为它直接根据对创新性的测量，即个人采用的时间来表达”，而不能体现出消费者的个人特征。所以，Midgley 和 Dowling 提出对消费者创新性的理解至少可以包括两个方面：实际创新性（actual innovativeness）和内在创新性（innate innovativeness）。实际创新性指消费者“实际的创新行为”，表现为“比他人更频繁更迅速地购买新产品”（Midgley and Dowling，1978），而内在创新性指消费者“创新的个性倾向”，即“购买新的不同的产品和品牌，而不是保持原来的选择和消费模式的性情倾向”（Steenkamp et al.，1999）。换言之，真实的消费者创新性应该理解为愿意采用新产品和品牌的“性情倾向”和“实际行为”的统一。

内在创新性概念的提出，旨在将研究重心移向消费者采用创新行为之下隐藏的个性特征。Hurt、Joseph 和 Cook（1977）将创新性作为一种反映“变化意愿”的抽象化的个性特征。其他研究者（Goldsmith，1984；Leavitt and Walton，1975）从个体接受新体验和新刺激物的差异化程度来定义，将内在的消费者创新性视为信息处理过程的开放程度。Midgley 和 Dowling（1978）认为内在创新性指“个人独立于他人经验的影响而接受新观点以及作出创新决策的程度”，反映了消费者在决策过程中不受其社会系统其他人影响的程度。Hirschman（1980）将创新性特征等同于消费者寻求新颖性的活动，定义为人们寻求新颖性和创造性的愿望。

如果从寻求新颖性的角度对内在创新性进行界定和理解，那么相应实际采取创新行为也可以根据对新颖性产品和新颖性信息的寻求而分为两类（Hirschman，1980）：直接的创新行为和间接的创新行为。直接创新与之前学者们定义的“实际创新”概念一致，表示消费者实际购买新产品的行为。而间接创新指获得和接受关于新产品信息的行为。通过间接创新，个人采用了产品概念或相关信息而不采用产品本身。他们学习并存储新颖性信息，将其用于消费决策，同时避免采用实际产品的成本和风险。而且这还形成消费情景的间接体验，能同样扩大他们的消费情景知识。比如，他们可能读到如何安装漏气轮胎或如何处理飞机的颠簸，而不是从个人经历中获得这些知识。

除了“采用创新性”(adoptive innovativeness)，一些学者还注意到了“使用创新性”(use innovativeness)，即利用已经购买的产品来解决一个新的消费问题的活动，比如在使用产品的过程中发现产品的新用途、新的使用方式，或者用几件老产品组合搭配出新的式样和风格。

由此可见，消费者创新性主要指消费者采用和接受新产品与信息或者以新方式使用老产品的行为。它的“创新”本质实际上应该来源于消费者在采用和使用产品过程中创造性地解决问题的行为。要了解消费者创新性的形成根源或者作用机理，就必须引入消费者创造性的概念。

(二) 消费者创造性概念的提出

Hirschman (1980) 沿用了心理学“创造性”概念的能力观，将“消费者创造性”定义为“个人具有的用于解决与消费相关的问题的能力”。消费者创造性被视为采用创新性和使用创新性的前因，对消费者最终的创新活动产生直接影响。

由于消费者创造性被定义为一种问题解决能力，所以，在 Hirschman 等学者的研究中，主要关注的是与认知过程相关的消费者创造性概念。Hirschman 认为消费者创造性来源于两个相关的认知源：其一是个人所拥有的产品相关的概念间网络密度；其二是人们心理上保留的消费情景的剧目，见图 2-2。

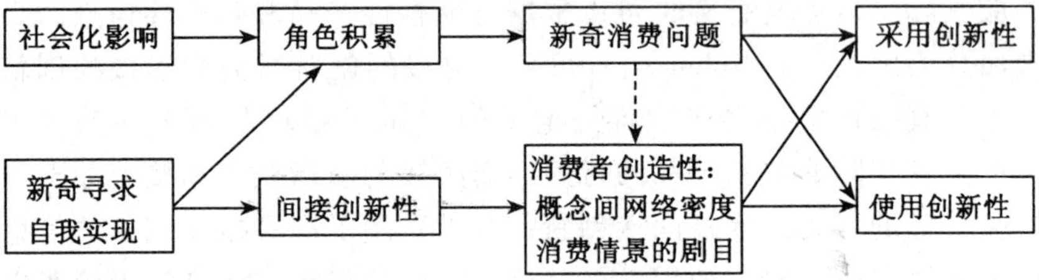

图 2-2 消费者创造性与创新性

资料来源：Hirschman, E. C.. Innovativeness, novelty seeking, and consumer creativity. Journal of Consumer Research, 1980, 7 (4): 290.

概念间网络密度反映了一个产品概念与另一个概念相关的维度。这些维度说明了概念之间在特征方面的相似性和差异性。概念间网络密度可能与消费经验有关，一个人所拥有的消费经验越多样，他可能获得的产品概念就越多，与每个概念相联系的属性也越多。这种信息被潜在保留下来以对产品类别概念以及相关属性进行界定和判断。因此，有更多经验的消费者相比较少经验的消费者而言，会发展出更高水平的概念网络。概念间网络密度代表了消费者用于比较替代产品概念的维度数量。这是消费者创造性的一个重要的认知来源，因为他用来比较替代品的维度越多，问题标准与潜在解决方案的属性之间越可能一致。

人们心理上保留的消费情景剧目也可称为“脚本”或“片断性图式”。Simon（1979）将其描述如下：“片断性图式的节点（心理贮存领域）代表一个短暂的因果关联的事件系统，比如与‘餐馆’相关的模式可能是一个描述典型的发生在一个人进入餐馆时的事件顺序的脚本。”脚本是消费者创造性的另一种重要的认知源，因为个人可能使用它们回忆自己如何解决先前的消费问题，并用这种知识来解决相似的问题。而且，个人可能在内心重新组合各种脚本的元素成为一个新的配置来表示他们面对的或期望遇到的新颖的消费情景。因此，脚本的概念为情景的建立提供了一个更深和更宽的理论框架。脚本也是通过经历环境刺激而形成的。与产品概念一样，消费者的消费经验越多样化，脚本越丰富，人们利用消费情景来进行创造的心理技能越高。

概念网络与脚本的一个重要区别是，前者在本质上是静态和命题式的，而后者是动态和体验式的。换言之，概念网络处理的是消费者所获得的关于一个产品概念的信息，如他可能知道 Honda Civic 有怎样的能源系统，或者假日酒店的房间每晚多少美元。这种知识不需要通过实际的体验获得。它可以通过广告、朋友或产品评价等得到。

相比而言，个人记忆中的消费情景的保留剧目代表着来源于各种消费体验的脚本。它们可能包括一些事实性信息（如我记得我在某某假日酒店每晚付了 50 美元），这些信息非常有用，因为它们让个人回忆起与既定消费活动相关联的时间和空间系列的活动。

例如，脚本可能让个人重新建立解决一个消费问题所必需的物理活动，向他提供某些可能很重要的语言或视觉线索（如我最后一次在这样的餐馆用餐时，服务员说了些什么），形成一套战略活动。进而，在计划一个消费问题的解决方案时，个人会需要一套复杂的时空顺序活动，将各脚本结合形成新颖的场景可能有助于人们计划的过程。比如，在计划去外国旅行时，消费者可能将许多先前经历中形成的脚本进行结合来想象旅程，从一系列替代方案中挑选最合意的元素来组合和创造。

通过结合概念网络和脚本，个人具备了进行创造的基本的元素。即要解决一个消费问题，一个人必须在心理上表示出条件情景（实际的或假设的），分离出解决问题所需要的满意标准。这可能通过提出贮存的脚本或结合一些脚本的元素，在心理上重新创造问题环境来实现。一旦必需的解决标准得以确定，个人可能沿着各种概念网络来搜寻或形成产品概念，使它具有适合解决问题的一套属性。

因此，消费者创造性被认为是消费者概念间网络密度及他们保留的消费情景的心理剧目的函数。它们提供两个必要的解决问题的元素：（1）在心理上表示问题情景，分离解决标准，并识别决策策略的能力；（2）激活或形成具备所需属性的潜在产品解决方案的能力。

（三）消费者创造性与创新性的联系与区别

其实，从文献回顾中可以发现，众多学者们对于“消费者创造性”和“消费者创新性”两个概念经常存在着很大程度上的混淆和互用。比如，学者们一方面认为“内在创新性”可以视为“实际创新性”的内隐特征，而另一方面又将“消费者创造性”作为“实际创新性”的一种认知来源。那么“内在创新性”和“消费者创造性”在某些方面（至少在认知方面）就可能存在着重合或者互用。又比如，“消费者创造性”被定义为一种问题解决能力，而“使用创新”也是用老产品来解决新问题的行为，如果从“创造性”的过程观对“消费者创造性”进行定义，那么“使用创新”不过是“消费者创造性”的一个子集而已。

造成这种概念混淆的原因可能与心理学研究领域本身对“创造性”和“创新性”概念的界定模糊和混用有关。“创新性”一般被定义为由于引入新观点而形成的独创性。在独创性的意义上，它似乎与“创造性”的特征没有什么不同。然而，一些学者们指出“创造”和“创新”存在着本质的不同（如 Amabile，1997；Fizgibbon，2000）。如表 2-3 所示，创造主要指新观点的产生或新事物的发明，因而涉及真正的独创性。而创新主要涉及新观点的执行过程，这种观点只是被创新的个体感知为新颖的，但可能对他人而言并不新鲜（Van de Ven and Rogers，1988）。另外，创造一般只在个体内部发生，最多扩展到小型的群体中，创造活动的机制一般被视为神秘的黑箱现象，因为它基于个体的心理过程，这也使创造的过程难以控制和管理。而创新却更需要许多人或者部门的参与和实施，因此可能是一种社会过程，它能被清楚地分解为一些发展阶段，也能被较好地控制和管理。

表 2-3 **创造与创新的区分**

	创　造	创　新
特征	涉及真正的独创性	只需要对创新的个体而言是新颖的
观点	涉及新观点的产生或新事物的发明	主要是新观点的执行
过程	主要是个人或者小型群体的心理过程	涉及许多人和多种职能部门的社会过程
机制	神秘的黑箱现象	能够被清楚地分解
管理性	一般难以管理	可以管理每一阶段

资料来源：Fizgibbon，M.. Of shadow and substance：The dilemma of measuring innovation. IBAR，2000，21（2）：7.

在心理学领域对“创造”和“创新”概念区分的基础上，结合“创造性”概念的多种视角，我们可以将“消费者创造性”定义为消费者在消费情境中思考出新事物或者产生新颖、适当的创意或产品的能力、过程或者活动。

这一定义既使我们与心理学领域的“创造性”概念保持一致，又有助于清晰地区分“消费者创造性”与“消费者创新性”两种概念的不同。因为从心理学文献对于“创造”和“创新”概念的识别来看，消费者创新性与创造性的差异既不应该表现为一个是行为过程、另一个是行为能力的区分，也不应该表现为一个是个性特征、另一个是认知结构的区分，而需要从其形成的性质和本原进行思考。

表 2-4 归纳了区分消费者创造性与创新性的一些维度。消费者创造性的本质特征在于新的观点或事物的形成和产生，并且这种新的观点或事物是由消费者自己创造出来的。而消费者创新性的本质特征在于对新观点的采用和接受。这些新观点并不是自己原创的，而是他人已经创造出来但对自己而言很新颖的观点。

表 2-4　　消费者创造性与创新性的区别

	消费者创造性	消费者创新性
主要特征	产生和形成新观点	采用和接受新观点
观点来源	主要由自己创造	主要由他人创造
主要过程	重组、建构和输出过程	认知、学习和吸收过程
目标	探索新事物	利用新事物
价值轨迹	从无到有	从无用到有用

因此，消费者创造性强调的是个体以新的方式重组现有的资源，或者在现有情境中发现和建构新事物的过程，这种过程的结果是新的观点或有形产品的输出。而消费者创新性强调的是个体对于新事物或新观点的认知、感觉、涉入和学习的过程，这种过程的结果是新观点或新信息的吸收。

从行为目标上看，消费者创造性主要表现为对新事物的探索活动（exploration），即试探和发现之前从未形成的新事物的行为，其价值轨迹经历了从无到有的形成过程。而消费者创新性则更多是对新事物的利用活动（exploitation），即从已经存在的新事物中寻找和发掘对自己有用的价值，是价值从无用到有用的转化过程。

这样，我们能够对过去学者们在“采用创新”、“使用创新”活动中并未清楚识别的暗含的“创新性”和“创造性”之间的概念差异进行澄清。过去学者们所研究的“采用创新”和“使用创新”活动实际上可能包含了两种不同情况：一种情况是在采用或使用过程中接受新信息、新方法、新观点，并利用其为自己的采用和使用活动服务的行为，根据我们的概念界定，它应该是“采用创新”或“使用创新”。另一种情况是消费者在采用或使用过程中形成了自己的新观点，或者自己独创地解决了某些问题，这样的行为或活动我们称为“采用中的创造”或“使用中的创造”。

但是，如同“创造”和“创新”概念间千丝万缕的联系一样，消费者创造性和创新性之间不可避免也存在一定的联系。

首先，消费者创新性和创造性所表现出来的很多个性特征可能是相似的。因此，它们可能为同一群消费者所具有，只不过在不同的消费情境中激活和体现出来。比如创新性消费者和创造性消费者可能都是对新颖性要求较高的消费者，当市场上能够提供足够新颖的产品时，这类消费者就表现出积极的学习和采用行为，即消费者创新性，而当市场上提供的新产品对这类消费者而言不够新颖的时候，他们可能会选择改造自己的老产品，或者寻求与企业共同创造新的产品，即消费者创造性。

其次，消费者创新性和创造性可能互为因果。一方面，如前所述，消费者创造性是创新性的基础。因为在消费者创造的过程中，会加强对与这种创造活动相关联的时空体验的记忆，这些记忆会增加消费者对于新颖性或丰富性的寻求活动，因而促进他们日后对于新产品的采用和接受行为。另一方面，消费者创新性也可能对创造性产生影响。因为消费者创新性体现的是消费者学习和吸收的过程，在此过程中，消费者通过了解、比较和采用新产品或新信息，形成了清晰的概念网络和认知结构，这使消费者更为全面深入地了解该领域的流行前沿，为消费者提供更丰富的创造元素，也形成对创造结果更准确的判断标准，如此增加消费者的创造能力。

最后，消费者创造性和创新性也可能是同一事件中两个相关的过程。就消费者的创造活动而言，其经历的是从无到有的新观点的产生过程，而产生的新观点对消费者是否有用，还需要消费者通过创新性采用实践来检验和证实。这一点在复杂产品的开发过程中表现得尤其明显。消费者可能为这些复杂产品的诞生贡献了某一部分的新观点，这是消费者创造性的体现，但消费者是否会率先采用最终开发出的产品，还必须取决于消费者创新性，但不管怎样，如果消费者将其在开发过程中的参与也视为完整消费过程的一部分，那么消费者前期的创造性参与对于后来的创新性采用不可避免会有一定影响。

第二节　消费者创造性概念的外延

根据文献回顾，我们将消费者创造性概念的内涵界定为消费者在消费情境中产生和形成新观点的能力或过程活动。可以看到，现有文献中关于消费者创造性的研究主要集中于两方面（Burroughs and Otnes，2001）：一是消费者在采用新产品中表现出的新观点产生行为，即采用中的创造性，比如消费者在选择向朋友赠送的圣诞节礼物时表现出的创造性。二是消费者在使用老产品中表现出的新观点产生行为，即使用中的创造性，比如顾客从现有的和常见的衣服种类中借助想象，创造性地结合各种元素形成全新的服装搭配，或者消费者在食品选择和饭菜准备过程中的创造性。

将消费者创造性概念的外延界定为采用和使用中的创造性，在早期研究中是可行的。因为在20世纪80年代“消费者创造性”概念提出之时，消费者解决消费相关问题的手段一般只局限于这两种类型：要么采用企业提供的新产品，要么自己改造老产品（Hirschman，1980；Redgeway，1994）。然而，数十年后，当代消费者的消费环境已经发生了翻天覆地的变化。如今，越来越多的企业管理人员将焦点转向了顾客与企业共同的产品创造或价值创造活动，此时仅仅研究采用中的创造性和使用中的创造性已经不能涵盖消费者创造性概念的外延。

一、消费环境与消费者行为的变化

在现实世界中，科技的进步与产业发展的巨大推力，使消费者的消费过程越来越开放、动态和丰富，消费者的消费环境越来越多地从个人生活领域延伸到与企业的生产领域直接相连，由此为消费者在消费过程中的创造活动提供了更为开阔的环境，也促使消费者行为发生改变，主要表现在以下几个方面：

第一，随着技术和行业的发展，生产与消费得以同步进行，消费者的角色发生变化，为消费者的创造活动提供了机会。一些学者（Gersuny and Rosengrenc，1973；Kaulio，1998；Finchc，1999；Nambisanc，2002）在研究中发现顾客在消费过程中可能扮演五种角色：除了传统意义上的购买者和使用者角色之外，顾客还可能作为一种创意的资源提供者、合作生产和加工者，或者成为与企业提供物结合为一体的最终产品。这样，顾客就不再是一个与企业对立的交易主体，不是通过在市场中搜寻和获得“硬”信息来了解与接受企业和产品，而更多的是一个与企业交流和融合的关系主体，通过知识交换和创造力激活来感受与影响企业和产品。例如，在eBay的在线拍卖系统，公司只提供软件和过程，而顾客提供各种创新的内容形式帮助其完善服务。并且，eBay还支持买卖双方通过相互监管来合作创造信用体系，eBay成员被要求在拍卖后通过填写在线表格来相互评估对方的活动，以确保交易安全。

第二，随着后现代主义消费文化的形成，消费者越来越追求自我的彰显，不再盲从于大众的潮流，顾客需要更为个性化和独特的产品。Prahalad和Ramaswamy（2004a）提出了“营销困境”，在他们看来，扩展现有对顾客关系管理的思考不是只关心如何更好地进行数据挖掘、细分顾客群或一对一营销，还要关注如何促进与顾客对话和让消费者参与到由异质顾客组成的动态的消费者社区——让所有热心的而且具备一定能力的顾客，通过合作互动创造他们自己的体验。消费者发现很容易形成他们自己选择的虚拟和真实的社区。接触的信息不再是不对称的，而是越来越对称。消费者不再被时间和空间所约束，他们比过去有更多的选择机会，“想想去年70%的汽车销售是消费者在网上实现的。由于对话促成了信息对称，消费者不需要通过柜台价格标签，直接通过互联网就能搜寻价格和特色产品。能满足消费者价格—绩效预期的将是能完成这种交换的企业”。

合作创造也能用于传统产品。例如，耐克通过定制来满足一种天生的经常未被满足的顾客需求——顾客要在所选择的服饰中表达其个性。在耐克网上商店定制时，人们有权在八种字符内进行选择，以组成名字或缩写字母，这一个性标签可在工厂里直接钉在他们的新鞋上。顾客需要为每双鞋增加10美元的额外支出，此外加上装运和处理，顾客还需要等三天才能拿到货。然而，耐克顾客仍然趋之若鹜，因为他们能直接从家门口拿到自己的独特风格跑鞋。更重要的是，没有别的人能买到你亲自创造的鞋。如此，耐克没有支付零售商毛利，却将不能提供相似的标签鞋的竞争者挤出市场。顾客支付的10美元也代表了可观的额外利润。

第三，媒体的迅速发展和信息渠道的拓宽，使消费者不仅接触到前所未有的丰富信息，还促使消费者日益自发地将信息反馈给企业或者在更广阔的消费者群体中相互传播。信息的地理限制正在迅速消失，成百上千的自由网站激发了消费者的主权意识，一方面表现为顾客不再被动地接受产品，而是越来越多地要求企业按照自己的意愿来提供产品；另一方面顾客对企业的影响力更强，企业不得不更加重视顾客的特别需要。如美国在线（AOL）的AOLWatch栏目，张贴了先前和现有顾客对AOL的抱怨，促使AOL在压力下不得不采取各种改进手段向顾客“妥协”。

第四，一对一营销理念的提出及其技术的实现，使得企业与某一顾客共同创造专门为其单独定制的新产品成为可能。台湾半导体制造公司（TSMC）是世界上最大和具有较高创造性的半导体公司之一。TSMC允许其商用客户自由获得其在制造、设计和质量控制过程中的数据。因而，当半导体行业开始以软件企业为主要顾客时，小规模的软件公司能迅速与TSMC开发人员的知识库相对接，参与到TSMC的研发过程中，缩短了其研发周期，也降低了小型企业参与半导体行业的投资风险。

第五，网络空间的出现，方便了消费者自主地尝试和试验其创造活动。有报告指出消费者利用网络来试验和开发产品，特别是数字产品。例如 MP3（编码数字音像）的压缩标准由一个学生 Karlheinz Brandenburg 开发，并发布到德国 Fraunhofer 协会的公共网上。软件用户的集体智慧同样使合作开发流行软件产品（如 Apache Web 服务器软件和 Linux 操作系统）成为可能。Palm-Pilot 建立的第三方软件开发商社区，将“开放”的操作系统在社区中公开，吸引那些知识型顾客通过创造性参与来获得心理上的回报。这些顾客需要展示自己具备让系统运转的能力，并通过发布免费下载的软件来显示其软件威力。随着围绕 Palm-Pilot 的口碑发展起来，社区的组成改变了。各企业的开发人员进来寻找灵感，与消费者交换观点，甚至邀请消费者参加公司召开的会议，并向他们提供正式的培训。他们与消费者合作创造应用程序，并在网上接受检验。

二、消费者创造性概念的外延扩展

随着信息技术、生产技术的发展，以及后现代主义消费意识的形成，越来越多的消费者持续不断地表现出与企业共同创造新的个性化产品或服务的能力（Douglas，1997）。在这样的活动中，顾客既作为产品的创造者又作为产品的购买者，或者说，他们购买和消费自己亲自创造出来的产品（Jeffrey，2003）。

此时，原有的采用中的创造性和使用中的创造性研究就不再与现实世界中的消费者创造性行为完全符合了。Burroughs（2001）用“创造性消费”（creative consumption）拓宽了早期学者对消费者创造性概念外延的界定。创造性消费定义为“一种以新颖和有意义的方式来进行的与传统不一样的消费活动”（Burroughs，2001）。这一看上去似乎不够精确和清晰的定义却为消费者创造性研究提供了更开阔的研究视野，特别是当营销学的现实背景发生迅速变化时，该定义表现出灵活的适应性。

具体而言，在现今的时代背景下，该定义对消费者创造性研究范围的扩展至少表现在以下几个方面：

第一，消费者创造性活动不仅发生在购买后的消费过程中，也可能发生在与消费相关的购前和购中阶段。如戴尔公司甚至学习如何整合合作创造到购买活动本身。去戴尔网页访问的人会发现，戴尔会根据消费者个人的具体需求和喜好为其提供标准的电脑配置，或者提供组件菜单让其根据个人偏好来创造几乎独一无二的个人电脑。

第二，消费者创造性活动不一定只是消费者个人的信息加工和创造活动，也包括与企业共同创造的活动。从 Intel 到 Microsoft 再到 Nokia，从网上开发程序到网络系统再到数字电话，消费者不仅扩散新技术，而且帮助创造形成新的技术。无论在技术层面，还是在价值观与审美层面，消费者都能提供有益的意见和建议。他们与企业合作勾勒产业和技术发展的未来。

第三，消费者创造性行为不只是与解决消费者问题相关，还可能包括其他有意义的行为，比如探索新的体验或者对某个团体的归属行为。以计算机网络设备的领导生产商思科公司为例，在重新认识了顾客群的能力后，思科公司创造了思科在线连接，提供了一套互动的、基于网络社区的服务，使顾客能够迅速地获得思科的信息、资源和系统。网络社区让思科的顾客相互对话，相互解决技术问题，加强了每个人的思科体验，也创造和维系了网络社区中的顾客忠诚。

第四，消费者创造性活动的结果除了改造旧有产品（使用创新）之外，还包括创造新的产品、服务、创意、消费方式、体验等，只要这些创造成果对于消费者而言是新颖和有意义的。联邦快递对顾客开放了其内部包裹追踪系统。希望追踪包裹动向的顾客在联邦快递的网页输入特别的追踪数字，就可以查询包裹交付时留下的内部信息流。他们不需要打电话给联邦快递就能得到该信息。这种合作创造形成的消费方式（公司提供软件和生成信息，顾客输入数字阅读信息）明显降低了联邦快递呼叫中心的工作量，并且节约了顾客的时间。

新扩展的研究范围使得消费者创造性与原有的概念存在较大差

异，即消费者创造性不但包括消费者自主决定的采用中的创造活动和使用中的创造活动，还包括他们与企业共同决定的新产品或新的消费方式的创造活动，即参与中的消费者创造性。

三、参与中的消费者创造性

相比较体现在采用和使用过程中的消费者创造性，参与中的创造性不但具有与前述两种创造行为相似的特征，而且因为参与过程中的互动性，使其还可能具有一些与企业活动相关的独特特征：

第一，创造的过程虽然涉及个人的心理过程，但是也受到创造过程中企业活动的影响。因为参与中的创造性必须基于共同的创造实践才可能完成，这种创造实践需要参与双方甚至多方的动机、态度、行为的推动，并且一方对待合作创造的积极或消极的意识和行为会对另一方的创造实践产生显著影响。因此，参与中的创造性既是个人的心理过程，又受到社会过程的影响。对于参与行为而言，必须有回应和反馈才能构成完整的创造。

第二，参与中的创造性依赖于企业与消费者的关系而发生，是建立在关系基础上的创造性。这表现在一方面，过去的关系质量可能对现在的创造活动产生影响；另一方面，创造性参与实践由于涉及与企业的对话和交流，因而本身就是一种关系的发展过程，通过创造活动产生一种新的关系结果。

第三，这种创造性必须与企业的创新活动和创新性相联结，才可能形成参与双方都满意的结果。也就是说，参与中的创造性不只是一个简单的产生新颖和独特观点的过程，还涉及如何将观点转变为现实产品的执行和实施过程，以及其后的评价过程和采用创造出来的新产品的过程。可以说，参与中的创造性既不能仅从消费者一方的角度简单地加以思考，也不能被分隔地置于观点形成的单一环节，而必须在一个动态的“观点产生—实施执行—产品评价—创新采用—使用评价—观点产生”循环过程中去理解，因为参与中的创造性既不会无缘无由地凭空产生，也不会“轻轻地挥一挥手，不带走一片云彩”。参与中的创造性来源于消费者在长期购买、使用、消费中总结的知识和经验，因此是对采用活动和使用活动中的创新性与创造性的积累和集中体现。在这个过程的不同阶段，消费者和企业可能交替扮演着主导角色，也可能在某一环节共同决定着创新成果的诞生。如果抽掉创造活动产生的前因和背景，孤立地思考消费者在参与中的创造行为，只会形成褊狭甚至歪曲的理解结果。

研究参与中的消费者创造性对于企业而言，可能具有更为特别的意义。因为参与活动加强了消费者与企业之间的互动，培养了消费者与企业的关系和情感，加速了企业与顾客之间在信息和知识方面的转移与交流，形成了基于创造活动的共同的事件和体验，增进消费者对企业的归属感和忠诚感。相比较采用中和使用中的个体创造性而言，参与中的消费者创造性可能受企业影响的机会更大，因此更多地表现为内驱与外驱结合的创造类型，并且在参与过程中企业和顾客更易于开放式地界定、识别并解决问题。

因此，在本研究中，我们对消费者创造性的研究集中于“参与中的创造性”，将其界定为消费者在购买或消费过程中与企业共同创造新的、有意义的产品、服务、创意、消费方式或体验的行为。也就是说，在以下的论述中，我们定义的消费者创造性并未包括前述广义定义中的采用中的创造性和使用中的创造性，而特指与具体企业发生关联的消费者创造活动。这样界定的目的一是因为国内外学者对于该类创造活动的研究相当匮乏，二是在于该概念更符合新的时代背景下消费者行为的变化，三是因为该概念与企业的经营活动关联性更强，对企业实践而言具有更显著的可操作性。

在我们定义的消费者创造性中，创造活动的成果不仅与消费者的创造意愿有关，还涉及企业实现创造成果的现实条件限制（比如虽然消费者和企业都有创造意愿，但消费者提出的某个想法企业无力实现）。然而，如果以创造的成果来衡量消费者创造性大小在经验研究中较难控制，所以，我们将消费者的创造意愿分离出来，单独从消费者一方的角度来考察他们在购买或消费过程中愿意与企业共同创造新的有意义的产品、服务等的行为意向。这样操作的优点除了简化研究程序外，还能更清晰地反映出消费者主动参与创造的意识，它与我们通过研究消费者创造性来更深入地了解消费者行为的主旨是一致的。

第三章

消费者创造性：来自一般创造性研究的框架

从消费者参与企业创造的角度对消费者创造性理论进行发展，在营销研究领域还是一个空白点。尽管缺少直接的研究成果，我们仍可以借鉴心理学中一般创造性理论的研究框架，这不仅因为一般创造性理论是生产领域、个人发展领域、艺术创作领域中创造性研究的基础，而且事实上，先前的消费者创造性研究（即对采用中创造性和使用中创造性的研究），也同样沿袭了一般创造性理论的架构（Burroughs and Mick，2004）。

第一节　心理学中有关创造性的研究

一、能力与创造性

在早期的创造性研究中，能力是探讨最多的因素之一。基于能力观的创造性概念的界定正是这些研究的充分反映。在这些研究中，创造性也可以理解为“创造力”（很多国内学者将根据能力观定义的创造性概念直接译为“创造力”），它被认为是“天赋”的才能。研究者通过分析那些优秀的创造性天才，试图分离出决定创造性的能力因素，以通过后天的培养在普通人身上建立和强化。

最初的创造性能力被认为与智力因素相关。1921 年心理学家 Terman 在斯坦福大学首创了对超常智力进行的纵向研究，探索智力水平与绩效表现以及创造性的关系。他的研究结论表明，具有很高智商的孩子在生活中的绩效水平也较高，但超过某个点之后，智商就和真实生活中的超常表现没有什么联系。后来的研究表明，智商与创造性正向关系的截止点在 120 分左右。低于该智商水平的孩子可能较难进行有创造性的工作，但超过 120 分之后，智商的增加并非必定意味着更高的创造性（Terman，1925）。

对于该发现的一种解释是，智力的测量与创造力的结构可能并不一致，比如高智商的人具有较强的理解能力和学习能力，但这样可能会促使他们依照现存专业的规则行事，而并未跳出现有思维的局限性，也可以认为，他们可能具有很强的知识接受力，在一定的知识框架下他们能对知识应用自如，具有解决具体问题的能力，但较少具有对知识的质疑和革新能力，因此可能不善于提出问题和发现问题，缺乏原创的创造性。

因此，更多的学者开始思考如何对创造力的智力构成进一步探索。Guliford（1967）提出智力结构论（structure of intellect），认为根据“输入内容”和“产出类别”的不同，与创造性思维相关的智力成分至少有 16 种，又可以归为四类：流畅力（fluency）、变通力（flexibility）、独创力（originality）和精进力（elaboration）。流畅力指思想流畅的程度，表现为在一定时间内个体产生的观点多少的程度；变通力指转换不同的方式或使用不同的分类系统来进行思考的能力；独创力指产生与众不同或者独特观点的能力；精进力指对细节的想象和扩充的能力。这四类能力体现了智力成分与创造性的联结点，为后来的众多学者所认可和接受。

然而，也有学者发现，不同类型（如不同性别）的人群在不同的创造性领域可能存在着能力上的差异。比如从产品评价来看，

Amabile（1996）的研究发现女性比男性在语言的创造思考上能力更强，而男性比女性在艺术工作上更有创意。Vernon（1989）对各领域的创造性人群总结发现，在自然科学方面男性远多于女性，在艺术方面虽然男性多于女性，但女性作家的比例相比较其他领域而言仍然较高，在戏剧舞蹈方面男女无显著差异，但芭蕾艺术方面女性多于男性，而在音乐和视觉艺术方面女性多于男性。

这种不同性别的能力差异也许可使用 Gardner 的理论来解释。20 世纪 80 年代初，美国著名心理学家 Gardner 提出多重智力说，他区分了七种智力形式，即语言能力、逻辑数理能力、空间关系能力、音乐能力、躯体运动感觉能力、人际交往能力和自我意识能力。具有不同能力的人们在相应领域的创造性也可能存在差异。

Torrence 从认知与情感角度对创造力进行了剖析，他认为创造力并不是一个无差异的构念，应该包括认知创造力和情感创造力。认知创造力强调运用概念化和逻辑思维来进行创造的能力，而情感创造力则强调依靠直觉、想象思维来进行创造的能力。真正的创造力应该是认知与情感的综合体现。

总体而言，基于能力的创造性研究关注于智力与创造性的联结，强调创造性能力的总结和分类，主张创造力并非天赋奇才所专属，而是人人均有的，所存在的只是程度上的差异。学者们认为，创造力是可以培养和开发的，通过适当的环境、正确的方法和良好的机会，平常人的才能也会结出丰富的硕果。

二、人格与创造性

早期的创造性研究也关注对高创造性个体的人格特质的研究，即“什么样的人具有创造性”。这种研究思路的主导假设是高创造性个体与低创造性个体是天然分割的，因为他们具有不同的个性特征，会产生不同的行为结果。正如“性格决定命运”的说法，具有创造性人格特质的人群必定成为未来的创造者。

Mackinnon 和 Barron 对此进行了开创性的研究工作，他们最早对不同领域中的高创造性个体进行人格评定与研究，发现这些个体更加复杂、富于想象力、灵活、追求个人价值、有勇气、独立和自信。他们认为正是这些人格品质促使高创造性个体对新事物的可能性产生兴奋感，并由此衍生出更加广泛的新想法。同时，这些个体对自己所形成观点的价值坚信不疑，并持续不断地去追求，最终获得创造性的成绩。

研究者们发现虽然不同领域对创造性人格品质的要求存在差异，但有两类特征在各种不同的高创造性个体身上稳定存在：一是自发、愉悦、好奇与灵活；二是自我决定、能动、自信和坚持。这两类特征使创造性个体的人格表现得非常复杂，当他们面对外界事物时就像孩子一样开放与好奇，但在活动的过程中又表现得特别成熟和有主见。

当然，把创造性人格特征绝对化是不恰当的。创造性个体往往拥有相互矛盾的人格特征，如既外向又内向。James 等（2000）认为，人格对创造性的影响至少有一部分是以创造技能为中介机制的，人格和创造技能相互作用并为创造性提供发展的模型。研究者认为，其实在每一个人身上都有这些互相矛盾的品质，但大多数人只发展了一方面，比如培养了侵犯、竞争的个性，就忽略了温顺和合作。Jung 认为，和常人不同，创造性高的人，在行为中表现出各种相对立的特征。他提出这种两极对立的特征强烈地表现在具有极高创造才能的人身上，并把这种复杂的人格称为“成熟的人格”。当然，复杂人格并不意味着神经质，也不是指处在两极人格的终点，而是指一种视情况的需要，从某一特征的一极转向另一极的能力。

总体而言，基于人格的创造性研究从不同角度探讨了不同领域对于创造性的发展和创造任务的完成具有决定意义的人格特征。其中，艺术和科学这两个专业领域中创造性个体人格特征的研究最多。研究结果发现，不同类型、不同领域的创造性人才的创造性人格特征是不同的，很难用一种模式概括各类创造性人才的人格特征。但是，不同的个体之间也有共性，各类创造性人才在人格特征上必然有共同之处（见表 3-1）。

表 3-1　　创造性人格特征

研究	人格特征
Mackinnon 和 Barron（1960）	复杂、富于想象力、灵活、追求个人价值、有勇气、独立和自信
Amabile（1983a）	高度的自我约束、延迟的自我满足、挫折面前的坚持、判断的独立性、高度的自治、内控点、冒险意愿、追求卓越的愿望
Sternberg（1988）	对不确定性的容忍、发展意愿、内在的动机、适度的冒险精神、认同愿望、克服障碍的意愿、对自己有信心
Harrington（1990）	高唯美主义价值观、广泛的兴趣、对复杂性的关注、高活力、独立判断、自主、直觉、自信、自我矛盾、能够接受不同观点、允许冲突及强烈的自我创造性意识
Guilford 等（1970）	有高度的自觉性和独立性，不肯雷同；有旺盛的求知欲；有强烈的好奇心，企图深究事物的机理；知识面广，善于观察；工作中讲求条理性、准确性与严格性；有丰富的想象力和敏锐的直觉，喜好抽象思维，对智力活动与游戏有广泛兴趣；富有幽默感和文艺天赋；意志品质出众，能排除外界干扰，长时间地专注于某个感兴趣的问题之中
周昌忠（1983）	勇敢，敢于对公认的东西表示怀疑；甘愿冒险；富有幽默感，对饶有趣味的事物很敏感；独立性强；有恒心；一丝不苟
张庆林等（2001）	求知欲强，喜欢接受各种新事物；想象力丰富，富于幻想；好孤独，全身心投入所从事的事业中；对未知东西有强烈的好奇心，敢于探索，渴求发现，不满足于已有的结论；坚忍不拔，执著追求，深深理解自己行为的价值；独立自信，不从众，不轻易相信别人的看法；自制力强，能克服困难达到成功的目的，并在此过程中体验到快乐；反叛，不顺从

续表

研　究	人格特征
Csikszentmihalyi（1996）	精力充沛，但通常很安静，经常休息；聪明同时很天真；把玩笑和纪律相结合，或是把责任心和无责任心相结合；一方面充满想象和幻想，另一方面又脚踏实地；把对立的倾向置于外向和内向的统一体；既非常谦虚又特别骄傲；在一定意义上逃脱了严格的性别程式；具有叛逆性和独立性，但对传统也非常了解；对自己的工作充满热情，但非常客观；比较开放，比较敏感，这使他们既承受痛苦又感到极大的喜悦
Barron 和 Harrington（1981）	智慧的审美观、广泛的兴趣、对复杂事物的关注、充沛的活力、关心工作与成就、独立判断、自治、直觉、自信、忍受与解决冲突的能力、创造性的自我意象
Oldham 和 Cummings（1997）	广泛的兴趣、易为事物的复杂性所吸引、敏锐的直觉、高度的审美观、对暧昧情境的忍耐度高及强烈的自信心
Torrence（1960b）	有强烈的好奇心；有较高的成就动机；感受性高；想象丰富；独立性强；对自己的信念坚定不移；不迷信权威，敢冒风险；对从事的工作专心致志；富有幽默感、乐观

三、动机与创造性

在某种程度上，动机比人格特征能够更好地解释和预测创造行为，因为人格特征对创造活动的影响会反映在其行为的动机上（Amabile et al.，1994）。一些人比他人更容易被工作中的快乐和挑战感所驱动。比如 Pablo Casals 从听到大提琴声音第一次就被其所吸引："我从未听过如此美妙的声音。"小说家John Irving在表达其一天写作14小时的动机时说："我工作如此努力的原因是它对我而言不是工作，这种难以言表的因素是爱。"

这可能因为创造性行为要求创造者必须具备指向目标的坚定性、对任务的热情、献身精神、注意力高度集中和持久。Torrance（1958）提出创造性动机（creative motivation）这一概念，以解释创造性人才的人格特征与创造性之间的心理联结，认为创造性人格影响了创造动机，继而影响了后来的创造活动。

两种动机类型经常被用来与创造性进行联系：一种是内部动机，另一种是外部动机。这两种动机以来自内部或外部的"刺激来源"进行分类。内部动机是由一种来源于个人或者工作本身的刺激所引发的，如个人兴趣、冒险倾向或工作具有挑战性等。如Amabile（1994）认为，此动机主要来自于工作本身带给人们的价值。反之，如果刺激来源于个人或工作之外，如金钱、职位、权力等，则称为外部动机。这类动机来自于完成工作后带来的价值。

然而，学者们对于内部动机和外部动机与创造性的关系一直存在争论。第一种观点认为，内部动机与外部动机可能同时存在，但内部动机比外部动机对创造性的影响更甚。如果动机由内部产生，比如创造活动提供了兴趣、愉悦、满足或工作挑战性，那么这种动机较外部动机更能形成创造性（Amabile，1988）。

第二种观点是内部动机对于创造性有积极的促进作用，而外部动机可能对创造性产生抑制作用（Amabile，1994）。这种观点之后的假设是，内部动机和外部动机是同一维度上的两极，两者间存在着"此消彼长"的对立关系（Deci，1971；Lepper et al.，1973）。这种观点基于认知评价理论（Deci and Ryan，1980），即认为个人对自我能力的肯定以及自己作决定的需求，是促进个人行动的内在动力。因此，当组织通过外在诱因酬赏个人的工作表现时，个人会对行为失去个人控制感，而对其作出外在归因，认为工作是为了酬赏，进而使内部动机下降。

但到了1985年，两位学者认为，在某种情况下，两种动机是以并存而非对立形式存在。Amabile（1997）将外部动机分为三种类型：控制型（controlling）、资讯型（informational）和赋权型（enabling）的外部动机。资讯型指针对个人能力提供适当信息，赋权型指授权个体从事有兴趣的任务。她认为内部动机有益于创造力，控制型的外部动机有害于创造力，但资讯型或赋权型的外部动机则是有益的，特别当内部动机强度在任务一开始就很高时。该假设基于动机协同的概念，即当外部动机提供了更多驱使个体投入工作的刺激来源时（资讯型或赋权型），会与内部动机发生协同效应，个人创造力会更高。

事实上，内部动机可以理解为来自创造个体的内部需求所自发引起的心理应激，在创造性研究领域中经常提到的因素有认知需求（Cohen，1955）、成就需求（McClelland，1953）、自我实现需求（Maslow，1968）等。而外部动机则可以理解为来自环境的激励所引起的心理应激，如报酬动机和关系动机。对外部动机的研究应该更多地结合环境因素对创造性的影响来考察。内部动机和外部动机的区别以及它们与创造性的关系可能正如 Addison（1983）的观点所述：创造性动机的来源可以分为两大类：遗传和环境经验。大多数关于创造动机的争论可以归为一个问题：创造者的动机是天生的，或从环境中得来的，还是两者皆有。

总体而言，基于动机的创造性研究可能是现有创造性研究中最为重要和引起关注的部分。Runco 等（1997）调查了 143 个参与创造性研究的学者，让他们对未来创造性研究的许多问题的重要性进行判断和排序。研究表明，在未来研究最重要的项目上得分最高的是“实际的创造行为”以及“动机驱动因素”。多数学者认为“行为反映动机”是创造性实现的关键。这可能因为动机作为创造态度或行为的驱动力，对创造性有着直接而显著的影响，还可能由于动机本身体现了人格特质、环境影响甚至能力等因素的综合作用，因而研究上述因素对创造性的影响具有重要意义和价值。

四、环境与创造性

学者们在研究中发现创造性个体的能力、人格特征以及内在动机等因素相对较为稳定，虽然从发展心理学的观点出发，上述因素在创造性个体的成长过程中逐渐经历社会化和积累的过程，但这种过程被认为是长期的、缓慢的，并可能具有某种程度的路径依赖，一旦形成相对难以改变。因而更多的学者认为关注可变的环境或情境对创造性的影响，可能对创造性研究而言更具有可操作性和实践价值。

环境对创造性影响的早期研究来源于行为主义学派（如Skinner），他们认为创造性行为来源于外部的强化，环境通过强化来产生来自外部的创造驱动力（外部动机）。这种观点的假设是个体进行创造是为了追求强化的结果，即为了获得奖励或回避惩罚。Amabile的研究发现当组织对创造性行为进行奖励时，工作团队将产生出更具创造性的成果。

然而，行为主义的环境强化观也受到一些学者的质疑。如Deci的研究表明，承诺的奖励可能会削弱创造性活动的绩效表现，因为强化活动所激活的外部动机可能使创造者只关注与创造活动相关的奖励或强化物，而干扰个体的注意力，使其忽视创造过程本身，并且强化对于创造活动的影响也可能存在边际递减的趋势。

社会心理学的观点认为，创造性活动始于个体，因此个体的内在特质必然是这些行为的动力来源，但另一方面这种创造性行为必须在社会环境中展开，因此，环境因素对于创造性的刺激与驱动作用也非常重要。

持社会心理学观点的学者们更为关注环境因素对于内在动机的调节作用，即在促进性的环境中有助于增强内在动机对创造性的影响作用，而在压抑或阻碍性的环境中，即使有高的内在动机，也不一定产生高的创造性。

因此，环境对创造性的影响不但表现在物质环境或因素方面，更体现在其对个体的心理环境的构建和影响上。正如Amabile（1997）指出，处于同样环境中的不同个体所反映的组织情境不一定相同。个体感受到的心理环境可能是促使其行为产生的更重要原因。

风气（climate）概念的提出说明了心理环境对创造性的影响。Ekvall（1983）开发了创造性风气量表，以评价组织中支持创造性和革新的情境因素，作为诊断和建立组织创造性的工具。风气包括两种类型：心理风气和组织风气。心理风气指个人对于环境属性的认知评价，它基于个人在环境中对行为活动的意义和价值进行的评估。当组织中每个人的评价聚合在一起，就可能形成组织中个人共享的意义感和价值观，这就是组织风气。风气是影响组织中个人心理过程的干扰变量（Saksen, Lauer and Ekvall, 1999），它可能培养个体对创造活动的认识，鼓励他们参与创造的积极性。

总体而言，基于环境的创造性研究将视角从个体内部转向了个体之外的环境因素，指出外部因素对创造性影响的可能性，为创造性的促进、干预和管理提供了机会。

第二节　创造性研究的整合框架

虽然能力、人格、动机与环境等因素被证实对创造性形成了显著的影响，但这些研究都只强调了创造性理论的某一个侧面，因此，一些学者提出应该采取一种汇合的视角，即结合创造性研究中的不同视角，将单一观点的元素汇合起来，以成为一个在未来发展上具有丰富内涵的创造性理论框架。在采用汇合视角进行的研究中，三位学者的观点具有突出的贡献和价值，也得到了心理学界的广泛认同。我们的基本研究框架也正是根据这三位学者的观点进行了加工和整合。

一、Sternberg 的汇合视角

Sternberg（1986, 1997）认为个人拥有的六种资源与创造性相关，这六种资源分别是：

（1）智力：智力在创造性中主要有三个功能：综合、分析与实际。综合能力包括重新界定问题的能力以及顿悟的能力。分析能力是对基本问题的解决能力，包括：①问题的认识与界定；②问题信息的心理呈现（整体与全面）；③解决问题的策略形成与资源调度；④控制与评估（分析与校正错误）。实际能力指使好的创意落实的智慧，它可能有多种形式，如适应行为、非语言线索解读、日

常生活情境及冲突解决等。

（2）知识：知识对于创造性形成起着基础性作用，它包括正式知识和非正式知识。正式知识是某一领域或某一职业的知识，包括事实、原则、价值观、对某一议题的意见、科技知识与一般典范。非正式知识是指在某一领域听来的有关该领域或该行业的知识，是没人教的，有时是说不出来的。知识有助于创造性，因为它可以避免重新发明的无知风险、使你敢与别人意见相左、将想法转变为作品并具有高品质、集中心力思考新东西、协助注意偶发事件成为创意来源。但必须特别小心的是，过多的背景知识也会使思想僵化，使人成为知识的奴隶，所以想要有创意，除了要有知识之外，还要能够超越原有知识的限制。

（3）人格特征：有某些人格特质的人才有创造性。Sternberg综合他人的研究结果发现：高创造性的个人应该具有以下人格特征：他们勇于克服外部障碍以及心智困顿（mental block）等内部障碍；愿意冒合理的风险；愿意成长；容忍不确定性引发的不舒服与焦虑，直到产品达到最佳的程度或能力所能展现的最好程度为止；对自己内在自我与外在生存世界都感到好奇，愿意体验别人不愿体验的经历；相信自己，并有勇气向权威质疑和挑战。

（4）思考风格：指人们利用和发挥智力的方式，它不是一种能力，而是一个人选择用哪种能力的方法，依据心智自我管理理论，总共有13种思考风格，包括功能视角（行政型、立法型、司法型）、形式视角（君主、阶层、寡头、无政府）、层次视角（整体、局部）、导向视角（内在、外在）、意识视角（自由、保守）（Sternberg，1997）等维度。一般而言，具有“随时依情境应变”、“质疑社会规范、真理及假设”的立法型思考风格的人能够进行最有效的创意思考，而司法型能评估创意工作中的新点子好不好，因此，最理想的创造性个人是能够平衡立法型思考与司法型思考的人。

（5）动机：最大的动机可能是内在动机，它是认为行动本身存在意义，并能从中获得满足的动机，因而对任务感兴趣和喜欢的个体具有更大的创造性。但是，在创意的实施阶段，外在动机可能更为重要，而在创意形成的早期阶段，内在动机更重要（Amabile，1988）。

（6）环境：Sternberg认为许多环境因素可能影响创造性。一般而言，充满刺激的情境比贫乏的环境更鼓励创造性；较少的规范和创造的自由会促进创造力；早期的自我评价较晚期的自我评价对创意的贡献更大；竞赛有助于低动机者、中低困难度的任务或较外向者提高个人创意表现，而与精神支持者（psychic group）／创业者（entrepreneur）／总裁或基金会（executive or foundation）／移转代理人（transmission agent）及社会大众（public）的合作有助于创意的实现；非中央集权管理式的组织机构有助于创造性的形成。

Sternberg认为这六种资源不但对创造性分别产生影响，而且部分资源之间还可能存在相互作用，以协同的方式影响创造性。事实上，这六种资源又可以进一步整理成三类：智力与知识属于个人的能力，思考风格、人格与动机属于个人的认知心理状态，最后一项环境即为影响创造性的外部激励。这三类分别反映了心理学三类主要学派——人本主义、认知主义和行为主义的思想基础。

二、Bandura的汇合视角

另一位采用汇合视角研究并在心理学领域产生了巨大影响的学者是Bandura，与Sternberg的取向略有不同，他不但认为应该在研究中结合前述三种学派的观点，并且认为这三种学派的观点是相互影响并趋于一致的。具体而言，在一定的环境中，能力和认知过程发生相互影响，形成了个人对自己能力的一种主观感知和信念，即自我效能，正是这种人类自身的自我参照因素调节着个人能力和先验知识对行为的影响，在一定程度上，它代表了个体的能力与认知过程、环境作用的所有经验的现值（Cappeliez，2001）。

随着Banduna（1986）认知行为主义的构建，对创造性的能力观点产生了一定的影响，学者们从对客观能力的关注转向对主观能力（即自我效能感）的关注。自我效能感（perceived self-efficacy）定义为人们对自己实现特定领域行为目标所需能力的信心或信念（Banduna，1977）。它并不是指人们具有的某种技巧，而是指人们对利用自己的技巧能做什么而进行的判断，是对自我能力信息的权衡、整合和评估的结果。这种定义并不完全把注意力集中于人们的智力和知识方面，而是关注这些智力知识成分和行为之间相互作用的过程。在他看来，知识、转换性操作及其所组成的技能是实现行为绩效的必要条件，但并不是充分条件。这是因为内部的自我参照因素调节着知识与行为之间的关系。其中，人们如何判断其能力以及这种判断如何影响其动机和行为便是最为关键的因素。这种对能力的判断在个人的自我调节系统中起主要作用。从已获得的行为知识到将这种知识转化为实际行为表现的中介过程则被忽视。

Bandura（1997）认为自我效能是一种对能力的信念，是认知、情绪、行为技能被组织起来服务于特定目的的能力信念，在主观因素和行为绩效之间可能存在着多种自我调节机制，行动者的认知能力和动机受到这些自我调节机制协同活动的控制，而其中占据中心地位的机制就是自我效能感。效能感调整动机水平，它既可以直接激发和维持动机，也可以通过目标设置间接地影响动机。效能感越高的人，他们为自己设置的目标就越难，对目标的承诺也越强。效能感还通过自我援助或自我衰化的方式影响注意或认知过程。效能感高的人更可能把注意力集中到分析和解决问题上，效能感低的人倾向于把注意力转向内部和自我关注。

Bandura 把自我效能分为结果期待和效能期待两个成分。结果期待是个体对自己的某种行为会导致某一结果的推测，即如果个体预测到某一特定行为会导致某一特定的结果，那么这一行为就可能被激活和被选择。效能期待则指个体对自己能否实施某种成就行为的能力判断，即个体对自己行为能力的预测。也就是说当个体感到自己有能力进行某一活动时，他就会产生高度的自我效能感，并会实际去实施这一活动。

自我效能感具有三个重要特征：（1）自我效能感是在综合了来自行动者本人、特定任务和他人等各种信息的基础上产生的；（2）自我效能感涉及动机成分；（3）自我效能感是一种动力结构，会根据新的经验和信息不断地变化。

这些特征也反映了自我效能感对创造性的影响：一方面，个体的自我效能感反映出其认识事物与评价事物所特有的方法，促进了创造性的产生；另一方面，个体的自我效能感反映出其行为的性质和范围，反映了个体面对困难时所付出的努力，保证了创造性的实现。

总体而言，Bandura 尝试用自我效能概念来概括能力、认知过程以及环境的交互作用的结果，这种汇合的视角强调了人类潜能发挥的自我决定性，对于创造性研究可能具有特别的价值。然而，在心理学文献中，自我效能感更多被证实与能力的主观感知相关，而与动机、自我概念等构念仍具有明显的区分界限，因此，结合了能力与认知过程，并体现过去的学习经验的汇合观点，并不能完全代表动机及现有情境的作用结果。

三、Amabile 的汇合视角

Amabile（1996）提出了创造性成分理论。该理论认为应该结合三个方面来研究个人创造性：专长、技能、任务动机。创造性成分理论提出当人们的技能与其最强的内在兴趣重叠时，创造性最可能发生。因此，这三种成分水平越高，创造性越高。这就是图 3-1 所描述的“创造性交集”。

（1）专长：专长是即专业的知识、专门性的技能和特殊的与专业相关的才能。它被认为是认知路径的集合，按照其来解决既定问题或者完成既定任务——问题解决者的“可能的漫想的网络”（Newell and Simon，1972）。专长成分包括对事实知识的记忆，技术熟练程度，在某一目标任务领域特殊的才能。如高技术工程师的专长包括想象和思考复杂的工程问题等特有才能，以及迅速聚焦于问题的重要方面的能力，对于电子学的系统知识、对过去工作和现有高技术领域发展的熟悉程度，以及他在设计和执行研究过程中获得的技术技能。

（2）技能：该成分提供了“某些额外”的创造性表现。假定一个人有动机执行某一活动，也具备必需的专长，但创造性绩效水平仍可能在一定范围内波动。甚至对于极高水平的专长，如果缺少

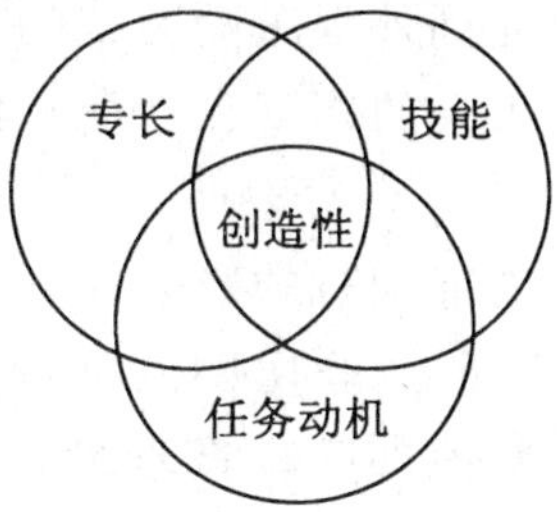

图 3-1 创造性成分模型

资料来源：Amabile，Teresa M.. Motivating creativity in organizations：On doing what you love and loving what you do. California Management Review，1997，40（1）：43.

创造性思维技能，人们可能不会产生创造性。这些技能包括采用新观点时的认知风格，对于新认知路径的技术（或启示法）应用，以及有益于持续有活力地进行工作的工作风格。创造性思维技能与独立、自律、风险承担的倾向、对不确定性的忍受、在挫折前的坚持以及相对缺少社会承认等人格特征相关。然而，创造性思维技能可以通过学习和实践灵活性思考与独立思考的技巧来改进。

（3）任务动机：如果说专长和创造性思维技能两种成分决定了一个人的创造能力，那么任务动机成分可能决定了个人的创造过程。动机可以是内部的（即对工作的涉入和深度兴趣，如好奇、愉悦或个人挑战感），或是外部的（为了达到与工作本身无关的一些目标而进行创造，比如实现一种承诺的报酬或者达到一个终止点或赢得一个竞争），虽然内部动机和外部动机的结合是经常的，但Amabile倾向于认为以内部动机为主更有益于创造性，因为存有内部动机的人更可能在特定领域吸收或应用自己的专长。

Amabile的动机概念中暗含了环境的影响。她认为相对于专长和思维技能而言，动机最可能受到环境影响，并且这种影响作用更为直接和强烈。因此，一个人即使产生了对于某个创造任务的动机，也有可能因为任务环境的瞬间改变而改变。

决定环境激励对于内部动机产生影响的因素主要有三个：个人

的最初动机状态、使用的外部动机类型和外部动机的适时性。内部动机的最初水平越高，受到外部激励因素的破坏作用影响的可能性就越小。研究表明，当个人的态度和动机是模糊时，最易于受到外部影响。

根据外部动机对于内部动机的影响，外部动机的类型可以分为"协同的外部驱动因素"和"非协同的外部驱动因素"。协同的外部驱动因素包括报酬、赏识、反馈等形式，其对内在动机的作用方式有两种：一是信息的外部促进因素（informational extrinsic motivator），它们可能证实了能力，或者提供了有关如何改进绩效的重要信息。二是能动的外部促进因素（enabling extrinsic motivator），它们直接增加了个人对工作本身的涉入度。非协同的外部促进因素主要指控制性的外部促进因素（controlling extrinsic motivator），它们可能与内部动机产生冲突，因为它们破坏了一个人的自我决定（self-determination）感，因而限制和损害了内部动机。

外部激励所引发的外部动机出现的时机也非常重要，这是因为内部动机和外部动机可能分别对创造过程中的不同阶段产生影响，对创造性有着不同的贡献。Amabile 认为，内部动机在最初的问题形成以及创意产生阶段起着关键作用，即对创造性的独创或新颖特征有着重要贡献，而外部动机可能在信息类型的适用性或者最后方案的可操作性方面为问题解决者提供线索，即对创造性的适用和价值特征有着重要贡献。

总之，Amabile 从能力、认知和动机三个方面形成了对创造性活动研究的汇合视角。在该视角下，她最强调的还是环境对于动机的影响。在她的论述中，环境对于动机的影响是内隐于内部动机之中的，环境通过影响外部动机而间接地与内部动机发生作用。然而，她的论述似乎还是未能清楚地说明环境、内在动机、外在动机和创造性之间的关系。事实上，根据动机刺激来源而形成的内在动机与外在动机分类方式，可能限制了人们对动机的理解，也模糊了环境、外在动机和内在动机三者间的关系，因为根据定义，外在动机直接由外部激励所刺激，在某种程度上似乎可以直接理解为外部激励的结果，而外部激励对于内在动机的影响，在很多文献中转换为外在动机对内在动机的影响，这样就形成了一个概念上的困惑，即外部激励到底对内在动机是否有直接影响，在此影响过程中，外在动机究竟是作为激励的结果，还是与内在动机并行的动机形态？

四、本研究的汇合视角与框架

本研究关注于消费者参与企业创造的行为和活动，尽管也属于个体创造性的研究范畴，但相对于心理学领域中的一般创造性研究而言，具有一些独特的特点：

首先，我们研究的是消费领域中的创造性活动，该领域与一般创造性研究中常用的生产创造或艺术创造等领域有着显著的不同，最主要体现在消费领域中的休闲性而非工作性。换言之，人们一般将消费作为一种休息和享受生活的活动，在这样的状态下，人们为什么还会去从事创造活动？消费者参与创造是否存在一些与正常工作情境下不同的独特的心理动机？

其次，在创造性参与活动中，消费者作为创造主体，他们可能在创造活动中被赋予了与企业开发人员不同的任务角色，因此不能完全以一般创造性研究中的能力特点来要求和筛选这些消费者。在企业与消费者合作创造的活动中，消费者参与创造的行为可能比从行为中展现出来的创造性水平对企业更有意义，因为企业创造的目标是满足消费者的需求（包括其参与创造的需求）。因此，只要消费者认为自己具备创造的能力，并且愿意持续地参与到创造活动中，就可能形成创造性。这样，相对真实的能力而言，消费者的自我效能感与创造性更为相关。

最后，在消费者参与企业合作创造活动中，环境可能是一个重要的影响因素。但是环境对于消费者创造活动的影响是否与一般创造性研究中探讨的环境对于创造性的影响一样，仍是有待检验的问题。根据 Amabile 对环境、内外动机、创造性的论述，如果消费者参与创造的动机发生了变化，那么外部激励对于创造性的作用也可能会受到影响。

在前述各学者汇合视角的基础上，结合本研究的具体特点，我们希望结合三个方面对消费者创造性形成的心理机制进行研究（见图 3-2）。

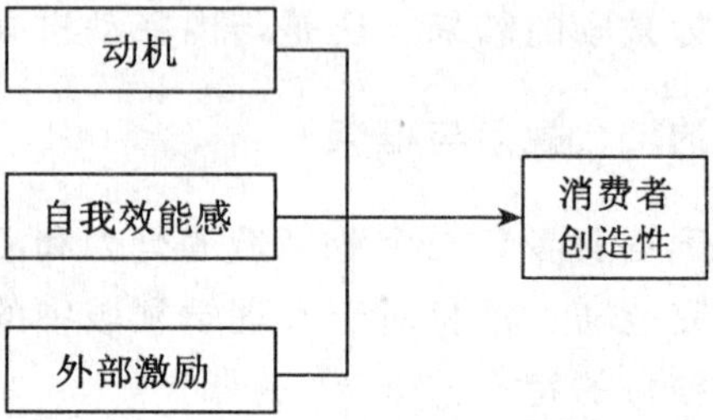

图 3-2 消费者创造性形成的心理机制模型

（1）动机对消费者创造性的影响。探索消费者参与创造的动机是本研究的重点和主线，其他的三个方面也是围绕动机产生的心理机制以及与动机的交互作用而展开的。这不仅因为动机研究被认为是创造性研究中的重中之重，更重要的是，由于角色认知的不同，消费者参与创造的动机及其内在的心理机制可能不同于那些假设在工作环境中进行创造的个体。一方面，一般创造性研究中广泛认可的因为奖励或惩罚形成的外在动机对于消费者创造活动而言并不适用，因为在真实世界中，消费活动是自愿并且极少受契约约束的，企业无法通过奖罚的手段来强制消费者进行创造。另一方面，一般创造性研究中认可的由认知需求（即对工作任务的兴趣）形成的内在动机对消费者创造活动的影响也值得质疑，因为消费者可能并未将消费过程看作是一种追求个人成就或展现专长的工作过程。那么，消费者为什么自愿投入到企业的创造活动之中，探索和发现其行为背后隐藏的需求动机及心理活动机制是十分有意义的。

（2）自我效能感对消费者创造性的影响。自我效能感对创造性活动的影响在心理学领域已有学者研究。然而，自我效能感是否对消费者创造性也同样产生影响仍是研究的空白点。本研究关注的问题是：①消费者的一般自我效能感是否直接对消费者创造性产生影响？②自我效能感是否与消费者的创造动机产生交互作用，继而影响创造性？

（3）外部环境激励对消费者创造性的影响。在本研究中，我们主要关注企业可以塑造的心理环境对消费者创造性的积极作用，因此它更多被理解为一种企业对消费者创造活动的激励行为。由于一般创造性研究中所定义的因奖惩所致的外在动机在消费者创造性参与活动中几乎不存在（在现实中也可能存在着企业向顾客发放奖金以刺激创造的案例，我们将这种行为视为将顾客内化为员工的行为，此时的顾客可能也将自己视为员工角色，这种行为与我们界定的消费者创造性行为有着根本的不同，因此不作为本研究的考察对象），所以我们研究的外部环境激励主要指企业员工对于消费者参与创造活动所给予的心理上的鼓励和支持，在以后章节的论述中，为了表述的方便，我们将其简称为外部激励。沿着 Amabile 的思路，我们更多地关心外部激励对于消费者创造动机的影响作用。如果消费者存在几种不同的创造动机，那么外部激励对其的影响是否也存在不同？或者我们是否可以根据不同的创造动机设计不同的激励方式？

第四章

案例叙事研究：消费者创造性参与活动的影响因素

第一节　研究方法

一、研究目的和研究方法

根据对一般创造性理论的回溯，我们形成了关于“动机—能力—环境激励”的汇合研究框架。然而，在消费者创造性领域，该汇合框架下会产生一些什么样特别的研究变量？这是本研究试图解决的问题。

在现有的消费者创造性研究领域，鲜有研究从汇合视角对消费者参与创造的过程进行分析，因此，我们较难从现有文献中整理出较清楚的研究构念来表述那些可能影响消费者创造性参与活动的因素。鉴于缺乏充足的文献支持，我们采用了案例叙事研究方法，从现实的市场案例出发来抽取可能的理论概念进行研究。

叙事研究指运用或者分析叙事资料的研究。所谓叙事，是关于一系列事件的讲述。案例叙事研究是以个案为研究对象，整理和汇集来自多来源的案例叙事材料，并在此基础上借助文本阅读和分析诠释来抽取和理解案例中的主要核心构念及其相互间关系，以形成理论。

基于个案的叙事研究方法结合了案例研究与叙事研究的特点。案例研究的主要特点在于它提供了以真实生活（或事件）为基础的描述性研究材料，把研究问题与真实生活结合起来考察，反映了研究的现实性和典型性。叙事研究的主要特点在于在研究过程中将被研究对象的展示和研究者的主观理解相结合，随着研究的开展，研究者和案例主体（讲述者或表演者）进入与叙事互动的过程，如此使研究者的个人理解不断地螺旋式上升，以修正和改进原来的理论假设，进一步增加了研究的深刻性。基于个案的叙事研究方法使研究者不仅可以通过个案直接讨论信息，而且可以从不同的角度寻求详细的分析与理解的证据，并且借助深入阅读，研究者可以尝试将分析的层面从个体扩展到群体、组织、社会环境等多个层次。

案例叙事研究方法特别适合本研究，主要基于以下原因：第一，有关消费者创造性参与研究的文献较为匮乏，以至于我们目前只能从心理学的一般创造性理论中去寻找可以借鉴的研究框架。然而，心理学的一般理论不一定完全适用于消费者创造性活动，因此，案例叙事研究方法就有助于我们跳出心理学的一般创造性理论，从来自市场的现实案例出发，来归纳和形成与消费者创造性相关的理论概念。第二，在消费者行为研究领域，大量研究都聚焦于某个十分微观的心理现象或过程，因而相对缺乏能用于概述整体活动的系统化的汇合视角。采用案例叙事研究方法能帮助我们从连续发生的事件观察中概括和抽取出能够反映事件本质的整合框架，以完整详尽地描述研究对象的全貌。

二、研究抽样和研究程序

（一）研究抽样

本研究选择了四个消费者参与创造活动的个案作为研究样本（案例中的公司背景介绍参见附录）。选择这四个案例作为研究对象主要考虑了以下原因：第一，所选案例尽量涉及与企业产品品牌相关的创造性参与活动。第二，尽量考虑在案例中包括不同的行业类型。第三，考虑所选案例能够涵盖不同的参与活动发起方、不同的创造性参与形式、不同的创造性参与程度。第四，所选择案例具有一定的知名度，在网络和媒体上有较多的评论和事件相关信息，以便从多种来源来收集与案例相关的叙事资料。

四个案例的主要特征如表 4-1 所示，四个案例主要来自于服装、网上零售和计算机三个行业，其中案例 A 和案例 B 是由消费者率先发起的创造活动，而案例 C 和案例 D 是由企业率先发起的创造活动。四个案例中消费者的创造性参与形式包括品牌故事、个人创意、评论、广告、创意视频等类型。消费者创造性参与程度由高到低不等。

表 4-1　所选案例的主要特征

案例品牌名称	行业类型	参与活动发起方	消费者创造性参与的形式	消费者创造性参与的程度
阿迪王	运动鞋	消费者	品牌故事/个人创意/评论	高
凡客诚品	服装电子商务网站	消费者	广告/个人创意	高
贵人鸟	运动服饰	企业	广告语/创意视频	中
联想	计算机	企业	个人创意/广告	低

四个案例的叙事资料主要来源于以下五个方面：（1）网络原帖、转帖和回帖：指从各主流消费者论坛和社区上收集的关于该案例中消费者创造活动事件的网络原发帖、转帖和回帖评论。（2）新闻报道及评论：指从各大门户网站上收集的关于该案例中消费者创造活动事件的报道和评论。（3）专业期刊：指从中国期刊网和维普期刊网中收集的与该案例有关的专业评论或研究。（4）观察：指研究者对该案例相关事件的有形线索进行观察，比如通过对该案例所涉及的企业网站、消费者品牌社区、购物网站中的消费者行为或者企业活动进行跟踪观察，为各类叙事材料之间的联结和整理提

供基础。(5) 消费者访谈：指对在案例中所涉及的参与过创造活动的消费者进行访谈。各案例数据来源见表4-2。

表4-2　**案例数据来源**

案例品牌	网络原帖、转帖及回帖	新闻报道及评论	专业期刊	观察	消费者访谈
阿迪王	•		•	•	•
凡客诚品	•	•	•	•	•
贵人鸟	•			•	
联想	•	•	•	•	•

(二) 研究程序

利布里奇、图沃-玛沙奇和奇尔波（2008）提出，对叙事资料的分析主要有两个独立的维度。第一个维度指向分析单元，即根据从完整文本或整部叙事里提炼出来的表达或片断是否作为一个整体而存在，将研究的策略分为整体方法与类别方法。整体方法将个案的叙事看作一个整体，文本的各个部分被放在与其他叙事部分一体的背景下做出诠释。而类别方法则先把原始事件解剖开，从整个事件或者分别来自不同叙述者的数个叙事文本中，抽取出属于某一个定义范畴的部分或个别词句。

第二个维度根据在文本阅读过程中是聚焦于叙事的内容还是叙事的形式，将研究的策略分为内容策略和形式策略。内容策略集中于分析某事件的明确内容部分，比如了解发生了什么事件，为什么发生，谁参与了此事件，以及分析针对叙事的某个部分所表达的意义、个体表现出的特质或动机等。形式策略则关注叙事的形式而非内容，比如事件的布局结构、事件发生的顺序、事件和时间轴的关系、叙事的完整性和一致性、叙事引发的情感、叙述的风格、隐喻或词语的选择，等等。

根据上述两个维度，利布里奇、图沃-玛沙奇和奇尔波将叙事研究的分析策略分为整体—内容、整体—形式、类别—内容、类别—形式四种模式。在本研究中，我们采用了整体—内容的分析模式，根据前述三位学者的建议，我们采用了以下研究程序：

（1）以所选择的案例为核心，从各种来源广泛收集与消费者创造活动相关的事件资料。

（2）反复阅读资料，直到一个模式浮现出来，这个模式通常以整个事件焦点的形式出现。

（3）写下关于叙事资料的最初印象和完整印象，寻找一条或几条主要线索将各种来源的叙事资料串起来。

（4）确定叙事内容或主题的特殊焦点，考虑它们在事件中起到的重要作用。

（5）用不同颜色的标记，标出叙事资料中的不同主题，然后分别阅读、重复阅读。

（6）用几种不同的方式来记录发现，用后来的叙事资料或者新来源的叙事资料来检验前面的研究结论和发现。特别注意那些在内容方面前后不一致或者与主题相矛盾的情节。

（7）与其他独立阅读者一起讨论案例，进一步修正研究结论。

在第二节，我们将简要陈述经过整理后的叙事案例材料。我们以时间为主要线索对来自各种来源的叙事资料进行了整理和归纳，并且依据每个案例的发展历程划分了事件主题。在第三节，我们展示了对叙事案例的分析结果以及关键的分析证据，并就分析结果的理论含义进行了讨论。

第二节 案例叙事：四个消费者创造性参与的案例

根据对四个案例样本相关资料的收集和整理，我们对每个案例中消费者创造性参与活动的关键事件进行了梳理，以试图选取合适的证据来清楚地反映整个消费者创造性参与活动的动态发展过程，并展现每个案例的独特特点以及案例间的联系和相似之处。

一、案例 A 阿迪王：神话般的品牌故事

在阿迪王的案例中，消费者从一开始就是整个创造性参与活动的倡导者和积极参与者，借助阿迪王的产品及品牌素材，消费者在

网络上充分展现了其丰富的想象力和创造力，制造出了大量与阿迪王有关的传说和故事，并引发了众多的转帖和跟帖。

准确地说，阿迪王案例中的消费者创造性活动源于对阿迪王的“山寨非议”。来自福建的运动鞋品牌阿迪王，以其与阿迪达斯十分近似的品牌标志和与耐克十分近似的品牌口号成为消费者议论的焦点，而有趣的是，这些议论并未使阿迪王淹没于众多“山寨品牌”之中，反而引发了消费者对其大量持续的关注。

（一）阿迪王的伯乐：猫扑网

阿迪王的成名最初起源于素有中国第一娱乐互动门户之称的猫扑网，在这里，以调侃取乐擅长的“猫扑精神”吸引了众多80后和90后拥趸。

2009年初，一位网名为“doctorlob”的网友在猫扑网发帖《我今天见一个牌子叫“阿迪王”》，全文不过60余字：

> 我今天见一个运动鞋的牌子叫“阿迪王”，人家的口号是：“一切皆能改变！”我的天呀，这天下还啥人都有，啥牌子都有，啥口号也都有，并且都是学别人的……

为了证明自己所言非虚，该网友还贴上了阿迪王专卖店的图片。很快，这一爆料便引起了人们的关注，被网友认为是“很雷人”的阿迪王开始在猫扑上大量传播并“惨遭恶搞”。

（二）阿迪王的网络恶搞运动

猫扑上的大量跟帖使得一系列围绕阿迪王进行恶搞的文章开始频频见诸网络，其中流传甚广的有根据歌曲《听妈妈讲那过去的事》改编的《为了一双阿迪王，我失去了我的双脚》：

> 我们坐在高高的土堆上面，听妈妈讲阿迪王的事情。我出生在一个不太普通的家庭，妈妈会预知术，在我小的时候，妈妈就常跟我说：“在未来的世界，有一种叫阿迪王的东西成为比石油、黄金还重要的东西……”那时，我痴痴地听着，一听就到半夜，听到入迷，任由鼻涕流到自己的嘴里。长大后，我终于知道阿迪

王是什么东西。它是对于亿万人来说比自身生命还重要的神物……

当益达口香糖电视广告热播后，网友将其换成阿迪王主题广告，被冠以“我见过的最搞笑的帖子”在论坛上流传，这一恶搞是这样写的：

临走时，我掏出带着体温的100元钱买了2双阿迪王，刚要走出店门时服务员朝我喊：“你的阿迪王！”我回眸一笑回应道：“是你的阿迪王。”服务员当时就脸红了。我随即以迅雷不及掩耳盗铃之势走出门口，我想服务员肯定会把所有的阿迪王从柜台里都拿出来一只一只地数：“他明天会来，他明天不会来……”

（三）从恶搞到神化

伴随着“恶搞运动”的愈演愈烈，阿迪王也被无限神化、无限赞美，甚至成了网友选举出的“宇宙巅峰品牌”。很多人以看阿迪王的帖子为乐，由此也造就了更多的人积极投身到对阿迪王的“造神运动”之中。

如今，如果在网上输入“什么是阿迪王”，将会有百度知道、天涯回答、搜搜问问等多个知识搜索引擎告诉你一个相当一致的答案：

阿迪王是阿迪达斯旗下的一款高端产品，或许也可以这么说，阿迪达斯在阿迪王诞生之后，已经沦落为其山寨版了，阿迪王只有贵族才能穿，比尔·盖茨都买不到，阿迪王是贵族名品，超过ADIDAS、NIKE、GUCCI、LV，阿迪王的专卖店有人一生都没有机会找到，这才是真正的高端啊！

更有玄幻小说迷发表《阿迪王——宇宙中“鞋”的神秘》，为阿迪王在网络上制造了神的身份：

> 传说在宇宙形成之初，地球一片狼藉。七只神兽（风、雨、雷、电、火、土、水麒麟）聚集中原，开辟了山地、风水等自然迹象。公元前12亿年前，七大神兽无意消失，据历史大概记载，在公元前12亿年前的一个晌午，从宇宙的深处突来一阵飞弹袭击，七大神兽以死保护地球。地球当初都是坚硬的石头，导致无数飞船毁灭，最后一个抵达地球的正是传说的“阿迪王”。阿迪王抵达地球后和七大神兽血战十年，七大神兽最后因阿迪王的坚持而被打败。阿迪王脚上穿的鞋（当时叫做靴）也因不适应地球的环境而彻底不能用。此时阿迪王为了能适应地球的环境，就把七大神兽的皮和器官割下做了七双鞋，取名“阿迪王”。阿迪王虽然在其他宇宙能长生不老，但在地球他却是最脆弱的。阿迪王去世时，七双“阿迪王”鞋也落幕地球，至今没人知道。

在网络上为阿迪王制造神秘身份的同时，也不忘为阿迪达斯制造了另一个身份，用于烘托阿迪王：

> 漂流去太平洋的那只（阿迪王）鞋，被一个富商出海发现，带回了美国，依照阿迪王鞋的样子制作鞋，取名叫“阿迪达斯”。因为原阿迪王鞋上面写的文字就“阿迪”两个字看得明白，这位富商名“达斯”，便取名“阿迪达斯”。而落地大陆的这只原阿迪王鞋，2008年被中国考古学家在四川汶川发现，便出土拿回博物馆。而后四川发生了有史以来的大地震。这就是阿迪王的神秘之处，之后经过考古学家的研究，终于明白了鞋上面写的字“阿迪王”，于是中国制作的阿迪王才是原味的贵族人穿的鞋，已被世界贸易组织认定为无价之宝、贵族象征之鞋。

关于阿迪王神秘身份的帖子受到大量网友的追捧，也引发了关于七双原始“阿迪王”鞋花落谁家的遐想和议论：

> 传说路易十四只有在自己生日时才穿阿迪王。伊丽莎白女王在临终前一天才穿上了阿迪王。秦始皇把所有看到阿迪王的人活

埋。一向爱耍酷的乾隆皇帝，也只是在泡妞的时候才换上阿迪王……

将七双原始“阿迪王”鞋与古今中外各界名人相结合，使网络对于“阿迪王”使用者的贵族身份得以强化和定型：

世界首富“比尔”曾经想过买回这只曾在中国的鞋，但被世界贸易组织拒绝。理由：比尔虽然有钱，但不是贵族，担心穿上阿迪王后会给美国带来灾难。

想有正版的阿迪王几乎是不可能了。不过在地球上倒有几家由那美克星授权的真正的阿迪王“神卖店”，那些店都是专供来地球旅游的那美克星贵族购买的。①

（四）阿迪王与网络文化的结合

网络精神的内核是开放、共享和包容，它是一个非中心化、无集权的世界，平民性特征突出，这些特征恰与草根文化特征相一致。“草根”直译自英文的“grass roots”，它指同主流、精英文化或精英阶层相对应的弱势阶层。在阿迪王的网络传播中，其传播者对阿迪王的极尽维护和膜拜反映了网络上草根一族的生活状态和精神向往。

比如，在热帖《每个人心中都有一双阿迪王》中，发帖者用阿迪王来自嘲自己的生活状态，获得了许多网络同感者的转发和传播。

初闻阿迪王，那是一个萧瑟的秋天，秋天有灰色的脸，是你随手丢弃的，我无法兑换明天，不能再回到从前，那个萧瑟的秋天，分手在那个秋天……老板娘还未等我开口就发现了我身上的贵族味，说：往左转，一直走，然后往右转，一直走，走到下个礼拜六……我听过老板娘的话，勇敢不畏地往前走，走了整整七

---

① http://wenwen.soso.com/z/q187599177.htm

天七夜，我终于来到了商城的尽头，看到了一个小型的店面……此时店员瞄了我一眼，然后使了个眼神让我往左边看，左边一个匾牌让我触目惊心：凡被店员使过眼神的土著，请走后门，地址：自己找。我凭我的聪明睿智在阿迪王旁边看到了一面墙，一个水井盖……

在大量的阿迪王传播热帖中，更多的发帖者将其作为一种幻想工具，帮助自己获得心理上的平衡和精神上的自由。比如在热帖《今天我穿着阿迪王新款草鞋在超市教训了两个非主流》中，发帖者将自己的身份定义为“阿迪王守护神”，俨然成为正义与英勇的象征。

今天阳光明媚，身为中国仅有的拥有一款宇宙品牌阿迪王新款朴素草鞋的我终于第一次在众人目光巨大的光压下，走上了大街。“哇，这竟然是阿迪王草鞋!! 天哪!”“我终于看到阿迪王的产品了！这一辈子没白过!”很显然，这种情况早在我没有出门的时候便想到了。缓缓走过的地方，无论是多么拥挤的人群都会给我自动让出一条标准两米宽的大道。在众人的目光中，我从众人留出的大道上缓缓步出，走进了一家超市……就在我大加赞赏的时候，我突然看到两个非主流打扮的情侣在角落里偷偷摸摸地不知道做什么坏事……非主流男缓过神来，满脸怒容对我说：“松手！你都看到了什么?”我叹着气教育道：“我看到了国家的财产正在被一些蛀虫侵蚀，我很是伤心。”非主流男的脸色变得苍白，呼吸变得急促。“你都看见了我岂能留你!”突然一拳就向我面门打来。我微微一笑，一个侧身躲过，从身后的包中掏出我那款最新式复古型阿迪王草鞋，脱鞋拿鞋再穿鞋动作一气呵成!!当然这都是在一瞬间完成的，当非主流男反应过来的时候，我正在优雅地系着最后一根鞋带……我转过身，对着那非主流女，冷冷地斜视……“滚!! 我传阿迪王从来不打女人，别再让我看见你!!”非主流女便连滚带爬出了超市……这时，一个绝世美女用双手死死地抱住了我的腿，两眼闪射出心形的亮光，问道：“帅哥，有幸知道您的大名么？”我抬起了脚，悠然说道：“阿迪王的守护神!!”说罢，便在众人崇拜的目光中，飘然而去，只留下了我身上的王者气息……

与网络草根文化相结合，阿迪王的商业价值和网络传播的娱乐价值紧密结合在一起。在网络文化的号召下，有网友甚至拿着 DV 全城寻找阿迪王的专卖店，而当踏破铁鞋无觅处最终在一排商业门面中找到阿迪王时，该网友顿时晕倒。此视频上传，一时引爆论坛，众网友无所不用其极地用更新鲜更具趣味的文字和图片来表达对阿迪王的无限崇拜。

自此，阿迪王完成了从网络初现到恶搞，再到神化，最后通过与网络文化的嫁接凸显其商业价值的网络传播过程。

二、案例 B 凡客诚品：从广告到凡客体

（一）凡客的名人名片广告

作为国内知名的服装电子商务网站，凡客诚品的广告最早都是在网络上投放。2009 年下半年，随着营业额的大幅提升，凡客诚品决定涉足品牌广告。2010 年 5 月获得老虎环球基金领投的 5000 万美元的第四轮投资后，凡客诚品下定决心推品牌广告。

从 2010 年 7 月开始，在北京、上海等大城市的大街小巷的公交站台及地铁灯箱上，都可以看到凡客诚品以“我是凡客”为主题的最新户外广告。在凡客诚品的平面广告中，韩寒和王珞丹这两位在年轻消费者中具有相当分量的代言人成为广告的主角，见图 4-1、图 4-2。

为什么以“我是凡客”为广告主题？在公司经营策略上，凡客诚品的总裁陈年的思路很清楚：坚持用户体验，坚持最好性价比，但凡客诚品的品牌究竟该是个什么形象他并不确定。最初他觉得可能是“快时尚”，后来发现“平民时尚”也许更合适。最终一家广告公司以四个字“我是凡客”打动了陈年和凡客诚品的其他高层。在这家广告公司看来，“我是凡客”应该是一种真实的自我体验：韩寒在他的赛车里可以感受到；陈年在凡客诚品增长的营业

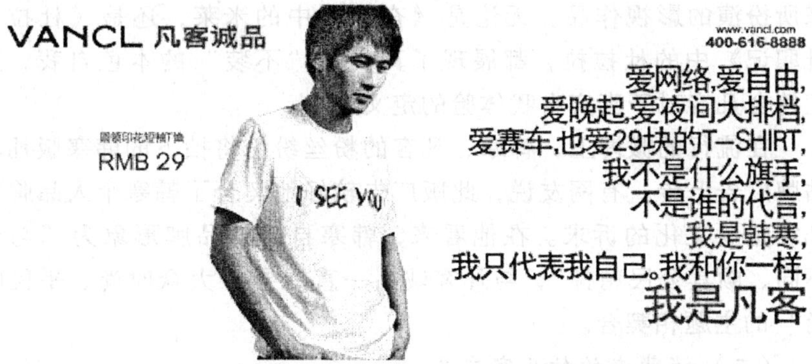

图 4-1　韩寒代言的凡客诚品广告

图 4-2　王珞丹代言的凡客诚品广告

额里可以感受到；没有买过或根本不买凡客诚品衣服的网民也有自己的体验。

韩寒代言凡客的广告一出现在北京、上海的站牌广告中，就引来大量舆论追捧。选择韩寒作为广告代言人，是因为韩寒是从草根成长起来、由互联网成就的时代先锋。陈年认为，他要的就是韩寒身上所蕴含的互联网精神。凡客诚品是成就于互联网的时尚品牌。韩寒既有极高知名度也有争议性，但是凡客并不担心韩寒的争议性，就是要剑走偏锋、打破常规。

王珞丹的个性率真，已经成为她的一个形象标签。王珞丹近年来所扮演的影视作品，无论是《奋斗》中的米莱，还是《杜拉拉升职记》中的杜拉拉，都展现了真实的“不装”的本色自我，这正符合凡客对于真实自我体验的定义。

在流行的微博上，韩寒、凡客的粉丝纷纷将拍下的韩寒版凡客站牌广告上传。有网友说，此版广告较好地契合了韩寒个人品牌和凡客企业文化的诉求。在他看来，韩寒自身的品牌形象为“与众不同、颇具公民精神”，与凡客诚品一直倡导“大众时尚、平民时尚”的主题相契合。

（二）消费者的仿凡客广告

在为北京奥运会加油的一次表演里，黄晓明演唱的“One World One Dream”中，把“not at all”唱成了“闹太套”，遭到了网友的调侃。2010 年 7 月 26 日，北京印刷学院大三的学生寇帅一时兴起，根据凡客诚品广告 PS 了一张黄晓明“闹太套”的凡客体，将其发到豆瓣相册里，后来这张图又被网友多次转发，成为网络上最早的一张模仿凡客诚品广告的图片（见图 4-3）。

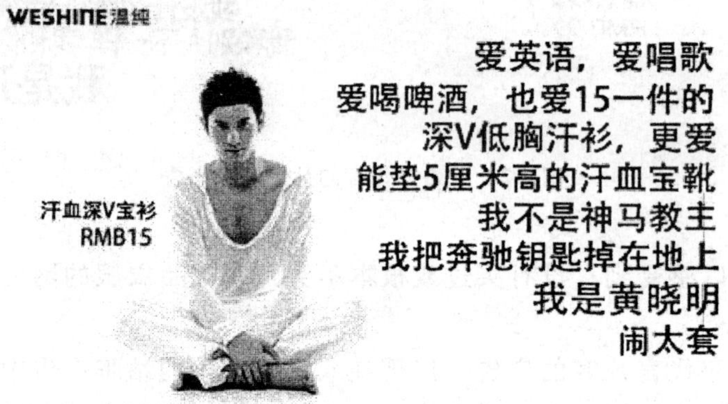

图 4-3

依靠黄晓明“闹太套”事件的影响力，这张仿凡客广告的图片得以迅速流传。然而，这仅仅是消费者创作仿凡客广告的开始，以郭德纲为主题的仿凡客广告在某知名文案创作人的微博中出现，才成为网友们大量创作加工的引爆点。

2010 年 7 月 29 日晚上 7 点多，网友“马克斯无谱斯”在个人微博上写道：“趁热 P 一张出来，今年凡客风必须大热！”附图是此前被网友们疯狂转载的身穿纪梵希红色几何印花 T 恤的郭德纲（见图 4-4）。

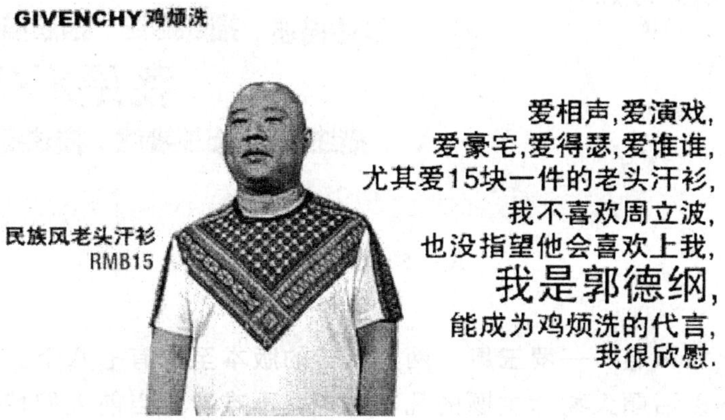

图 4-4

这个 PS 恶搞图一上传，当晚便有众多网友拍手叫绝，“太逗了”“太有创意了吧”。两个小时后这张图片已经被转发了 100 多次。

（三）凡客体与消费者的自我表达

仿凡客广告的大量转载和流传使更多的消费者自愿参与到创作和改编之中，由此专门形成一种文体——“凡客体”：爱××，不爱××；是××，不是××，我是××。更有好事者将凡客体制作成模板（见图 4-5），放置于网上，供创作者下载使用。

凡客体模板的出现，大大推动了消费者真实表达的热情。一时间，无论是各界名流还是草根一族，无论是现实世界还是影视作品，全部成为消费者们调侃和创作的对象。

在运用凡客体模板的创作主题中，话题人物往往是最容易引起关注的对象。话题人物制造的绯闻话题为人们创作和加工凡客体增加了许多内容和素材。创作者们往往不断根据绯闻来更新其创作内

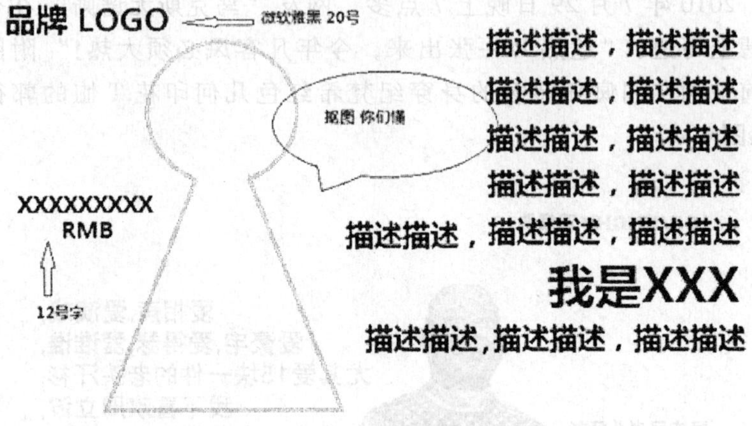

图 4-5 凡客体模板

容，比如凤姐——罗玉凤，网上流传的版本至少有七八个。

从以话题人物为主题的凡客体中，不难看出当前人们特别关注的热点和社会问题，比如被方舟子揭发文凭造假的唐骏、兽兽门的女主角车模翟凌、猥亵女职员的山木培训公司总裁宋山木，等等。当然，由于2010年世界杯刚刚结束，本次世界杯上的话题人物章鱼保罗也出现在凡客体中，见图4-6。

图 4-6

除了话题人物，各界名人和明星也是人们热衷于创作的凡客体主题。比如影视界的成龙大哥、知名电影导演冯小刚、超级女声中的新生代偶像曾轶可也难免被“凡客”了一把。

各种影视作品中的人物角色也成为凡客体的主题，比如《哈利·波特》中的混血王子、《大话西游》中的唐僧、《灰太狼和喜羊羊》中的灰太狼，见图4-7、图4-8、图4-9。

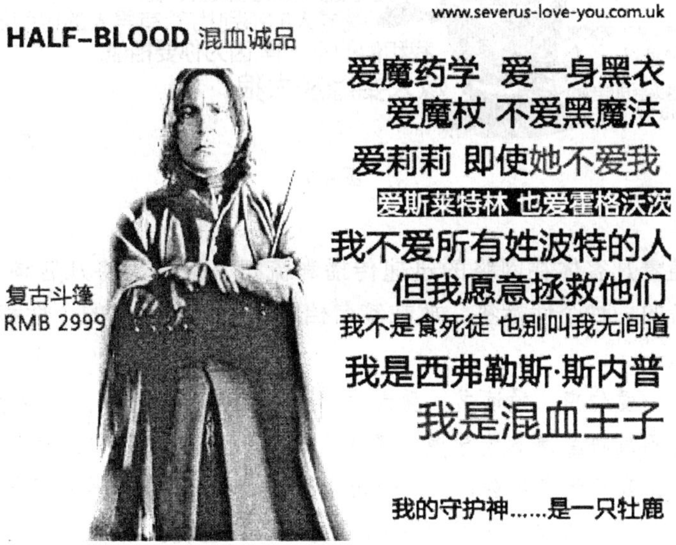

图 4-7

图 4-8

图 4-9

随着凡客体在网络的迅速传播和流行，很多人将凡客体作为表达自己的一种个性标签，放在签名档中用以表达自己的个性和身份：

爱幻想，爱读书，爱大片，爱水煮鱼，爱拉风，爱储蓄胡子，我不是明星，不是导演，不是凡客，我是辉同寻常，我是胡子辉哥，我只代表我自己，不代表中国策划界，我是辉哥不是传说。

爱五道口，也爱照澜院，爱心斋，也爱文北楼，爱老馆，也爱“饺子馆”，爱万人，也爱桃李园，爱荷塘，也爱大礼堂，我是行胜于言，也是人文日新，不是想来院子，只是对去隔壁没信心，我是T大文科女。

爱QQ，不爱游戏；爱聊天，也爱交友。爱减肥，更爱逛超市不买零食。不说谎，也不许别人说谎。我是铱籁，我只想忘记，我是凡客。

爱睡觉，也爱吃；喜欢夏天和朋友吃烧烤喝啤酒；不喜欢说谎的人，拒绝冷暴力；爱咆哮，爱大笑，也爱哭；是三只猫的妈，也是单身北漂女人；不好奇，还喜欢寻找新鲜感；爱简单的生活，也在寻找爱的人；我是小肥。

（四）豆瓣社区：消费者创造性参与活动的集散地

在豆瓣社区，常常有大小活动发起方在不同城市举办不同主题的线上线下活动，“文字积木公社”便是其中一个活动发起方，成员之一的康尽欢称“之前差不多每个月都有四五个活动”。凭先前发起活动的经验，看了几张散落在微博或豆瓣上的恶搞明星PS图，“文字积木公社”的人认为这个点子不错，就开始于2010年7月31日晚正式发起全民调戏“凡客”活动，见图4-10。

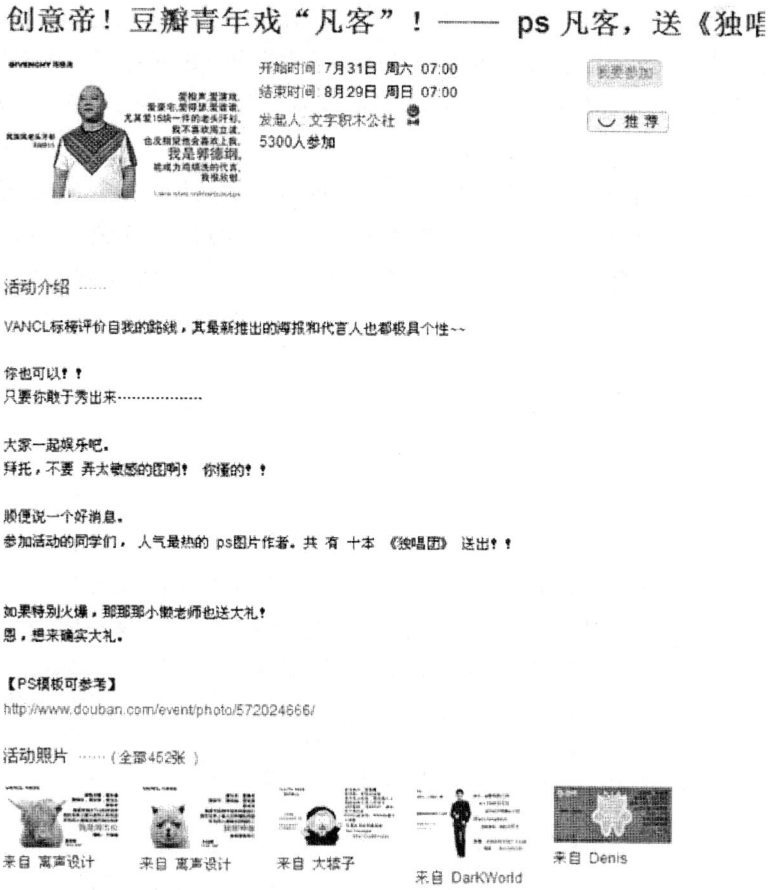

图 4-10

由于先前一些活动，“文字积木公社”已积累了1200多位有固定群组讯息的网友，在活动发起翌日便有数十位网友参与，而到8月2日，新浪微博上的网友发现，豆瓣上的“凡客风”跨社区吹来了。“豆瓣用户属于密集型，一些主办方在发起活动时，如果两天内能把气氛带起来就成功了。活动开始两天是周末，只是一些宅男宅女在玩，所以周一就很关键，因为大量上班的人开始上豆瓣看图，涨量就很爆炸，图片直接是（多了）800张，浏览人数一天就增加了4000多。”

豆瓣同城的“调戏凡客”的活动在7月31日发起，到8月9日已有11158人参与，收集了2769张凡客体PS图片。“调戏凡客”极大地激发了消费者创作和分享凡客体作品的热情。

活动在豆瓣发起之后，8月1日收到200张上传的凡客体，2日收到1000张。8月2—4日，新上传的PS凡客图平均一天增加近500张。在豆瓣讨论区，写满了关于凡客体的各种评论话题。截至活动结束，网络记录显示有共12567人参与，消费者参与创作的凡客体图片达到3445张。

豆瓣网的活动甚至还吸引了一些企业的公关活动，8月3日，有网友在豆瓣上说比亚迪汽车和途观等公司也制作了一些凡客体广告参与到豆瓣社区的活动之中，试图借机宣传自己。还有人甚至评论说，看一个人物是否红火，就看他是否出现在凡客体中。

在成为消费者集体创作的集散地的同时，豆瓣社区也受到了众多媒体的猜疑和议论，这项将消费者的个人创作演变为集体创作的活动究竟是不是凡客公司的刻意所为？一时间，各大媒体纷纷转载凡客体作品，各路评论者热议豆瓣活动的幕后推手到底是谁，使凡客体从豆瓣社区走入了更多关注者的视线。

三、案例C 贵人鸟：品牌理念与消费者创造同行

“贵人鸟，无人可挡”、“运动，也是一种快乐”、“比快乐，谁怕谁”是贵人鸟分别在2008年、2009年和2010年的广告宣传语，它们也是贵人鸟“快乐运动”品牌核心理念的反映。为了宣传其品牌理念，贵人鸟充分调动消费者在创造性参与中体会乐趣的娱乐

精神，通过将品牌理念整合到消费者的创造性参与活动之中，使消费者们更加深刻地体会并自发传播贵人鸟的品牌理念。

（一）消费者创意视频评选

2008年8月，贵人鸟与酷6网合作，在奥运期间开展“无人可挡！视频征集令”活动。征集作品分为三类：“奥运强人篇”要求拍摄让世界知道的中国强人；“街头奥运篇”旨在拍摄百姓大众在奥运期间的活动；“恶搞经典篇”则鼓励参与者充分发挥想象力，围绕“无人可挡”的主题天马行空任意发挥①。

在众多的参赛视频中，贴近消费者生活和个性的“街头奥运篇”和“恶搞经典篇”涌现了更丰富的创意作品。例如，在“街头奥运篇”中，“无人可挡的自行车”拍摄了一位双手脱把骑车的民间高手的车技，“无人可挡的壁虎”拍摄了一位跑酷爱好者视街头障碍如无物的挑战极限活动，“无人可挡的壮汉”拍摄了一位扁担肩挑重物一步一步爬高楼的场景，这些作品展现了创作者对大众健身运动以及日常生活的细腻观察和深度思考。

“恶搞经典篇”更是契合了后现代主义消费者挑战权威张扬个性的娱乐精神，因而吸引了更多的参与者进行创造。例如，“恶搞赤壁三国猛将，无人可挡”将新近上映的电视剧《三国演义》进行修改，让赵云、关羽和张飞因为穿上了贵人鸟球鞋而展示出无人可挡的英雄气概。同样，“无人可挡，功夫熊猫”中，功夫熊猫因为贵人鸟而英勇无敌。在经网友改编的周星驰经典电影《唐伯虎点秋香》中，四大才子在众人前的炫耀和表现也离不开贵人鸟的相助。

所有的视频，都清一色在最后配上贵人鸟的统一宣传语：“谁能挡住你，是别人还是自己，如果你知道去哪儿，全世界都会为你让路。贵人鸟，无人可挡。”可谓是画龙点睛，让视频的浏览者在笑声中记住了贵人鸟品牌。

（二）情景口号有奖征集大赛

2009年9月，贵人鸟在天涯社区发动情景口号有奖征集活动，

---

① http://k-bird.ku6.com/

邀请消费者通过发现生活中无处不在的运动，以“××，也是一种运动”为形式来创作情景口号，要求口号与运动相关，紧扣“生活就是一种运动”这一活动主题，并且围绕主题写出个性化的特别诠释（不少于20字）①。

为了吸引消费者参与，贵人鸟提供了笔记本电脑和数码相机作为创意大奖的奖品，另外又拿出贵人鸟产品若干来奖励参与者。

在众多各式各样的应征帖中，消费者们参与创造时的心境和状态可见一斑，有严肃认真型，诸如：

推广口号：植树，也是一种运动

个性宣言：去种下一棵树吧，您的举手之劳，可以为这个世界留下一片荫凉，留下一抹绿色，留下一阵欢笑……

——草鸡大法官

推广口号：传递爱心，也是一种运动

个性宣言：把爱心传递给最需要的人，他会变得更加坚强，他会勇敢地面对现实，一路前行。

——小大是大非

推广口号：文明，也是一种运动

个性宣言：公交车上，精神矍铄的老人给孕妇让座；候车厅里，健康活泼的小孩给老人让座；人行道上，不小心碰撞的青年男女互相致歉；垃圾桶旁，年轻的妈妈捡起幼儿未扔进去的弃物……文明的种子随风飘散，如星星之火终将燎原——相信，文明，也是一种运动。

——xiaoxiongmao_0_0

也有亲切自然型，诸如：

---

① http：//www. tianya. cn/publicforum/content/funinfo/1/1635590. shtml

推广口号：笑一笑，也是一种运动

个性宣言：今天你笑了吗？如果没有，那么就去给你的老爸老妈一个灿烂的微笑吧。你的微笑，会让老人家感受到来自亲情的温暖。

——面授辅导费

推广口号：呼吸，也是一种运动

个性宣言：用力地呼吸，与大自然做亲密的接触，您感受到大自然的清新与活力了吗？

——同仁堂跑堂

推广口号：心动，也是一种运动

个性宣言：每一次心动，都让我们澎湃不已！

——忠哥118

还不乏励志型的：

推广口号：战胜自我，也是一种运动

个性宣言：世界上本没有真正难以逾越的鸿沟。真正难以战胜的，正是人们自己。如果我们拥有信心，我们的生活也将更美好。挑战自我，战胜自我！

——fyfangliang

推广口号：追梦，也是一种运动

个性宣言：我的梦想我做主，不管前方多艰难，我愿意去承担。追逐梦想，舍我其谁！

——摩洛哥王

还有玩世不恭型的：

推广口号：洗脑，也是一种运动

个性宣言：改变过去的思维，与以前的自己说拜拜，因为你就是你，不一样的你。只有改变，你才能拥有精彩的人生。

——解解渴卡

推广口号：忽悠，也是一种运动

个性宣言：您忽悠过别人吗？您被人忽悠过吗？如果答案是NO，那么请积极参与此次活动，亲身感受忽悠来忽悠去的快乐吧！

——相忘于海角

推广口号：购物，也是一种运动

个性宣言：拯救金融危机，刺激国民消费，享受购物快感，你，也可以做到。

——sunliming7

推广口号：挤公交，也是一种运动

个性宣言：有说挤公交不算运动的请站出来！我们天天都在挤公交，我们天天都在做运动！全民的现代化运动！

——西门息吹

还有品牌热爱型的，在口号诠释中充满了对贵人鸟的赞誉之辞：

推广口号：追求时尚，也是一种运动

个性宣言：你想时尚吗？你想潮流吗？你想运动吗？贵人鸟，满足你的一切需求！

——我来灌水

推广口号：改变，也是一种运动

个性宣言：万物都在改变，永远不变的，只有改变。变则通，通则久。贵人鸟，陪你我一起改变，在改变中享受运动，在改变中成就永恒！

——素芜居

（三）互动游戏和原创视频有奖评选

2010年7月，贵人鸟设计名为“泡泡大作战”的Flash互动小游戏（见图4-11），消费者可按照“运动快乐”、“运动不快乐”两大阵营留言，分享自己关于运动快乐（不快乐）的观点，如果有网友的留言被点击三次以上，就有可能通过抽奖获得贵人鸟提供的奖品。

图4-11 贵人鸟泡泡大作战

贵人鸟在优酷网上开展“比快乐谁怕谁”的有奖活动，时长为1个月，邀请消费者上传原创视频参与活动获得奖品。只要消费者为“运动快乐”提出更具创意的想法，创造出集运动快乐、娱乐大众为一体的精彩视频，通过网友进行投票，获奖者将得到由贵人鸟提供的神秘大奖。贵人鸟希望通过这种互动的方式，让网民理解贵人鸟提出的运动快乐理念，就是人们在进行体育运动时，将拼搏、竞争的态度限制到最小，将快乐、娱乐的态度扩展到最大。

四、案例D 联想："彪悍的小Y"，你懂的

"彪悍的小Y"是指联想ideapad Y系列笔记本，起源于联想ideapad Y460笔记本的广告文案宣传语"彪悍的小Y，你懂的"。该文体意在突出彪悍的产品性能和配置，彰显该系列学生机机皇的产品形象。

（一）ChinaRen社区："彪悍的小Y"的80后身份

2009年9月9日下午3点13分，在ChinaRen社区出现了一个名为"彪悍的小Y，我真是个异类吗"的帖子。一位网名"彪悍的小Y"的年轻人在网上抱怨自己穿西装跑步上班被人笑作傻子，由此拉开了关于"彪悍的小Y"的自我介绍：

> 我就一典型的80后，一普通小白领，公司在中关村，这个北京最著名的IT圈，而我就住在更加著名的动物园，经常有N多美女来拿货的动物园，大家知道在哪里了吧，对，就是北京最有名的衣服批发地……
>
> 这地方，打车巨堵，恨不得正常情况下10分钟的路程，他能生生开45分钟，门口又没地铁，我每天跑步上班，多么好的一件事情!! 结果生生就有人说，这SB吧，每天穿着西装，穿个跑鞋，还跑步上班了!!! 老板要求我们上班一定要注意着装，穿西装也是一种错了!!

为了说明帖子的真实性，发帖者还拍摄了中关村附近交通拥堵的实景，以及自拍的无人脸照片。该帖子发布后，引起了很多宣扬自我的80后的认同。

9月9日晚9点22分，"彪悍的小Y"再次发帖，并在这次帖子中晒出了自己价值不菲的西装和耐克运动鞋以进一步提示自己的"80后中关村白领"身份。

9月10日下午2点23分，"彪悍的小Y"第三次发帖，阐述跑步上班的十大优势，以回击前帖的攻击，其俏皮的网络语言得到了许多新新人类的喜欢。

9月11日晚7点，声称周末加班的“彪悍的小Y”第四次发帖，大晒自己的打卡记录，而打卡记录下面映衬的是联想 ideapad 笔记本电脑（见图4-12）。

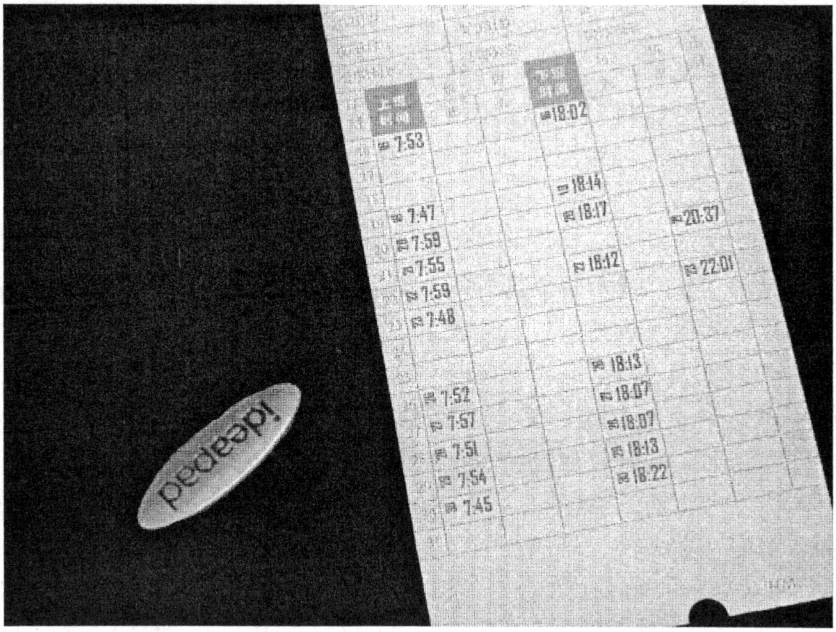

图4-12　“彪悍的小Y”晒出的打卡记录

9月12日晚9点19分，“彪悍的小Y”第五次发帖，对之前一个名为“超级帅的大狗”的网友对他的街头“偷拍”进行回应：

嘻嘻～～这个还真有点像偶～～～别说还真有点小帅啊！不过兄弟你真厉害，我都没发现ye～～～你这偷拍的水平也太强悍了，回头我得好好跟你学学。不过你看我背着这么一个大笔记本你也不知道帮帮我，只知道当“狗仔”，哎，心哇凉哇凉的～～～～其实每天背的这个笔记本包不是我的，但是我仍然每天背着来上班，嘿嘿，你们猜这本是谁哒？～～～当然这不是偷

> 的也不是抢的更不是我捡的，也不是我每天为了负重练习故意背的～～～所以……今天先不说呢，刚回来吃完饭，去洗个澡，要是早的话我就回来，晚的话就明天揭晓吧～～～嘻嘻这期间猜中的我都给一个红包～

在这个帖子中，“彪悍的小 Y”第一次提到自己每天背着一个笔记本包，为之后的揭密留下悬念。“彪悍的小 Y”第六次发帖，并配发照片曝上班路上遇到雷人求婚，由此引发了自曝求爱过程的下一帖。

9 月 14 日上午 11 点 46 分，“彪悍的小 Y”发帖描述自己追求公司前台 MM，每天做便当的求爱历程，并指出自己每天背着的笔记本就是其女友的。

9 月 15 日上午 10 点 49 分，“彪悍的小 Y”把贴有便签的笔记本照片制作成签名档：笔记本上面贴着一张“今天记得吃饭　小 Y”的纸条，电脑屏幕上清楚地显示着“ideapad Y450”的字样。签名档下方留有“彪悍的小 Y 不只是传说”的签名。之后，这张签名档照片在每次“彪悍的小 Y”的发帖中都出现（见图 4-13）。

9 月 15 日 18 点 12 分，“彪悍的小 Y”第九次发帖，回复网友“满脑袋小辫子”声称发现小 Y 女友在社区活动的踪迹的帖子，并大方承认那篇发表于同一社区 7 月 31 日的帖子的作者就是其女友。同时，小 Y 在帖子里又把自己做 Y450 便当的全过程秀了出来。

在接下来连续的四张帖子里，“彪悍的小 Y”谈到了自己如何省下装修费，并憧憬着给自己的女友买一台钢琴。9 月 28 日 15 点 40 分，“彪悍的小 Y”发了最后一帖，将自己这段时间的帖子内容制作成一段视频，名字是《谨以此片献给为爱奔跑的 80 后》。在视频结束前，有这样一段话：爱让我们变得彪悍，爱让我们懂得怎样去生活，我要用爱一直陪伴可爱的她还有 Y450。

（二）天涯社区：“彪悍的小 Y”的彪悍历程

2009 年 9 月 7 日，天涯上出现了一个标题为“我那彪悍且华

图 4-13 “彪悍的小 Y”签名档中的照片

丽的沙发们哟，谁能来跟我 PK 一把”的帖子①，发帖者名为“彪悍的小 Y”。在这张帖子里，小 Y 展示了他抢到的沙发截图，并扬言：“在接下来的两天内，继续抢沙发，用实践证明，没有什么沙发是小 Y 抢不到滴!!!”

“小 Y”的彪悍吸引了大量网友的关注，果然，在其后短短 2 天时间里“彪悍的小 Y”抢占了天涯近 3000 个沙发；这也使该帖子在两天内获得了超过 150 万人次的点击。

一时间，天涯回帖众多，质疑的，反感的，看热闹的，佩服的……五味俱全。比如网友“jjlovexpig”在回帖中称：

① http：//www. tianya. cn/publicforum/content/funinfo/1/1611919. shtml

我盯上你了，你再抢 100 个 SF 我就承认你 BH!!

网友“xuewuzhijing80”回帖道：

小 Y 果然够彪悍，难道小 Y 不是人？是神？是机器侠？不彪悍枉此生啊！为了检验一下小 Y 的彪悍指数，偶打算不再潜水，亲自发个帖检测一下小 Y 够不够彪悍。

网友“阿克金沙江 898”的回帖才情四溢：

看着满屏的新帖，我却始终只能坐在地板上，仰望那个端坐在沙发的少年“疯狂的小 Y”。也许他并不知道他开创了一个新的时代，他偶然坐上所有的沙发，是令整个世界震撼的天造之物。没有人看到他是怎么出手的，却已然在沙发上，他的脸上写满了理所应当，仿佛那些沙发生来上面就有个他。大概这就是传说中，最动人心魄的一幕：你从所有的事物中浮现，充满了我的灵魂。你像我灵魂，一只疯狂的小 Y，你如同沙发这个字。

2009 年 9 月 9 日，“彪悍的小 Y”又抛出新帖《昭告天涯：逢帖必复，帖子名有小 Y 的必回复，持续彪悍进行中》①，挑战网友只要在帖子的标题中召唤小 Y，自己就会回复。该帖子又吸引了众多点击和回帖。更有趣的是，随着该帖子的升温，小 Y 抢沙发的原帖点击量突破 170 万。

2009 年 9 月 14 日，“彪悍的小 Y”发帖“史上最强八卦各大教派彪悍图片！——向十大彪悍教主致敬先！”②，细数各网络红人的雷人事迹，持续吸引了网友的跟帖和膜拜，甚至有网友表示愿意追随“彪悍的小 Y”创建新的诸如“沙发教”之类的彪悍

① http：//www. tianya. cn/publicforum/content/funinfo/1/1614682. shtml

② http：//www. tianya. cn/publicforum/content/funinfo/1/1621104. shtml

教派。

2009 年 9 月 20 日，针对网友质疑天涯上的“彪悍的小 Y”是否与联想商业广告中的“彪悍的小 Y”同为一人，“彪悍的小 Y”发帖“彪悍的小 Y 昭告全天涯：哥不是一个人在战斗，通缉剽窃哥的小贼”①。帖子中没有提到自己和联想的关系，使回帖者纷纷争论和猜想“彪悍的小 Y”是否联想 ideapad 的广告推手。

2009 年 9 月 25 日，“彪悍的小 Y”在天涯上最后发帖“小 Y 终极一击，为祖国 60 大寿收集一万个祝福，给哥抢个楼，哥就送超级大礼”②，终于在帖中暗示自己就是联想 Y450 的代言人，并号召所有天涯社区成员参与原创祖国生日祝福的方式来庆祝新中国六十华诞。对于所有参与者，“彪悍的小 Y”除了为每页的第 6 位回复者和第 60 位回复者送出电话卡奖励之外，还承诺为第 100 页的沙发送出联想 ideapad Y450 笔记本电脑。

从 9 月 25 日到 10 月 1 日，不到 5 天的时间中，网友送出了超过 10000 条的原创祖国生日祝福，足见“彪悍的小 Y”彪悍的号召力！自此，从 9 月 7 日的第 1 帖到 9 月 25 日的第 5 帖，“彪悍的小 Y”创造了在天涯单网点击超过 1300 万次，网友回复超过 17000 楼的神奇！“彪悍的小 Y”也和其彪悍的作风一样，深入人心，赢得了众多粉丝。许多网友自发地组建“小 Y 党”，有网友把自己的网名改为“从小就很 Y”、“小 Y 的三叔”、“Y 滴传说”、“Y 的彪悍”。

（三）搜狐社区：寻找“彪悍的小 Y”的大型征集活动

2009 年 9 月 15 日，搜狐社区发起寻找“彪悍的小 Y”的大型征集活动，号召网友提供有关“彪悍的小 Y”的原创文字或图片。“彪悍的小 Y”开始从网络走向民间，众多搞怪图片让人忍俊不禁，见图 4-14、图 4-15、图 4-16。

---

① http：//www. tianya. cn/publicforum/content/funinfo/1/1631075. shtml

② http：//www. tianya. cn/publicforum/content/funinfo/1/1635563. shtml

图 4-14 “彪悍的小 Y”教你如何防止吃面时头发垂落到碗里

图 4-15 神一样的“彪悍的小 Y”

图 4-16 吹喇叭的“彪悍的小 Y”

此外，搜狐将ChinaRen上“彪悍的小Y”的帖子以及天涯上抢沙发的“彪悍的小Y”的帖子整理成一个专题网站，名为“彪悍的小Y不只是传说，中关村跑步男给80后带来的思索”，并引出“你的生活够彪悍吗”、“小Y的生活和你的一样吗”等讨论①。同时，网页上也邀请消费者对“彪悍的小Y”联想ideapad Y450产品进行评测，并请消费者就对“彪悍的小Y”的体验进行投票。

第三节　研究分析：影响消费者创造性参与的因素

一、影响创造性参与的动机因素

（一）独特性产品需求

四个案例中的消费者在创造性参与过程中都表现出了其通过创造来表达独特自我和实现独特性自我建构的需求。在这些活动中，创造性活动是消费者用来形成独特性自我的手段，创造活动形成的产品作为一种独特产品，与消费者的独特性自我感知相联系。

在案例A中，消费者通过参与创作阿迪王的品牌故事来形成独特的产品形象，并以此建立积极的品牌—自我关联。在《阿迪王——宇宙中“鞋”的神秘》这一帖子中，消费者创造出“七只神兽”与“阿迪王”的战争，来说明阿迪王鞋的来历。阿迪王鞋是七只神兽的皮骨所构成，因此具有神的力量。借助于描述阿迪王的神化身份以及形成与国际知名品牌阿迪达斯的正面区隔，消费者提升了阿迪王的品牌形象，通过创造活动增加了对自己消费阿迪王产品的行动的合理性解释。而在《今天我穿着阿迪王新款草鞋在超市教训了两个非主流》这一帖子中，消费者采用类似周星驰电影镜头的无厘头叙事风格，展现了一个阿迪王使用者在日常生活中主持正义的神勇形象。帖子中大量的细节描写诸如“从众人留出的大道上缓缓步出”、“优雅地系着最后一根鞋带”、“冷冷地斜

① http：//www.chinaren.com/s2009/xiaoy/index.shtml

视”、“飘然而去”反映了创作者借助于对人物特征的用心构建，通过创作中的想象来获得创作人物形象对自我形象的投射。

在对消费者的访谈中，我们也证实了独特性产品需求的存在。正如一位访谈者所说，“看到《阿迪王——宇宙中“鞋”的神秘》这个帖子时，我就觉得这个牌子很特别。尽管知道故事是胡编的，我也很想有人再继续编下去……为什么大家都要去买耐克、阿迪达斯，选这样的牌子也挺好”。

在案例B中，消费者通过创作凡客体来表达独特性自我的行为可以分为两种类型：第一种类型，消费者通过创作和名人相关的凡客体，来提升他人对自己的关注度，并以此来展现自己的特别之处。黄晓明“闹太套”的凡客体首发帖及郭德纲“鸡烦洗”的凡客体引爆帖都属于这一类型。尽管寇帅和朱宇在采访中都声称，当初创作凡客体只是因为好玩，但从朱宇在微博上的留言“趁热P一张出来，今年凡客风必须大热”可以看出，两位创作者进行创造是以传播为目的，其实质更多的是为了显示自己的意见领袖的魅力，让他人认可自己思想的前瞻性和独特性。

第二种类型是消费者通过创作与自己相关的凡客体，来形成独持性自我构建和表达。比如很多消费者将凡客体作为自己的一种个性化标签，借助凡客体这种简短幽默的方式来对自己进行个性写真，也彰显了自己与他人的不同。

在案例C中，消费者通过将自己的观点融入贵人鸟情景口号中，以展现自己与众不同的思想。在贵人鸟给出的“××，也是一种运动”的创造模式中，消费者提供了各种各样的创造作品。无论是亲切自然型的口号如“笑一笑，也是一种运动”、“心动，也是一种运动”，还是玩世不恭型的口号如“洗脑，也是一种运动”、“挤公交，也是一种运动”，都旨在通过展示自己对运动的不同看法，来形成独特的自我概念。

在案例D中，消费者借助对“小Y”的膜拜来表达自己渴望获得“彪悍”自我的愿望。一般而言，人们很少自发地写帖来赞扬或者膜拜某个人物，引起膜拜帖诞生的主要动机可以归于借助比附来获得独特自我。这一点与消费者自发创作阿迪王品牌故事有某种程度的相似之处，阿迪王案例中消费者通过建立阿迪王的高贵身份以及形成阿迪王—自我联结（借助对穿着阿迪王的虚构人物的想象）来获得自我的投射；而联想案例中，消费者则通过膜拜“小 Y”的彪悍个性以及形成“小 Y”—自我联结（借助“从小就很 Y”、“小 Y 的三叔”等傍“小 Y”的身份构建活动）来获得自我投射。

对案例 A、案例 B、案例 C、案例 D 的具体分析见表 4-3、表 4-4、表 4-5、表 4-6。

表 4-3 **来自叙事案例 A 的分析**

影响因素	证据来源	主要证据	核心概念	基于案例叙事的概念解释
动机因素	网络原帖、转帖及回帖	网友在猫扑网发帖《我今天见一个牌子叫“阿迪王”》	独特性体验需求	发帖者对于生活中新奇事物的关注和体验构成了创造原帖的动因
	网络原帖、转帖及回帖/消费者访谈	以益达口香糖电视广告为蓝本改编的“我见过的最搞笑的帖子”	独特性体验需求	写帖子和看帖子一样，本身也是一种自娱自乐的方式
	网络原帖、转帖及回帖/消费者访谈	网友在猫扑网发帖《为了一双阿迪王，我失去了我的双脚》等一系列恶搞阿迪王帖子	独特性集体身份需求	猫扑的娱乐恶搞精神使其社区成员通过相似形式的恶搞来表达对同一群体的归属感
	网络原帖、转帖及回帖/消费者访谈	阿迪王的造神运动，如《阿迪王——宇宙中“鞋”的神秘》、《今天我穿着阿迪王新款草鞋在超市教训了两个非主流》	独特性产品需求	通过创造虚拟的品牌故事，来形成独特的产品形象，以建立积极的品牌—自我关联
	网络原帖、转帖及回帖	热帖《每个人心中都有一双阿迪王》	独特性产品需求	帖子本身也是一种张扬个性、体现草根精神的方式

续表

影响因素	证据来源	主要证据	核心概念	基于案例叙事的概念解释
能力因素	网络原帖、转帖及回帖	以玄幻小说和网络小说的语言发表原创性故事	流行故事的构建能力	以经典的网络语言、特有的文字风格和内容来吸引读者
	观察	在百度知道、天涯回答、搜搜问问等多个知识搜索引擎中对“阿迪王”品牌故事进行加工、整理和传播	知识概念的加工整理能力	将碎化的故事和概念进行重新组合，并以知识的形式固定下来
环境因素	新闻报道及评论	猫扑网上用户黏着度高，能够快速集聚人气	基于结果的环境激励	猫扑社区的相对固定的群组交流性质，使猫扑上的创作作品得以在极短时间内广泛流传，促进了试图通过网络创作来展示独特自我的消费者的创造意愿
	观察/专业期刊	网络上发帖和跟帖文化	基于过程的环境激励	关于创意的即时反馈信息进一步刺激了创作者对创作活动本身的兴趣
	消费者访谈/专业期刊	网络草根文化的流行	基于社会认同的环境激励	

表 4-4　　来自叙事案例 B 的分析

影响因素	证据来源	主要证据	核心概念	基于案例叙事的概念解释
动机因素	网络原帖、转帖及回帖	黄晓明“闹太套”的凡客体首帖及郭德纲“鸡烦洗”的凡客体引爆帖	独特性产品需求	通过调侃名人来获得他人对自己的快速关注和人气提升
	网络原帖、转帖及回帖/消费者访谈	对话题人物的调侃与恶搞，如凤姐帖、唐骏帖等	独特性体验需求	通过创作凡客体来表达对社会的看法和体验
	网络原帖、转帖及回帖/消费者访谈	对各类名人的调侃，如成龙帖、冯小刚帖等	独特性体验需求	通过创作凡客体来表达对名人的评论，获得一种表达的快感和对权力人物的个人控制感
	网络原帖、转帖及回帖/消费者访谈	以影视作品中虚构人物为主题的凡客体创造，如白素贞帖、灰太狼帖等	独特性集体身份需求	借助凡客体对自己喜爱或关注的影视作品中的角色进行心理扮演或刻画，来获得一种对作品（角色）的认同感
	网络原帖、转帖及回帖/消费者访谈	将凡客体作为一种个人标签	独特性产品需求	借助凡客体来形成一种表达自我的独特方式，并进而形成独特自我

续表

影响因素	证据来源	主要证据	核心概念	基于案例叙事的概念解释
能力因素	观察/新闻报道及评论/消费者访谈	前期参与者掌握的PS技术以及后期出现的专门打包提供给网友的图像处理工具	图像处理能力	最初的凡客体需要参与者具备修改图片的能力，后期凡客体模板的出现，使消费者只需要按步骤挑选图片和撰写文案，就可以轻松完成
	网络原帖、转帖及回帖/新闻报道及评论/消费者访谈	参与者提供的凡客体形成了包罗万象的创作主题，从财经圈到娱乐圈、从非诚勿扰到植物大战僵尸、从科学家到摇滚歌手，展现了对世界多角度的思考，以及丰富的想象力	多元化视角和思考能力	凡客体创作者从不同的视角来认识和感受社会，他们丰富多元的背景增加了其创造能力以及作品的感染力
	网络原帖、转帖及回帖/观察/消费者访谈	时尚流行的地方性语言与独特的网络语言相结合，如郭德纲帖中的“得瑟”、小沈阳帖中的“娘炮”、黄晓明帖中的“闹太套”等	地方性语言与时代性语言的驾驭能力	凡客体中包含大量由方言和网络语言构成的内容，提高了文案的趣味性和易于沟通性，推动了创作作品的自传播

续表

影响因素	证据来源	主要证据	核心概念	基于案例叙事的概念解释
环境因素	观察/消费者访谈	好事者将凡客体制作成模板，放置于网上，供创作者下载使用	基于过程的环境激励	凡客体模板的出现使消费者参与创造的过程变得更加容易和有趣
	专业期刊/消费者访谈	微博快速的传播能力和简明的阅读方式	基于结果的环境激励	凡客体简明的“文案+图片”形式与微博时代消费者的阅读习惯正好匹配，微博推动了凡客体在圈内好友中迅速传播，使创作者能够通过凡客体而迅速获得朋友的关注和认可
	新闻报道及评论/观察	豆瓣社区举办凡客体评选活动，主办方“文字积木公社”对前50强创作作品给予奖励，其中最佳技术奖奖品为汉王数位板，最佳创意奖品为希捷数码播放器	基于结果的环境激励	对创作作品给予评选和物质奖励，鼓励了消费者的创作热情
	新闻报道及评论/观察	豆瓣社区的凡客体评选活动，起初在1200多位有固定群组讯息的网友中进行	基于社会认同的环境激励	固定的交流圈子是一种集体身份，对该群体有归属感的参与者成为在集体中参与创作的坚定支持者

表 4-5 **来自叙事案例 C 的分析**

影响因素	证据来源	主要证据	核心概念	基于案例叙事的概念解释
动机因素	网络原帖、转帖及回帖	贵人鸟“街头奥运”创意视频中，创作者展示了自己或者身边的故事	独特性产品需求	通过作品展示自己或者身边的故事，反映了创作者通过创造性活动来寻求独特自我的动机
动机因素	网络原帖、转帖及回帖	“恶搞赤壁三国猛将，无人可挡”创意视频	独特性体验需求	恶搞经典影视作品让参与者获得天马行空自由想象的快感
动机因素	网络原帖、转帖及回帖	消费者通过各种情景口号来展示自己对事物的看法以及个性特征	独特性产品需求	通过将自己的观点融入情景口号中，以展现自己与众不同的思想
动机因素	网络原帖、转帖及回帖	在情景口号中展示了对贵人鸟的喜爱	独特性集体身份需求	对于贵人鸟的爱好者，参与情景口号创作部分源于对品牌的认同感
能力因素	观察	一段自拍的 DV，加上贵人鸟提供的广告音乐背景，就形成了贵人鸟街头创意视频的基本创作模式	视频拍摄能力	带 DV 拍摄功能的数码相机和手机的普及使消费者的视频拍摄能力显著提高，消费者的自拍能力符合贵人鸟创意视频的制作模式
能力因素	观察/新闻报道及评论	创意视频及情景口号中呈现出多元化创作主题	多元化视角和思考能力	创作者或严肃或搞怪，但创作题材丰富，远远超出了广告

续表

影响因素	证据来源	主要证据	核心概念	基于案例叙事的概念解释
环境因素	观察/新闻报道及评论	贵人鸟公司与酷6网合作，为创作者提供奖品	基于结果的环境激励	对创作作品给予评选和物质奖励，鼓励了消费者的创作热情
	观察/新闻报道及评论	情景口号有奖征集活动提供了笔记本电脑和数码相机作为创意大奖的奖品	基于结果的环境激励	对创作活动的优秀参与者给予奖励，提升了参与者的价值感
	观察/新闻报道及评论	优酷网上"比快乐谁怕谁"有奖活动，由网友投票决定奖项归属	基于结果的环境激励	网友投票增加了参与者通过创造彰显自我的动机
	观察/新闻报道及评论	"泡泡大作战"的Flash互动小游戏	基于过程的环境激励	将创造性活动嵌入Flash游戏中，增加了参与的娱乐性体验
	观察/消费者访谈	要求消费者在视频创作中加入贵人鸟的统一宣传语"贵人鸟，无人可挡"；或者在情景口号创作中加入贵人鸟宣传口号的基本模式"××，也是一种运动"	基于社会认同的环境激励	增加了消费者对贵人鸟品牌内涵的理解，使贵人鸟品牌使用者通过创造活动获得共鸣

表 4-6　　来自叙事案例 D 的分析

影响因素	证据来源	主要证据	核心概念	基于案例叙事的概念解释
动机因素	网络原帖、转帖及回帖	网友对“彪悍的小 Y”的原创膜拜帖	独特性产品需求	借助膜拜来表达自己渴望获得“彪悍”的自我
	网络原帖、转帖及回帖/新闻报道及评论	网友对“彪悍的小 Y”的人肉搜索和热议帖	独特性体验需求	从猜想、争论中生成悬念和好奇感
	网络原帖、转帖及回帖/新闻报道及评论	网友把自己的网名改为“从小就很 Y”、“小 Y 的三叔”、“Y 滴传说”、“Y 的彪悍”	独特性产品需求	通过傍“小 Y”来获得一种独特自我
	网络原帖、转帖及回帖/新闻报道及评论	网友送出了超过 10000 条的原创祖国生日祝福	独特性集体身份需求	在新中国成立六十周年的特别日子表达国民对国泰民安的祝愿，满足了消费者对自己民族的认同感
能力因素	观察/新闻报道及评论	寻找“彪悍的小 Y”的活动中，网友们发掘了很多生活中的“彪悍”事件或人物	想象力和观察力	将“彪悍的小 Y”与生活情景相联系，需要丰富的想象力和敏锐的观察力

续表

影响因素	证据来源	主要证据	核心概念	基于案例叙事的概念解释
环境因素	观察/网络原帖、转帖及回帖	借小Y之口，号召天涯社区的成员以原创祖国生日祝福的方式来庆祝新中国六十华诞	基于社会认同的环境激励	将消费者对新中国六十华诞的情感与创造性活动相结合
	网络原帖、转帖及回帖/新闻报道及评论	寻找“彪悍的小Y”的大型征集活动	基于结果的环境激励	借助创造性活动，每一个参与者都成为“彪悍的小Y”
	观察/网络原帖、转帖及回帖	“你的生活够彪悍吗”、“小Y的生活和你的一样吗”等主题讨论	基于过程的环境激励	将关于“彪悍的小Y”的讨论与消费者的个人生活相联结，吸引消费者获得思考体验

（二）独特性体验需求

四个案例也同样展现了消费者对于创造过程本身的体验性需求。在创造过程中，受内在动机所驱使，人们参与创造的目的可以简化为只是对创造活动本身的喜欢和热爱。

在案例A中，猫扑网上阿迪王的首发帖《我今天见一个牌子叫“阿迪王”》的作者的发帖动机可能只是源于发帖者对于生活中新奇事物的关注和体验。从帖子的内容来看，对阿迪王的描写并没有任何炫耀和彰显自我的表现，只是反映了一个消费者观察到新事物时不吐不快的强烈感受。这种探索新事物的体验性需求构成了发帖的主要动机。

而在之后，猫扑网上接连出现的娱乐帖和恶搞帖，也是体验性需求的一种表现。最典型的莫过于以益达口香糖电视广告为蓝本改编的“我见过的最搞笑的帖子”。由于益达口香糖电视广告的娱乐效应，刺激了消费者改编广告剧本的热情，消费者从改编创作过程本身获得了娱乐体验。

在案例B中，消费者参与凡客体创作活动在很大程度上可归于对创造活动本身的喜欢，其中尤其是以话题人物和名人为主题的凡客体创作活动。借助对话题人物的凡客体创作，消费者表达了自己对社会的看法和态度。与贵人鸟案例中人们通过情景口号来表达思想和看法不同，本案例中，人们用凡客体进行创作仅仅只是表达的需要（即不吐不快的体验需要），而不是表达与众不同的看法（以建立独特自我）的需要。

以名人为主题的凡客体创作除了源自消费者表达的需要之外，还来自于在表达中所实现的对权力人物的个人控制感。名人往往因为掌握更多的资源而具有较多的权力，人们通过创作以名人为主题的凡客体来展示自己具有的对名人进行评论或者影响名人声誉的个人力量，这让参与者体会到更多的控制感和自主感。比如在以成龙为主题的凡客体中，创作者对这位在影视圈中十分有影响力和受人尊重的带头大哥给予了“爱装好人”、“爱拍马屁”、“爱中药世家”等调侃和戏谑，这些调侃让创作者产生了更多的创作快感。

在案例C中，贵人鸟通过引导消费者恶搞经典影视作品让参与者获得天马行空自由想象的快感。和案例A相似，贵人鸟引导的消费者创造性参与活动借助对经典娱乐作品的改编，让消费者从改编创作活动本身获得快乐。

在案例D中，网友对“彪悍的小Y”的人肉搜索和热议帖反映了消费者从猜想、争论中生成悬念和好奇感的体验需求。新浪网的一篇评论中认为“‘彪悍的小Y’是在网络2.0时代‘群体无意识’的典型例证，是一种网络特有的幽默文化的新方式”①。换言之，人们总是对新奇的事物有一种天生的兴趣，它驱使人们通过各种创造性参与活动来进行探索。“彪悍的小Y”正是利用了人们的好奇心来不断诱导消费者参与评论和展开搜索。

---

① http://www.pcpop.com/doc/0/452/452062.shtml

（三）独特性集体身份需求

独特性集体身份需求是消费者基于对某一集体身份的社会认同所形成的自愿帮助或支持自己所认同群体的心理需要。在四个案例所呈现的消费者创造性参与活动中，虽然都涉及消费者独特性集体身份需求，但每个案例中驱使消费者参与创造活动的集体身份是不同的。

在案例 A 中，激励消费者进行创造性参与活动的独特性集体身份是猫扑社区的成员身份。在猫扑社区中，猫扑精神是社区成员常常津津乐道的事情。什么是猫扑精神？引用猫扑上一个成员的发帖："坛子够大！水民够多！原创精神够 BT！水民素质够高！总之，不灌纯水很让我欣赏，能在一起乱弹也是一种生活方式。"① 可以说，以思考为内容、以娱乐为表达形式的原创作品是猫扑精神的核心。所有经常在猫扑上看帖和发帖的社区成员都认同这种精神。因此，一旦在猫扑上看到有思想又幽默的原创帖，社区成员往往会快速转帖和评论，并且在原创帖的影响下积极参与新帖的创造活动。在阿迪王的消费者创造性参与活动中，大量的原创帖都来自于猫扑社区，也充分表明了猫扑成员的集体身份对创造活动的影响作用。

在案例 B 中，促使消费者进行创造性参与活动的是消费者对某些影视作品或者作品中角色人物的认同感。例如，因为喜爱《新白娘子传奇》中的白素贞，所以消费者创作以白素贞为主题的凡客体来对人物角色进行白描，借助白描创作，消费者实现了一种角色的心理扮演，从而满足了对人物角色身份的认同感。

在案例 C 中，消费者的集体身份来自于对贵人鸟品牌的认同。在贵人鸟情景口号创作中，一部分作品反映了作者对贵人鸟品牌的认同。在某种程度上，案例 C 和案例 B 是相似的，两者都展现了消费者因为对某些品牌（或特色产品）的认同而参与创造的动机：在案例 C 中，消费者认同的品牌是贵人鸟；在案例 B 中，消费者认同的则是某部影视作品（及作品中的典型人物）。

① http://dzh.mop.com/topic/readSub_5042310_0_0.html

在案例 D 中，驱使消费者参与创造活动的集体身份是中国国民身份。在新中国成立六十周年的特别日子里，“小 Y”在天涯上号召大家为祖国生日提供原创祝福，并通过为第 100 页上的第一帖送大礼的方式来刺激消费者参与创造。从形式上看，似乎消费者参与创造活动是为了获得“小 Y”的礼物。实质上，“小 Y”能在天涯上成功收集超过 10000 条的原创祖国生日祝福的原因，在于联想正确把握了消费者参与创造的心态。在新中国成立六十周年之际，“小 Y”为所有认同中国国民身份的消费者提供了一个参与创造的理由。可以看到，尽管拿到“小 Y”礼物的概率十分低，但很多消费者还是饶有兴致地通过创造活动来表达自己对国家的美好祝愿，以此来维持和强化自己的国民身份。在第 100 页大礼送出之后，仍然还有很多的消费者依然参与该活动，在这条超长的天涯热帖上留下了自己的原创祝福。

二、影响创造性参与的能力因素

四个案例中虽然没有十分明确地呈现消费者在参与创造过程中所需要的各种知识和技能，但通过对网络上消费者各种行为的连续观察以及相关新闻事件报道和评论，我们可以在各案例中分别识别一些可能影响消费者参与创造的能力因素。

在案例 A 中，消费者参与创造所需要的能力主要有两个：原创故事的创作能力和将原创故事进行整理与再加工的能力。与两个能力相对应，消费者的创造性活动主要表现在发原创帖和对原创帖进行加工后转帖的行为。在案例 A 中，参与原帖创作的消费者一般都具有一定的文字功底，更重要的是，熟悉玄幻小说和网络小说的写作风格。这对参与创造的消费者要求相对较高。因此，进行原帖创作的消费者往往是猫扑上的资深成员，了解猫扑上的经典语言，懂得什么样的文字风格和内容更能吸引猫扑读者。与原创故事写作能力相比，加工原帖后的转帖行为就相对要容易很多，但它仍需要消费者将自己所阅读的来源不同的原创故事进行综合，或者增加自己的观点和评论，再进行发布。这类行为最典型的是消费者在百度知道、天涯回答、搜搜问问等多个知识搜索引擎中对“阿迪王”品牌故事进行综合整理，用主线将多个阿迪王故事串起来，让新的搜索者能够完整地了解“阿迪王”故事的来龙去脉，将碎化的故事和概念进行重新组合，并以知识的形式固定下来。消费者具有的这种知识加工能力越高，他们愿意通过再加工方式来参与创造的意愿就越强，而这也为更多消费者接触到创造作品，进而参与创造打下基础。

在案例B中，消费者的创造性能力表现在三个方面：图像处理能力、多元化视角和思考能力以及地方性语言与时代性语言的驾驭能力。案例B中，创造过程对于消费者的图像处理能力的要求随着参与者的增加而由难向易发生改变，这其中大致经历了三个阶段。在初期参与阶段，凡客体对消费者有较高的能力要求，即要求消费者具备运用专业绘图软件修改图片的能力。然而，随着凡客体图片吸引了越来越多的不具备制图能力的消费者，很多消费者开始将自己的方案撰写出来，然后在论坛上请求PS高手帮助其完成整体创作。因此，在该阶段，网络上那些喜爱凡客体形式的制图高手义务承担了帮助无绘图技能的消费者参与创造的工作，进一步促进了凡客体作品的出现。再往后发展，更多的无绘图技能的消费者被吸引来参与创造，而制图高手们无法一一满足所有消费者的需要，于是出现了凡客体模板。由制图高手们义务提供的凡客体模板被放在专门的论坛上，缺乏绘图技能的消费者可以自行下载，模板中提供了打包的制图工具以及详细的使用说明，使消费者只需要按步骤挑选图片和撰写文案，就可以轻松完成。凡客体模板的出现提高了消费者的图像处理能力，也极大地推动了大量凡客体作品诞生。

除了图像处理能力，消费者的多元化视角和思考能力以及语言驾驭能力也是消费者参与创造的重要影响因素。各大媒体整理的凡客体集锦，展现了丰富宽广的创作主题，从财经圈到娱乐圈、从电影到动漫游戏、从非诚勿扰到植物大战僵尸、从科学家到摇滚歌手、从体育明星到虚构角色，几乎所有目前正流行的主题都能在凡客体中找到相应的作品。无怪乎有媒体评论说，看一个人物现阶段火不火，就看他是否出现在凡客体中。我们对消费者的访谈也证实，来自各种视角的凡客体作品出现，使观者也萌生了参与创造的意愿。一位被访消费者说："凡是你能想的（主题），几乎都能在凡客体找到影子。这刺激我拼命地去想还有什么（主题）现在没人做的，然后自己做出来。"在语言驾驭能力方面，凡客体充分将时尚流行的地方性语言与独特的网络语言相结合，提高了文案的趣味性和易于沟通性，推动了创作作品的自传播。比如郭德纲帖中的东北方言"得瑟"用来形容显摆招摇的样子，小沈阳帖中的台湾方言"娘炮"用来形容大男人像女人一样的行为举止，黄晓明帖中的"闹太套"则直接来源于网友们对黄晓明在一首奥运歌曲中将"not at all"唱成"闹太套"的伦敦铁岭口音的调侃。也有新闻评论说，"在语言上，'凡客体'切合了网络语言碎片化、链接化的趋势"，任何一个会说方言、熟悉网络表述习惯的消费者都能参与到创造之中。

在案例C中，贵人鸟创意视频要求消费者具备一定的拍摄能力。和凡客体模板相似，贵人鸟为消费者提供了一个创作模板，即一段自拍的DV，加上贵人鸟提供的广告音乐背景，就形成了贵人鸟街头创意视频的基本创作模式。事实上，贵人鸟对创意视频创作模式的设计考虑了参与者的能力因素。带DV拍摄功能的数码相机和手机的普及，使年轻消费者的自拍活动明显增加，优酷网和土豆网等一批视频传播网站推动消费者更多地拍摄和记录身边的故事并在网络上进行传播。基于消费者自拍能力的提高，贵人鸟提供的创意视频创作邀请获得了消费者的响应。此外，创意视频及情景口号呈现出的多种创作主题也同样反映了消费者的多元化视角和思考能力。

在案例D中，寻找"彪悍的小Y"的活动要求消费者将"彪悍的小Y"与生活情景相联系，需要参与者具备丰富的想象力和敏锐的观察力。在实际活动中，网友们发掘了很多生活中的"彪悍"事件或人物。由于寻找"彪悍的小Y"的活动对参与者的能力有一定的要求，这使其活动参与者与联想公司意图沟通的产品目标人群正好一致，两者瞄准的都是那些想象力丰富和善于观察思考的大学生群体。创造活动的能力要求确保了该活动的传播可以限定在企业的目标群体范围之内，而相似的参与人群与群体内沟通也促进了消费者创造性参与意愿。

三、影响创造性参与的环境因素

（一）基于结果的环境激励

案例 A 中，基于结果的环境激励主要来自于网上社区传播自身的环境特点。对于阿迪王品牌故事的创造活动而言，猫扑社区无疑提供了滋生创造性的丰饶土壤。2006 年 10 月 27 日，在昆明举办的第 13 届中国广告节上，全球最大的广告传媒控股集团——宏盟集团（Omnicom Group Inc.）所属公司 DDB 全球 CEO Mr. Matt Freeman 在主题为“Digital Future”（数字营销的未来）的演讲中评价猫扑网创造性地提出了互动营销的六大模式——创意、病毒、社群、体验、宽频以及内容。和那些以信息浏览为主要内容的网站不同，猫扑在一开始就瞄准了那些渴望表现自己和希望在社交网络里结交志趣相投的朋友的人群。为此，猫扑在对社区成员的行为引导上更强调创新和娱乐。这种“突破想象”的文化氛围，给用户提供了释放自己能量与创意的最大空间。互联网是一个没有疆域的世界，空间的疏离感与网友之间基于猫扑建立起来的亲密感情形成互补，使“志同道合”的网友能够轻松找到自己的同好，同好间的密切联系进一步激发每个网友的创造力。猫扑社区的这些性质，使猫扑上的创作作品得以在极短时间内广泛流传，促进了试图通过网络创作来展示独特自我的消费者的创造意愿。

案例 B 中，凡客体在短时间吸引大量消费者参与创造活动来源于两个方面：一是受益于微博迅速的传播能力和简明的阅读方式。凡客体简明的“文案+图片”形式与微博时代消费者的阅读习惯正好匹配。在图片阅读时代，微博推动了凡客体在圈内好友中迅速传播，使创作者能够通过凡客体而迅速获得朋友的关注和认可。二是受益于豆瓣社区“文字积木公社”的推动。在“文字积木公社”的激励下，许多只看不做的读者也开始参与到凡客体的创造之中，因为“文字积木公社”通过凡客体评选肯定了创意的价值，增加了消费者从创造活动中所获得的价值感。

案例 C、案例 D 和案例 B 相似，只不过推动创造活动的主体由网络社区上的团体转变为企业。案例 C 中贵人鸟公司的两项活动，即通过与酷6网合作，为创造者提供奖励，以及与优酷网合作，开展“比快乐谁怕谁”有奖活动，案例D中寻找“彪悍的小Y”的大型征集活动，都是借助网络社区平台来推动以品牌传播为基础的创造性活动。在活动程序设计上，由网友投票来决定奖项归属，促进了参与者通过创造彰显自我的动机。

然而，基于结果的创造激励是一种通过诱发外部动机而影响行动的策略，它可能会反作用地影响到那些内部动机非常高的消费者。在消费者访谈中，我们发现，对于那些十分喜欢创造过程本身的消费者而言，他们认为“我只是为好玩，为了那么一点小奖品去创造，我觉得没必要”。当内部动机过高时，外部动机的诱发会削弱内部动机。因此，基于结果的创造激励的策略往往只适合本身就具有外部动机或者内部动机中等及较弱的消费者。

（二）基于过程的创造激励

对案例A而言，网络上发帖和跟帖文化提供了基于过程的创造激励。在网络上消费者的阅读以一种互动模式来展开，发帖者通过发帖来进行表演，而读帖者作为听众或者观众，通过跟帖评论的方式来进行互动。网络的互动具有即时反馈性的特点。消费者创作的作品发布到网络上，马上就有读者对其进行评价和评论，这些关于创意的即时反馈信息进一步刺激了创作者对创作活动本身的兴趣，使他们投入精力来修改完善原有作品甚至再度创作新的故事。

在案例B中，凡客体创作过程的模式化和标准化为消费者提供了基于过程的创造激励。凡客体模板的固定化形式让消费者很容易就能了解参与的方式，在创造性参与的过程中消费者只需要提供他们的创意，而创意的实现则由标准化的模板完成，如此减少了消费者在内容和形式两个方面同时进行创造所需要花费的努力，使创造的过程更加流畅和轻松。而另一方面，标准化的模板使消费者对于各自创作的凡客体作品有了更一致的交流主题，它使消费者更多地集中到对凡客体作品内容的关注上，不会因为创作作品的形式多样而缺乏交流的背景，增加了那些有创意而缺乏执行能力的消费者的参与乐趣。

在案例C和案例D中，基于过程的创造激励策略是以增加创造过程中的新体验的方式来提供的。贵人鸟制作的“泡泡大作战”的 Flash 互动小游戏，让消费者在游戏中去体验创造的乐趣，增加了创造过程的娱乐体验。而案例 D 中，联想发起了“你的生活够彪悍吗”、“小 Y 的生活和你的一样吗”等一系列主题讨论，将关于“彪悍的小 Y”的讨论与消费者的个人生活相联结，吸引消费者在发帖写故事中获得思考体验。

（三）基于社会认同的创造激励

在案例 A 中，网络草根文化的流行为消费者提供了基于社会认同的创造激励。网络在聚集和传播方面的双重公共性，使其成为大众文化最好的土壤和平台。当草根一族在网络上发现自己“网络民意”的巨大影响力时，便开始尝试构筑属于自己的文化价值体系，并试图在这个体系中确立自身的文化价值。如案例 A 所示，参与阿迪王品牌故事创作的消费者都是网络草根一族，当起初不经意的恶搞运动让消费者认识到它是一个草根品牌时，消费者的集体身份意识被激活了。此时，网络盛行的草根文化成为消费者参与创造活动的推动器，消费者为了维护网络草根的集体身份而尽力去创造。

在案例 B 中，豆瓣社区的凡客体评选活动，起初在 1200 多位有固定群组讯息的网友中进行。固定的交流圈子是一种集体身份，对该群体有归属感的参与者成为在集体中参与创作的坚定支持者。

在案例 C 中，贵人鸟利用了消费者对贵人鸟的了解和认同来推动创造活动开展。贵人鸟要求消费者在视频创作中使用贵人鸟的统一宣传语“贵人鸟，无人可挡”；或者在情景口号创作中使用贵人鸟宣传口号的基本模式“××，也是一种运动”，促进了那些熟悉贵人鸟品牌的消费者更多地参与到创造活动之中。

在案例 D 中，联想电脑的“小 Y 牵头送祝福”活动以号召网友创作祖国生日祝福的方式来庆祝新中国六十华诞。在该项消费者创造性参与活动中，联想电脑利用了人们对于新中国的认同情感，增加了消费者参与创造的意愿。

四、研究讨论和结论

关于四个案例的叙事分析研究采用了心理学汇合视角，分别从动机、能力以及环境激励三个方面研究了消费者创造性参与行为的影响因素。表4-7归纳了从四个案例中抽取出的主要概念、内涵界定以及可能的心理过程和机制。

表4-7 叙事案例中的核心概念归纳与整理

分类	核心概念	内涵界定	可能的心理过程和机制
动机因素	独特性产品需求	消费者为了获得一种区别于他人的独特自我，而展现出来的对特别的产品、活动、符号、品牌象征意义等的追求欲望	自我的独特性、自我象征意义、积极自我展示
	独特性体验需求	消费者将创造过程本身视为一种快乐的享受和兴趣，因此积极参与创造活动的行为动机	内在动机、过程体验
	独特性集体身份需求	消费者为了维持或者获得一种特别的群体身份，而参与创造活动的行为动机	群体认同、集体自我、内群体与外群体的社会比较
能力因素	创新思维能力	消费者转换不同视角产生独特观点的能力，在本研究中表现为多元化视角和思考能力、想象力和观察力	流畅力、变通力、独创力、精进力
	多样化知识基础	消费者运用和整合多种知识和信息来源形成新的观点和创意的能力，在本研究中表现为知识概念的加工整理能力、地方性语言和时代性语言的驾驭能力	异质知识的整合
	创作技能	消费者在过去的生活或工作经历中所习得的用于直接支持创造活动的能力，在本研究中具体表现为流行故事的构建能力、图像处理能力、视频拍摄能力	创意执行过程中的能力应用

续表

分类	核心概念	内涵界定	可能的心理过程和机制
环境激励因素	基于结果的创造激励	聚焦于创造活动结果的环境激励	外在动机的激励作用
	基于过程的创造激励	聚焦于创造活动过程的环境激励	内在动机的激励作用
	基于认同的创造激励	聚焦于与创造活动相关联的群体的环境激励	群体中的行动基础

首先，在动机方面，叙事分析抽取了三个与消费者创造动机相关的核心概念：独特性产品需求、独特性体验需求和独特性集体身份需求。

独特性产品需求指消费者为了获得一种区别于他人的独特自我，而展现出来的对特别的产品、活动、符号、品牌象征意义等的追求欲望。在四个案例中，消费者或者通过创造虚拟的品牌故事，或者通过特别的方式来展示自己，或者将自己与某个特别的象征符号联系在一起，这些活动的目的都是为了通过创造性参与活动来获得一种与他人不同的自我认知。

Berger 和 Health（2007）的研究支持了上述观点。两位学者发现，消费者经常将追求独特性产品、象征符号等的活动作为一种展示个性的信号，即消费者做出不同于他人的决策，从而保证他们能通过这种方式传达自己想要表现的一种个性。尤其对于那些被消费者视为个性象征的产品领域（如音乐或者发型），消费者更希望与大众或者其他社会群体区分开来。在个性领域，参与者会回避选择大众所偏爱的东西，也会放弃与大众分享对产品的喜爱。

在叙事分析中，独特性产品需求和消费者的自我展示行为有着密切的联系。根据 Goffman（1955）的观点，人们通过不断调节和控制呈现给其他人的信息，来试图管理自己留给他人的印象。因此，人们在创造活动中展现出寻求特殊性的行为，其实质是为了向他人昭示自己是一个特别的人。Tedeschi（1976）根据行为的意图来区分自我展示行为，即根据人们的行为意图是“不给别人留下消极的印象”还是“努力产生积极的印象”，将自我展示行为分为进取型的自我展示行为和防御型的自我展示行为。进取型的自我展示行为指积极地表现出良好的自我形象的行为，而防御型的自我展示行为则指避免表现负面印象的行为。在本研究中，我们发现，进取型的自我展示更多地促进了消费者的创造性参与行为，而防御型的自我展示则更多抑制了消费者的创造性参与行为。换言之，只有当消费者认为自己的创造结果能够有助于展现或者提升正面的自我形象时，消费者才会愿意参与创造活动；反之，如果消费者发现自己的创造结果可能会加强自己的负面形象，则会避免参与创造活动。因此，独特性产品需求作为一种创造动机，在很大程度上，会受到消费者对创造结果的期望的影响。

独特性体验需求指消费者将创造过程本身视为一种快乐的享受和兴趣，因此积极参与创造活动的行为动机。独特性体验需求实质上是促进消费者参与创造活动的一种内在动机。在叙事案例中，一些消费者狂热地发帖和评论，表现了他们对于创造活动的热爱。Dahl和Moreau（2007）在研究中发现，当企业设计创造活动的过程，使其具有更高的娱乐性时，消费者会产生更高的创造性。

在创造性研究中，认知需求是一种促进创造性的内在动机。认知需求反映了人们为了学习和了解未知的世界，而不断投入努力去进行创造性思考的行为动机。然而，在实际的消费者社会中，认知需求是一种促进消费者参与创造的重要行为动机吗？在本研究中，我们并未发现支持认知需求作为消费者创造动机的直接证据。一个可能解释该现象的潜在条件在于，消费者到底把创造活动看作是学习活动还是娱乐活动？

独持性体验需求反映了消费者将创造活动本身视作一种娱乐活动，由此产生的自我促进的内在动机。因为创造活动包含了对新颖的未知事物的探寻过程，所以对于某些消费者而言，其参与创造活动的目的只是为了在创造过程中享受创造的乐趣，而并非通过创造活动来表现自我。然而，并非所有的消费者都是喜欢创造活动的个体，不同消费者在独特性体验需求方面可能存在着显著差异，了解什么样的消费者具有独特性体验需求，以及如何成功吸引具有这种特征的消费者参与创造，对于企业而言是十分有意义的。

独特性集体身份需求反映了消费者为了维持或者获得一种特别的群体身份，而参与创造活动的行为动机。本研究中，在影响消费者参与创造的动机因素里面，无论是消费者对于网络社区成员身份的追求，还是对影视作品或者品牌的喜欢，或者是对国民身份的维护，都反映了一个核心要素，即消费者对于某种群体的认同感，正是消费者对群体的认同感形成了消费者对该群体的身份的需要。

独特性集体身份反映了消费者对于内群体和外群体成员所持有的不同自我感知（Turner et al.，1994）。当面对内群体成员时，消费者较少将自己视为与群体成员所不同的特别的个体，并且较多地以群体的整体特征来界定自己；而当面对外群体成员时，消费者则更多地感觉到自己与外群体成员的不同，并倾向于重视那些与外群体成员的整体特征不一致的个人信息。

Snibbe 和 Markus（2005）的研究发现，大学教育背景的消费者与非大学背景的消费者在选择文化产品时有着显著不同的偏好。大学背景的消费者更加喜欢摇滚音乐，而非大学背景的消费者更加喜欢乡村音乐。不同的音乐类型体现了不同教育水平的消费者对各自所拥有的集体身份的感知。

独特性集体身份可能与集体自我的激活相关。根据自我解释水平理论，人们的自我解释水平可以分为个人层面上的自我解释和社会层面上的自我解释。启动不同层面的自我解释水平将导致人们行为上的差异。比如，Wiekens 和 Staple（2008）的研究发现，启动个人层面的自我，产生了追求独特性的动机；而启动集体层面的自我，则产生了遵从性动机。因此，当集体自我被启动时，人们更倾向于产生与集体相一致的行为。

其次，在能力因素方面，本研究抽取了七个与能力相关的概念——流行故事的构建能力、知识概念的加工整理能力、图像处理能力、多元化视角和思考能力、地方性语言与时代性语言的驾驭能力、视频拍摄能力、想象力和观察力。进一步，七个概念又可以归纳为创新思维能力、多样化知识基础以及创作技能这三个与创造性相关的构念。

创新思维能力指消费者转换不同视角来产生和精炼独特观点的能力，在本研究中表现为多元化视角和思考能力、想象力和观察力。和 Guliford 的智力结构论观点一致，创新思维能力是流畅力、变通力、独创力和精进力的综合体现，反映了创造性思维的连续性、发散性、求异性和延展性的特点。

多样化知识基础指消费者运用和整合多种知识与信息来源形成新的观点和创意的能力，在本研究中表现为知识概念的加工整理能力、地方性语言和时代性语言的驾驭能力。多样化知识基础是消费者创意的信息来源。知识创新理论认为，新观点的产生往往来自于异质信息和知识的碰撞与融合。在消费者参与创造的过程中，所遇到的其他知识基础的消费者越多，消费者整合各种知识来源的能力越强，其创造性也可能越强。

创作技能指消费者在过去的生活或工作经历中所习得的用于直接支持创作活动的能力，在本研究中具体表现为流行故事的构建能力、图像处理能力、视频拍摄能力。创作技能主要涉及与具体的创造活动相关的技术和能力。它与 Sternberg 提出的"实际能力"的概念相一致，反映了创意执行的能力支持。

最后，在环境激励因素方面，我们从案例中形成了三个核心概念——基于结果的创造激励、基于过程的创造激励和基于认同的创造激励。事实上，三种创造激励分别和前述三种类型的创造动机相关。

基于结果的创造激励指聚焦于创造活动结果的环境激励，比如他人对创造结果的关注、评价或奖励等。基于结果的创造激励可能与消费者的独特性产品需求有着某种程度的关联，因为独特性产品需求基于对产品特别性的关注，它和前者一样，都关注创造活动的结果。

基于过程的创造激励指聚焦于创造活动过程的环境激励，比如创造过程中的娱乐性、感观体验、想象体验等。基于过程的创造激励可能与消费者的独特性体验需求有着某种程度的关联，两者都关注创造活动的过程本身。

基于认同的创造激励指聚焦于与创造活动相关联的群体的环境激励，比如发起创造活动的某个组织、与创造内容相关的某个团体、开展创造活动的某个社区等。基于认同的创造激励与消费者集体身份需求可能相互发生作用，因为两者都关注与创造活动相关的某种集体身份。

在本研究中，我们从四个来自现实的案例出发，识别了影响消费者参与创造的三类重要因素——动机、能力和环境激励。然而，本研究也存在一些不足之处。首先，本研究虽然从事实出发，提出了一些可能影响消费者创造性参与行为的影响因素，但未能进一步探索这些影响因素的理论基础，进而对这些因素产生的内在影响机制进行理论建构。其次，鉴于案例研究的特点，我们只能跟踪观察消费者创造活动的整体过程，但无法完全分离各个具体的影响因素，了解每个具体的影响因素对消费者创造意愿的贡献大小。最后，本研究也无法清楚地证实各种因素之间的区别和联系，以及可能的交互作用模式。

在接下来的章节中，我们将继续采用“动机—能力—环境激励”的研究框架，在本章结论的基础上，进一步为本研究中抽取出的研究概念寻找更深厚的理论支持，以发展一个适用于消费者创造性参与活动的系统框架。

为了将研究框架更加聚焦于消费者参与创造的心理过程和机制作用，我们将研究重点放在探索动机因素以及与动机激励相关的环境因素对创造意愿的影响作用方面。在接下来的部分，我们的目标是：（1）对消费者参与创造的心理动机及其作用机制进行分析；（2）在理论分析的基础上，采用实验研究方法来区分各种心理动机对创造意愿的影响，并检验其作用机制。

第五章

消费者创造性缘何形成：心理机制分析

第一节　认知需求是消费者参与创造的主要动机吗？

一、认知需求的定义

认知需求的术语来源于 Cohen 和其同事对个人认知动机的差异方面的早期研究。Cohen 等（1955）将认知需求定义为“一种了解和使经验世界合理化的需求”，认为认知需求较高的人们可能对认知的清楚性有更高的要求。Cohen 等进一步区分了认知需求概念与格式塔形成，指出后者没有包括一种需求和紧张降低的顺序。因而，Cohen 和同事们对认知需求的定义侧重于强调对模糊性的无法容忍和对事物结构化的需要。

Cacioppo 和 Petty（1982）提出认知需求是“个人从事与享受费心的认知活动时，在个人倾向上一种稳定的个体差异”。低认知需求者缺少高认知需求者所具有的进行费心的认知活动并从中获取享受的动机。相比较 Cohen 对认知需求的概念界定而言，他们对认知需求的概念化与 Fiske（1949）的“智力探寻”（inquiring intellect）或 Murray（1938）的“了解需求”的概念更为相似，因为它更强调人们主动思考并从思考中获取乐趣的过程，而非强调一定要从思考中得到对事物的清楚看法的结果。认知需求被 Cacioppo 和 Petty 用来说明个人在参与和享受认知活动上的一般趋势，而不是作为在特定领域处理信息的长期趋势，或作为个人在认知复杂性上的差异。Cacioppo 和 Petty（1982）的认知需求概念化包括 White（1959）的观点，认为认知需求包括一种导向性和持续性的行为，人们从重复和持续的问题解决活动中发展与形成一种能力感和自我满意感，这种能力感和自我满意感反过来又增强了认知需求。认知需求因而概念化为反映一种稳定的但是能够被发展或改变的内在动机，而不是一种真实的需求。而且，认知需求强调过程导向（个人在享受和参与认知活动方面的倾向）而不是结果导向（如个人对于清楚地了解和管理完整世界的需求）。高认知需求一般以积极的、探索的思想为特征，通过他们的感官和智力，从环境中获得和抽取信息。高认知需求者被认为更可能花费努力来获得信息、推理和解决问题，以处理他们心理世界中的多样困境。Cacioppo 曾用磁铁的强度来比喻个人间的认知需求差异，高认知需求者比低认知需求者有更强的磁场，促使他们获得、检查和保留日常生活中的更多信息。

然而，认知需求被认为反映了认知动机而不是智力能力，因而，与能力相关但又有区别。而且，认知需求也不同于个人的人格特征，虽然某些人格特征可能会使个人从事认知活动的动机内在增强，但认知需求反映了个体在行为动机上的差异，而人格特征反映了认知需求的心理前因。

二、认知需求与创造性的关系

自认知需求的概念以及操作化量表问世之后，得到了心理学界大量学者的关注。一些学者检查了认知需求与创造性的关系，如蔡启通等（1990）的研究表明，认知需求与创造倾向之间正向相关。此外，薛贵、董奇等从认知需求的角度考察了内部动机与创造性的关系。杨柳以认知需求为内在动机指标进行了初中一年级学生内外动机与创造性关系的研究。他们的研究都指出认知需求作为一种重要的内部动机，对创造性有显著的影响，高认知需求有利于创造性的发展。

虽然认知需求与创造性的关系得到了一定的经验支持，但对于这种关系的逻辑解释仍少有研究，事实上，在心理学研究领域，许多研究检验了认知需求作为认知相关行为的内在动机的假设。这些研究结果可能为解释认知需求与创造性的联结关系提供了观点支持。下面我们将结合这些研究成果，来分析和阐释认知需求和创造性之间的逻辑关系。

（一）认知需求与认知绩效

很多学者证实高认知需求者涉入了更多的认知活动，表现在他们能回忆起更多的信息（Kassin, Reddy and Tulloch, 1990），以及更好地记忆所思考的信息（Cacioppo, Petty and Morris, 1983）。Dornic 等（1991）用心理算术作为压力器，提出认知需求可能与认知行为的绩效相关。他的研究证实高认知需求者不但认为任务较简单，而且能更好地执行。Stayman 和 Kardes（1992）也发现，高认知需求者能更迅速地认知任务并做出反应。对于认知需求与认知绩效间关系的一种解释是高认知需求者在长期的问题解决活动中积累了丰富的经验。Mueller 等（1988）对此种解释进行了证实，他们记录了被试者判断某些词组与自己相关或者是名词的速度，结果发现，高认知需求者比低认知需求者能更加迅速地判断某一词组是否与自己相关，而两者在判断该词是否名词时所用时间相当。该结果说明高认知需求者过去经常思考和解决与自己相关的问题，因此，有更快的认知速度，从而支持了认知需求通过对问题解决能力的积累，进而增强认知绩效的观点。

如果认知需求真的有助于培养和形成个人的问题解决能力，那么认知需求与个人创造性的关系也就很容易理解。高认知需求者在长期的认知过程中构建和形成的问题解决能力，正是其个人创造性的来源。

（二）认知需求与情感反应

很多学者研究了具有不同认知需求水平的个人对认知任务的情感反应，以此研究个人参与认知行为的动机。Cacioppo 和 Petty（1982）以及 Dornic、Ekehammar 和 Laaksonen（1991）检查了在认知任务中认知需求与负面情感的关系，发现低认知需求者在面对认知任务时表现出了更多的烦恼、沮丧、紧张的情感。更多的学者检查了认知需求与认知中的正面情感的关系（Baugh and Mason，1986，Coodra，1992；Lassiter，Briggs and Bowman，1991），发现高认知需求者对于激活思想的刺激物产生了更正面的反应，如愉悦感和享受感。

认知需求与情感反应间关系的研究似乎也能为个人的创造动机提供一定的观点基础，由于创造性活动一般被认为是较为复杂的认知任务，认知需求因而成为个人进行创造活动的主要动机，因为创造活动为高认知需求者提供了认知过程中的快乐。

（三）认知需求与信息获得

一些学者研究了认知需求与信息获得之间的关系。高认知需求者被认为积极主动地参与了信息收集过程，如 Condra（1992）发现高认知需求者更可能通过各种媒体来收集信息，Pieters、Verplanken 和 Modde（1987）发现高认知需求者关心和掌握了更多的社会信息。而 Thompson 和 Zanna（1995）则发现高认知需求者更可能参与复杂的社会问题。因为认知需求可能体现了人们勤于思考、喜欢从事认知活动的性质，所以，认知需求促使个人去寻找有关任务问题和事件的信息，以从认知上的挑战中获得享受。

认知需求对于大量的复杂的信息的要求，使得高认知需求者对新观点和新事物有更强的接受力。Verplanken 等（1992）发现高认知需求者具有更大的创新性，倾向于寻找新的消费产品。Venkatraman 等（1990）发现认知需求与忽略、回避或歪曲新信息的倾向负相关，高认知需求者更倾向于对新观点持开放性。因此，从高认知需求者对新观点和新信息的主动收集以及广泛听取的角度，认知需求可能促进了创造性的形成。

（四）认知需求与认知过程

高认知需求者参与了更多与问题相关的思考，这使他们养成一些特有的认知习惯和技能，从而形成了与低认知需求者不同的认知过程。

1. 线索使用

Axsom、Yates 和 Chaiken（1987）以及 Cacioppo 等（1986）有关劝服理论的研究表明，高认知需求者较少依赖启发式线索，在其态度判断形成中更多依赖观点本身的质量。也有学者认为，高认知需求者更倾向于寻求复杂而需脑力活动的线索，而低认知需求者则较多地倾向于单一的信息线索。此外，Ferguson、Chung 和 Weigold（1985）发现高认知需求者更依赖于报纸和杂志，而低认知需求者则更多依赖于电视广告，这似乎说明高认知需求者可能更倾向于寻找以功能特征为诉求的工具线索，而低认知需求者更多地相信情感线索。

2. 信息质量

在认知过程中，一个与线索使用密切相关的因素是信息质量。Cacioppo、Petty、Kao 和 Rodriguez（1986），Caoppo、Petty 和 Morris（1983）发现在劝服的沟通中，高认知需求者比低认知需求者更加注意信息的内容本身，也就是说，只有在认为劝说者的观点本身具有说服力时，高认知需求者才会相信其价值主张是正确的。Petty 和 Cacioppo（1986）也同样发现高认知需求者会认真考虑劝说者提供的信息，信息中论点质量的高低往往决定高认知需求者的认知反应。而低认知需求者的态度则比较容易受到信息传播者的吸引力高低，或者传播情境中其他信息接收者的热烈或冷淡的反应影响。

3. 信息比较与处理

Osberg（1987）发现认知需求与吸收（absorption）概念相关，反映了高认知需求者在处理认知过程中的学习性。当要从许多选项中作单一选择时，高认知需求者搜寻信息的方式是比较不同选项间的属性。当要对每个选项作判断时，高认知需求者会针对每个选项的不同属性来考虑，以便统整每个选项的不同属性，作出整体判断。然而，低认知需求者却采用相反的方式去搜寻信息。

4. 先前印象

Ahlering 和 Parker（1989）的研究指出，高认知需求者会尽力阻止先前印象形成的影响。低认知需求者容易受到先前印象的左右，从而忽视后来出现的信息，而高认知需求者所形成的印象相对不容易受到先前出现信息的过度影响。高认知需求者所形成的他人印象与背景信息之间有对比（contrast）效果，而低认知需求者则表现出同化（assimilation）效果。其他的社会认知研究者也发现高认知需求者更可能完全处理与预期不一致的信息（Srull, Lichtenstein and Rothbart，1985）。

5. 分析的客观性

Leary 等（1986）检查了认知需求与客观主义（objectivism）之间的关系，发现高认知需求者更为客观，他们根据经验信息和理性的思考来建立判断标准和信念。Martin、Seta 和 Crelia（1990）发现高认知需求者更可能纠正情境对社会判断的影响。在对他人的行为归因时，高认知需求者更可能去考虑情境因素的影响作用，因此不容易产生将他人行为过度归因于个人特质的对等性偏误。

6. 态度的稳定性

在 ELM 理论中，认知需求被认为与态度强度（即持续、抵抗力、行为预测）正向相关，高认知需求者表现为在态度方面更加稳定和持久。当没有说服信息时，高认知需求者的态度十分稳定。当说服力较弱的信息挑战现有态度时，高认知需求者能抵抗变化，甚至当说服力较强的信息出现时，高认知需求者的态度改变较少。也有学者发现，高认知需求个人更加注意中心信息，而忽视边缘信息，在边缘性（非中心）的说服环境中，高认知需求的个人形成或改变态度的可能性较少。

认知需求对认知过程的影响虽然不一定能为认知需求与创造性的关系提供直接的证据，但应当承认，如果将创造活动视为一种主动的认知行为，那么认知需求就可能通过影响认知过程来形成和影响个体的创造过程，比如高认知需求者更可能在创造过程中进行理性思考和客观分析，并且创造过程较为稳定，较少受到外部情境的影响。

三、认知需求是消费者参与创造的主要动机吗?

假设认知需求与个人创造性之间存在着正向关系，我们在本研究中关心的是，当个人的角色由一般的生活者或者工作者转变为消费者时，认知需求还能成为个人参与创造的主要动机吗?

事实上，该问题的核心可能与另一个问题相关，即认知需求与创造性之间是否存在着条件因素?认知需求是否对所有的个体，或者所有情境下的创造性都有效?

回顾现有关于认知需求的研究，我们可以发现，认知需求与认知活动之间是存在一些条件因素的，这些因素影响了认知需求与认知活动的关系联结，如果根据这些条件因素来考虑认知需求与消费者创造性的关系，将有助于回答我们关心的问题。

(一) 个人任务涉入度的影响作用

Thompson 和 Zanna (1995) 发现认知需求与认知任务的关系能被具体的情景所调节，比如当个人与认知任务的关联性很高，或者与围绕任务的外部情境关联性很高时，不论人们是否具有认知需求，他们都可能认为应该进行思考和决策活动。因此，具体情境需要下的个人对任务的涉入程度将影响认知需求与认知活动之间的关系。

如图 5-1 所示，当认知情景要求的任务涉入度不太高也不太低时，高认知需求与低认知需求对认知活动的影响差异是明显的。而过高或者过低的任务涉入度使认知需求对认知程度的影响产生天花板或地板效应。具体而言，当任务与个人的关联度非常高时，人们在该情境中思考该主题的压力增强，因此会表现出与任务高度相关的认知行为，但这种认知行为可能是任务压力诱发的，而非认知需求驱动的，此时认知需求对于认知行为的影响作用不再明显。反之，当认知情景要求的任务与个人之间完全没有任何关联时，无论人们的认知需求高或者低，他们也可能不会进行认知活动，原因可能是存在认知活动的机会成本，假设认知活动是花费精力的，那么即使是热爱思考的人们（高认知需求者），也会考虑将思考的时间投向与自己有关联的领域。

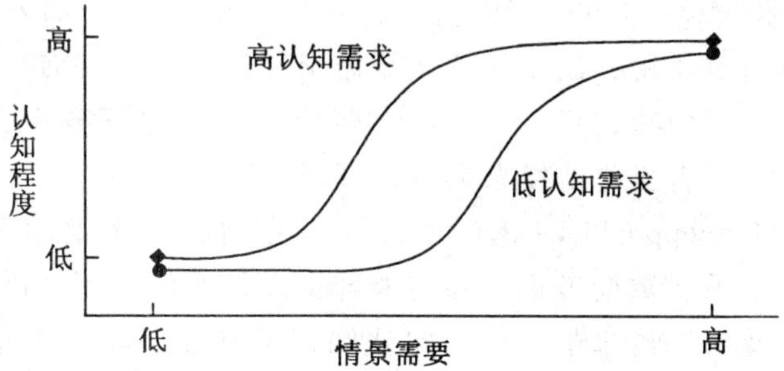

图 5-1　认知需求的天花板和地板效应

资料来源：Cacioppo, J. T., Petty, R. E., Feinstein, J., Jarvis, W.. Dispositional differences in cognitive motivations: The life and times of individuals varying in need for cognition. Psychological Bulletin, 1996, 119: 244.

考虑到任务涉入度的影响作用，我们需要审慎地思考认知需求与消费场景中的创造性的关系。在消费环境中，消费者对待创造任务可能有两种常见的理解：一是认为创造任务对自己而言非常重要。这种情景一般出现在消费者极其需要某种产品而在现有市场上又无法得到时，此时消费者可能急切地希望参与到企业的创造过程之中，因而认为创造任务与自己的关联度非常高。第二种理解正好相反，消费者认为企业的创造任务对自己而言根本不重要。因为消费者一般认为自己只是商品的挑选者和购买者，并没有帮助企业创造产品的责任或义务，特别是当市场上存在多样的产品选择和激烈的竞争，并且消费者与企业之间没有深度的友谊时，消费者就更加认为创造任务与自己没有关联度。

消费者对于创造任务的这两种理解方式正好代表了图 5-1 中任务涉入度的高低两个极端，在这两个端点处，认知需求对认知活动的影响作用失效。我们可以推测，在消费情境中，认知需求可能不是消费者参与企业创造的主要动机。

（二）任务复杂性的影响作用

虽然很多学者检查了认知需求与正面情感之间的正向关系，表明认知需求确实是一种来自个体内部的自发地推动认知过程的动机因素，然而，认知需求对正面情感的影响机制仍然值得质疑。Cacioppo和Petty（1982）检查了任务复杂性对于认知需求和正面情感间的调节作用，发现无论认知需求高低，个人都有可能对认知任务产生正面情感，只不过低认知需求者从简单任务中得到快乐，而高认知需求者更喜欢复杂的认知任务。

如果Cacioppo和Petty的研究结果在再检验中继续得到证实，那么我们似乎要重新考虑认知需求与正面情感的关系。因为在多数研究中，低认知需求中被认为对认知任务产生了负面的情感反应，而在Cacioppo和Petty的研究中，低认知需求者也对简单任务赋予了正面情感的评价，一个可能的潜在假设是，也许并非是认知需求对简单任务中的正面情感产生了影响，而可能存在另一种因素解释了低认知需求者对简单的认知任务的正面情感反应。

任务复杂性的影响作用对于我们研究认知需求与消费者创造性的关系提供了一个有趣的问题，即消费者究竟如何看待创造任务的复杂程度。创新管理中的很多文献都认为，由于受到专业知识和花费时间的限制，消费者不可能承担过于复杂的创造任务。根据Cacioppo和Petty的研究结果，我们似乎可以预测，低认知需求而非高认知需求的消费者可能更倾向于参与简单的创造活动。这样一来，在消费场景中，认知需求与消费者创造性的关系就成为负向相关。我们更加需要思考认知需求究竟是不是影响消费者参与创造的主要动机。

（三）认知活动目标的作用

认知需求对认知活动的作用还可能受到认知活动目标的影响。Harchiewicz和Elliot（1993）将认知活动的目标分为两种：绩效目标和掌握目标。绩效目标指人们希望通过认知活动来证明自己的能力，而掌握目标指人们希望通过认知活动来发展自己的技能。这两种认知活动目标的设置取决于个人不同的成就导向。研究表明，对高成就导向者而言，绩效目标加强了认知需求对认知活动的作用；而对低成就导向者而言，掌握目标加强了认知需求对认知活动的作用。

认知活动目标也可以用来解释认知需求对一般创造性的影响作

用。对于一般的创造活动而言，也可能存在两种类型的目标：人们或者通过创造活动来证明自己具有强大的问题解决能力，或者通过创造活动来学习和实践解决问题的技能。然而，在消费场景中，这些目标未必存在。主要原因在于消费活动与个人的成就导向很少产生直接联系，尽管高成就导向者可能会寻求彰显身份的产品，但这并不意味着消费者希望通过消费中的创造活动来证明能力或发展技能。

从上述三种作用出发，我们认为在消费场景中，认知需求未必会成为影响消费者参与创造活动的主要动机。尽管认知需求被定义为人们从事认知活动并从中获取享受的心理倾向，但是我们并不能将其与消费者的创造意愿直接联系，因为消费者对于自己在消费活动中的创造任务可能存在着与在工作环境中的创造任务完全不同的理解和感知，对于消费中的创造而言，消费者也可能设置了与工作目标完全不同的参与目标，我们甚至无法断定这种创造行为是否被消费者同样认为是一种认知活动。

第二节 消费者独特性产品需求

假如认知需求不能成为消费者创造性参与的主要动机，那么我们关心的是，究竟消费者为何要参与到企业的创造活动之中呢？

应当看到，一般创造性理论的一个潜在的假设前提是，创造对于每一个个体都是有意义的，或者说，一般创造性理论认为根本不需要解释创造活动对于创造主体的意义所在，它们关注的只是影响创造产生和发展的因素。但对于消费者创造性理论而言，首先要解释的就是消费者为什么要创造，即这种费时费力的创造活动对于消费者而言有什么意义？为什么消费者要亲自参与到理应由企业独自承担的创造活动之中？

一、消费行为的个人意义与社会意义

在绪论部分，我们论述了消费活动的五种本质，即作为功能、符号、社会关系、体验和文化的消费。正如我们的分析所示，消费

者购买和消费产品或服务并不完全因为产品本身的使用价值，还可能归因于这种购买、使用或处置产品的行为或活动为消费者带来的象征意义。象征意义既来源于消费者对自己的认识，也来源于消费者所感知到的社会对于自己的认识，因此具有个人与社会的双重意义。

（一）消费行为中的自我概念

自我概念来源于心理学领域的自我理论，最早由 James 于 1890 年提出，强调人们将自己作为客体的认识，它是个人心目中形成的对自己的感知和评价。自我概念代表了个人在心理上所认可的自己存在于世界的状态和意义，它是由一系列态度、信念和价值标准所组成的有组织的认知结构，这种自我知觉能为个体提供自我认同感和连续感，使个体的存在和发展获得意义。因此，当自我概念对于一个人非常重要时，个人就会努力调整其行为以维持和强化自我概念。

自我不是作为一种个人的过程来发展，而是在社会体验的过程中演变的。人们从他人对自己的反应中发展出自我感知，根据 Rogers 的观点，自我概念是个人感知与社会环境交互的结果，特别是“与他人的评价性互动的结果”。在这种互动过程中，自我概念的结构得以建立、发展、重塑，并且发展出对自我概念所依附的价值观进行感知的概念模式。

由于互动过程并不发生在真空中，个人可能被具体的环境情景以及相关的“个人外表”所影响，因此，个人将设法控制这些可能形成有利的绩效解释的因素。环境情景或个人外表成为个人在互动过程中实现目标的工具或手段。

在很大程度上，消费活动对于个人的意义正是在于商品作为符号的本质（Grubb，1967）。消费活动被认为是个人用以寻求自我强化的一种重要方式（Sirgy，1982）。其中暗含的假设是消费者根据他们使用或获得的产品来定义自己，根据产品给他们的意义或者他们对产品的态度来形成自我概念。如果购买或消费某种产品能够为自己带来期望的自我概念的增强，那么消费行为就强化了个人自我界定的存在意义。

事实上，消费活动不但强化了自我概念，还可能与消费的物品一起共同形成一种“延伸的自我”(extended self)(Belk，1988；Tian and Belk，2005)。Rochberg 和 Gara（1985）提出人们拥有或处理消费品可能“作为一种自我的标志”，这种观点表明消费者可能通过消费活动来为自己创造有意义的世界和新的自我。

消费活动对于自我概念的强化和形塑需要借助于产品来完成，因此很多营销学者关注产品或品牌形象与消费者自我概念的交互活动。在消费环境下，影响消费者的产品偏好和购买意向的因素不是单纯的自我评价，而是自我概念与产品形象的一致性评价。

（二）消费活动中的自我意象和社会意象

在自我概念体系中，自我能够以不同的方式来审视，如此形成了不同视角的自我。比如自我差异理论（Self-Discrepancy Theory，SDT)(Higgins，1987，1989）区分了三种类型的自我：现实自我(actual self)、理想自我（ideal self）和应该的自我（ought self）。现实自我指个人如何感知和评价自己，理想自我指个人希望如何感知和评价自己，而应该的自我包括人们认为他们应该拥有的属性。1902 年，Cooley 在其《人的本质和社会控制》一书中提出了镜像自我（reflected self）的概念，认为镜像自我指的是当我们与其他人交流时反射给我们的自我意象。1934 年，Mead 在《心灵、自我与社会》中阐述了著名的符号互动论思想，指出自我源于社会互动，个体的自我概念必须包括从社会视角考虑的自我，即社会自我(social self)。社会自我指个人认为他人如何感知和评价自己。1982 年，Burns 将理想自我和现实自我与 Cooley 等提出的他观自我(如镜像自我、社会自我等）并列起来，提出一个包括主体自我和客体自我的自我概念结构。

从 Burns 的自我概念结构观点中可以看到，对于寻求自我认同的个体而言，其自我感可能来自于其在社会活动中形成的两种意象：自我意象和社会意象。自我意象反映了个体对自己的感知和评价结果，而社会意象反映了个体从社会群体的反应中获得的对自己的感知和评价结果。需要指出的是，这两种意象并不是孤立存在的，而是相互影响和渗透，并最终形成一致的自我概念结构。具体而言，个人对自己的评价和感知系统并不是独立运作的，Markus用“自我图式”（self-scheme）来解释自我意象的形成过程（Markus，1977；Markus，Smith and Moreland，1985）。自我图式是有关自我的信念，这种信念引导着与自我有关的信息的加工。在自我意象的形成过程中，自我图式的状态并不是一成不变的，而是不断地受到从社会反馈回来的社会意象的影响。当社会意象与个人原有的自我图式一致时，会更加激活自我图式以进行自我信息的处理，从而形成增强的自我意象。但当社会意象与个人原有的自我图式不一致时，个人可能会停止使用自我图式对自我意象的进一步加工，从而弱化已经形成的自我意象。

很多营销学者也讨论了消费活动中的自我意象和社会意象形成过程。Munson和Spivey（1980，1981）提出产品形象可能以两种方式“表达”消费者的自我概念：一种是消费者对产品偏好既定的自我感知，它指一个人如何感知自己已经形成的对具体产品偏好以及由此形成的对自己的判断。另一种是消费者认为其他人对于自己已经形成的产品偏好的感知，反映了一个人认为他人如何看待自己对具体产品的偏好以及由此形成的自己的判断。Locander和Spivey（1978）指出尽管存在两种自我形成的过程，但消费者可能无法区分他们自己对产品的感情以及因为考虑他人的观点而产生的对产品的感情。

时尚理论（fashion theory）（Miller et al.，1993）中也涉及消费活动对消费者的个人意义和社会意义的阐述。在时尚理论看来，消费者的消费活动可以视为一种通过分类来确定意义的行为。任何商品的挑选都涉及一种分类过程，即确定该商品与其他物品的关系。正因为此，“物品的本质不在于物品，而在物品与这些物品分类的关系”，因为其背后隐藏了为社会群体共享或认可的与产品相关的意义。可以说，分类是消费者为商品赋予意义的过程，而消费则是消费者通过占有或使用来实现意义转移的行动。

分类的实现必须基于社会过程，因为分类体系的意义需要群体的约定俗成，以确保群体中的每个人能对同一物品的意义产生相似的理解和反应，只有这样，个体才可能通过消费活动来与群体中的他人进行意义上的交流。因此，任何商品在其功能性之外，都可能具有“象征意义”，虽然不是所有的人对于每一产品的“象征意义”的理解都相同，但在一定群体内部，群体成员会用一致的社会分类体系来界定产品的“象征意义”(Netemever et al. , 1992)。消费者在消费过程中正是将产品的“象征意义”与自己相联系，使自己的自我概念与商品的意义匹配。

二、Fromkin 和 Snyder 的独特性需求理论

20 世纪 60 年代后期，自我作为一种结构化和动机的概念受到学术界的重视，独特性理论正是在此背景下得以出现。社会心理学家 Fromkin（1968，1970）在 Purdue 大学提出了独特性需求的观点，而同期 Kansas 大学的临床心理学家 Snyder 对该问题也同样产生了兴趣。70 年代末期，两位学者就所研究的独特性需求问题达成理论共识，他们的合作为独特性需求理论的发展奠定了基础。

（一）独特性需求的定义

独特性理论的发展起源于自我理论，Fromkin 和 Snyder 一致认为人们对自我的界定与一种特别感相关（Snyder，1992）。从某种意义而言，自我表示了个体所感知的自己与他人的联系和区别。因此，在自我的结构中，也许包含了两种互斥的动机：一方面，个人希望将自己同化为外部世界；另一方面，个人又具有将自己与外部世界区分开来的潜在需求。独特性需求正是反映了个体对于差异性的追求和偏好。

Snyder 和 Fromkin（1977，1980）将独特性需求（Need for Uniqueness，NFU）定义为个人“努力表现出与他人的不同”的行为动机。Belk（1988），Celsi、Rose 和 Leigh（1993）提出独特性需求是要实现一种个人相对于他人的独特感。Lynn（1991）、McAlister 和 Pressemier（1982）则认为独特性需求是激发个人通过参与表现出“独特”属性的有差异的活动来形成自己与众不同的自我认同感。

不论独特性需求如何界定，其中心点都在于行为目的是要形成“自己与他人的差异性”。但这种差异性并不代表着个体与社会规

范的完全分离，或者说，即使是追求个人相对他人的独特特征，也是在一定的社会认可其独特价值的范围之内，超出了该范围，社会可能会将其视为完全的“另类”。因此，独特性需求也被界定为既体现了个人与其参照群体成员的不同，又不因其偏离了社会习惯而遭到排斥和拒绝。

（二）独特性需求的个体差异

在对独特性需求的早期研究中，学者们检查了独特性需求未得到满足时的情感后果。Fromkin（1970，1972），Fromkin、Brandt、Dipbye 和 Pyle（1974）的研究发现，当个人感觉自己与他人高度相似时，比当他们感觉高度差异时要体验到更多的不愉快以及自尊感的降低。

Fromkin（1973）后来发现，在相似的情景中，不同的个人体验到不同程度的独特性需求。于是他提出独特性需求中的个人差异，即一部分人可能具有一种强烈的想要表现独特性的欲望，而另一些人可能只具有弱的欲望。后来的研究也发现，在高度相似性的情景下，高独特性需求者的自尊感被降低，但低独特性需求者的自尊感却得到提高。

Snyder 和 Fromkin（1977）的研究说明，不论在同事的评价或是自我评价中，高独特性需求的个人都表现出以非遵从或者独特的方式行事，他们较少符合统计上成立的大多数人的行为曲线。Snyder 和 Fromkin 还发现独特性需求与词汇联想测试的相似成负相关，说明高独特性需求者在测试中提供了更新颖、更独特的答案。另外，高独特性需求者还更可能参与一些具有独特主张的组织，并且他们对于妇女解放、同性恋等争议性问题有更高的接受性。

Fromkin 和 Lipshitz（1976）将具有强烈独特性需求的个人定义为独立的、非遵从的、冒险的以及想表现其行为独特性的个体，即使这种独特性可能存在为社会所不赞成的风险。

（三）独特性需求产生的内在机制

独特性需求虽然可以被视作与相似性需求相对立的概念，但在实际的心理过程中，从相似性到独特性是一种连续的认知过程，它基于人们对自己相对于他人的相似性的整体分析。

Fromkin 在 Byrnel（1971）提出的吸引模式的基础上，总结了人际的相似性信息在人们生活中的重要性。Snyder（1992）也肯定了相似性信息在自我的演化中所起到的整合作用。从人际吸引的角度，一定程度的相似性是社会交流和认同的基础。而且，相似性也增强了个人对于群体的归属感和位置感。

因此，人们会根据自己感受到的相似性程度对自己的身份进行评价，Byrne 的人际吸引模式指出，人们希望保持与社会群体的一致性。然而，人际吸引模式无法解释为何在高度相似性下人们会出现心理上的不安。独特性理论的提出补充了人际吸引理论的不足。

独特性理论认为，人们根据对感知相似性的不同水平的可接受程度来进行编码。随着感知相似性从轻度到中度的变化，人们对相似性的需求会逐渐上升，中度的相似性是最可接受的水平。而超过了中度水平之后，随着感知与他人的相似性越来越强，人们对相似性的需求开始下降，独特性需求逐渐上升。

人们对于独特性的需要可能基于两种外部原因：

第一，社会对于那些不同的，但不是完全不同的人给予了更多的回报。这种观点可能来源于两个方面的社会事实。一方面的社会事实基于竞争过程的强化作用。在竞争领域，只有显著超出其他竞争者的个人才能获得回报。在“物竞天择，适者生存”的竞争规则影响下，个体想要获得持续的存在，就必须保持与他人一定程度上的差异，以确保在竞争中脱颖而出，因此，独特性和差异性成为竞争战略的核心。另一方面的社会事实是创新的社会作用。强调新颖独特观点的创新活动为社会提供了发展的动力，同时社会也为创新给予了充分的回报。

第二，除了外部动机因素，独特性需要也被认为来自于个人内部的动机。将自己与社会大众区分开来有利于个体内部满意度的形成，因为它可能代表了对自己能力或个性的正面评价。Snyder 和 Fromkin（1980）的研究表明，即使在追求独特性的行为没有获得直接的相关报酬的情况下，人们也可能试图维持一种特别感，只是为了形成强化的自我概念，以及确定个人存在的意义。

Fromkin（1968）检查了在具体的情景中，人们对相似性的感知所形成的行为后果，以说明独特性理论对于行为的预测作用。在实验中，那些在特定情景中被告知自己与大多数人存有更多相似点的个人，其独特性需求被激活，从而试图重新建立其特别感，因此更倾向于主动寻求独特性的行为表现（在研究中表现为创造和采用了更多与众不同的物品使用方法）。

图 5-2 可能说明了独特性需求的产生过程以及对行为的影响。在图中，假定中度水平的相似性或差异性是最能被接受的水平，因此，当个人判断自己与社会群体的大多数保持中度水平的独特性或相似性时，他们不会采取任何改变的行为。以无改变的中间点为分割，曲线的左边反映了人际吸引理论所支持的相似性与吸引力之间的正面关系。当人们感觉到与多数人具有中度以下的相似性时，人们表现出对相似性的需求，希望与多数人保持一致。而曲线的右边反映了独特性理论所支持的独特性与吸引力之间的正面关系。当人们感觉到与多数人具有中度以上的相似性时，独特性需求被激活，人们会通过活动来建立与他们不同的特别感。

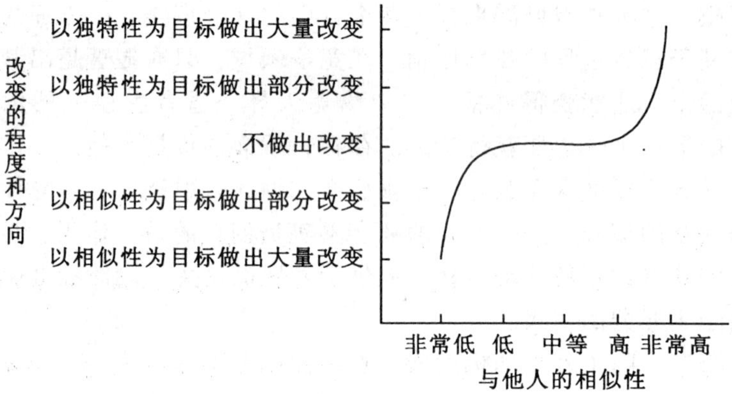

图 5-2　假设行为反应作为相似性信息的函数

资料来源：Snyder，C. R.. Product scarcity by need for uniqueness interaction：A consumer catch-22 carousel? Basic and Applied Social Psychology，1992，13（1）：13.

三、消费者独特性产品需求与意义寻找行为

（一）商品的独特性属性

在自我理论中，很多学者都研究和证实了商品对于消费者自我概念的形成、修复和强化的重要作用。在这些研究中，消费者通过获得和使用商品作为强化自我意象（Goodwin，1992）、信息交流和自我表达的方式（Bearden and Etzel，1982）。

独特性需求被激活的个人会试图通过主动寻求独特性的活动来获得独特的自我意象和社会意象，以形成积极的个人意义或者从外界获得源于独特性的回报。就独特性寻求活动的驱动力而言，无论其最初是基于内部动机还是外部动机，消费活动都可能是一种非常有效的独特性寻求方式，这可能归于商品本身所具有的“独特性属性”。Fromkin（1968）、Fromkin 和 Snyder（1980）以及 Snyder 和 Fromkin（1980）认为对于一些寻求检验自我特别性的个人，社会提供了一种满足这种需求的可接受的方式，这种方式应该具有“独特性属性”。具体而言，“独特性属性”不一定要受限于其存在形式（比如它是有形还是无形，是物质还是体验），但它必须是“有价值的，其价值来源于它们界定了个人自己与参照群体中成员的差异，同时，个人不会因为这种差异受到排斥和孤立的压力”（Snyder and Fromkin，1980）。

商品天然具有“独特性属性”的价值。无论作为产品、品牌还是服务的形式存在，商品的生产与创造必须基于差异性的竞争规则以求得在市场中的生存和维持，从这一点来看，商品是一种展示独特性的载体。事实上，大量的有关“品牌个性”、“市场细分”等营销文献充分体现了商品生产者—独特性—商品使用者之间的逻辑关联。独特性既是商品使用者用于判断和评价商品的标准，也是商品生产者用于区分和选择消费者的基础。或者我们可以理解为，一方面消费者通过商品构建了自己与他人的不同，另一方面商品也根据消费者对独特性要求的不同而以不同的方式来设计和创造。

商品所具有的“独特性属性”价值的另一方面表现在，维护商品“独特性主张”的消费活动具有特别的社会合理性。在

Snyder 和 Fromkin（1980）对“独特性属性”的定义中，强调对独特性的“特别”但不“特殊”的属性要求，即独特性既要表现出个人与群体成员的差异，又不能因为这种差异而被群体拒绝或者边缘化。因此，个人在寻求独特性时要考虑到其寻求方式的社会可接受性，而以商品为中介的消费活动正是一种为社会所广泛认可和接受的独特性寻求方式。这一方面因为消费活动被视为更多涉及个人偏好的自由行为，因此通过消费活动展现出与社会习俗不同的独特性更倾向于被认为是个性和自我的表达，而不是反社会的恶行；另一方面，消费活动在很大程度上被理解为个人的自我调整和休闲活动，因而应该具有与工作状态不同的多侧面的自我，因此，通过消费所形成的特别的多样的自我有助于人们释放压力，被视为一种积极的心理保健方式，得到社会的肯定。

（二）消费者独特性产品需求

由于个体需要在社会对差异性的惩罚并不严重的条件下，以不同的形式和路径来寻找获得独特性自我的表达方式，通过对产品的购买和消费来表达这种差异性就显得特别有价值，因为人们对于独特产品的追求既满足了独特性需求，又避免了为社会反感并承担严重社会惩罚的风险（Snyder，1992）。

与独特性理论相一致，消费者独特性需求定义为个人通过获得、使用和处置产品来寻求与他人不同的独特的个人特征，以发展和增强个人的自我意象和社会意象（Tepper et al.，2001）。一般而言，消费者独特性需求需要依靠独特性产品来实现（Lynn and Harris，1997），因此，我们也可以称这种需求为“消费者独特性产品需求”。根据独特性理论，消费者独特性需求可能反映了消费者在反遵从（counterconformity）动机上的差异，反遵从动机是指通过消费品以及这些产品的视觉展示来彰显自我的行为，其最终目的是有意识地寻求与他人的差别。因此，相比个性化需求而言，消费者独特性需求的表述更为具体，也可能暗含了更多的混合动机（Maslach et al.，1985）。尽管个性化需求与消费者独特性需求都指通过购买或消费产品来彰显自我的行为，但独特性需求强调了其消费的最终目的是有意识地寻求与他人的差别。消费者独特性需求也与独立性需求不同。虽然个人对独立的需求也可能无意间表现出了社会差异性，但它强调的是坚持个人主张和感觉的结果（Nail，1986）。

Tepper、Bearden 和 Hunter（2001）在对独特性需求理论、非遵从性研究以及消费者行为文献进行回顾后，总结出消费者独特性需求包括以下三种行为表现：

1. 创造性选择反遵从性（creative choice counterconformity）

创造性选择反遵从性指消费者寻找与大多数其他人的社会差异，并试图做出可能被他人认为是正确或卓越的选择。这种概念基于产品的“价值表达”的观点，即认为个人需要通过能表达自我的物质产品来创造自己的独特的个性或身份，并且这种独特的身份和个性有助于得到社会群体成员的更多认可，以形成更高的自我价值。因此，创造选择反遵从性表现为消费者通过购买原创的、新颖的或独特的消费产品，以在物质展示中创造和彰示个人风格的强目标导向型的消费者行为。

2. 非大众化选择反遵从性（unpopular choice counterconformity）

非大众化选择反遵从性指消费者选择或使用与群体规范偏离的产品和品牌，因此承担了不受社会认同的风险，但消费者为了建立独特性仍然承担这种风险。Ziller（1964）提出，如果个人不能看到将自己与他人以一种社会上认为适当的方式进行差异化的意义，或者说，在短期内，差异化行为与社会的接受能力之间存在冲突，他们可能采取将自己与他人区分的较负面行为，而不是在正面价值行为领域内进行更小心的区分。然而，最初非大众化消费者的选择可能在后来得到了社会接受，这类消费者经常被社会定义为创新者或时尚领袖（Heckert，1989）。

3. 避免相似性（avoidance of similarity）

第三种消费者独特性需求表现为避免相似性，指消费者为了远离规范以及重新建立自己与他人的区分性，对于那些成为常见品的商品失去兴趣或者终止使用。具有这类独特性需求的个人会经常观察他人拥有的产品，根据产品的稀缺性或时尚性来判断其价值，并且避免购买大众产品。这类消费者可能是那些与创新者或早期采用者分享兴趣和价值观的追随者（Fisher and Price，1992）。

（三）消费者独特性产品需求与意义寻找行为

从消费者独特性产品需求的定义可以看到，独特性产品与消费者构建独特自我的意义寻找行为通过消费活动联系在了一起。Fromkin（1970）在早期研究中已经检查过独特性产品（在他的研究中定义为"稀缺产品"）与独特性需求的交互作用。他的研究发现，在独特性需求被激活的状态下，稀缺的独特性产品比非独特性产品对于个人的吸引力更强。

独特性产品对于消费者独特自我的建构过程可能包括两个方面。第一个过程涉及个人对于独特性产品所包含的"独特性属性"的寻找、理解、判断、评价和感知过程。在这个过程中，消费者为了形成区分于他人的自我意象而有意识地寻找独特性产品，通过购买和消费独特性产品，其独特性的象征意义向自我转移而增强了消费者的自我意象。由于该过程主要反映了建立在个体内部的，个人意识层面的自我意象的增强过程，所以，我们将其称为独特性形成中的自我参照过程。

然而，产品对于个人的独特性意义最终取决于该产品被其他群体成员识别为独特性象征的程度。因此，第二个过程涉及外部观众对于个体的独特性自我呈现活动的理解、判断、评价、感知以及反馈过程。在这个过程中，消费者通过产品展示，期望从外部获得与自己先前的自我意象一致的评价反馈，并以此来修正由单独的自我参照过程所形成的意象。如果社会群体中的其他人因为消费者购买和消费该独特性产品而产生或增强了认为其独特的社会意象，那么这种社会意象会进一步加强消费者的自我意象。反之，当反馈的社会意象与先前的自我意象不一致时，消费者就可能作出通过活动以改变他人的社会意象或者改变自己的自我意象的选择。该过程主要反映了来自个体外部的、他人意识层面的社会意象的增强过程，因此，我们将其称为独特性形成中的社会参照过程。

当然，自我参照过程和社会参照过程并不是相互割裂，而是相互影响、相互促进的，并且经常交互在一起成为一种整体的过程。从这种整体过程能很好地理解消费者基于独特性的意义寻找行为。

具体而言，消费者在对独特性的寻求过程中，体现了其个人意义和社会意义的统一。也就是说，一方面消费者希望通过对独特性产品的占有来获得扩展的“独特性自我”，这种“独特性自我”能使他体会到与众不同的特别的存在价值；另一方面，消费者也希望自己感受到的“独特性自我”能够获得社会群体的认同，并在此基础上得到社会对于“独特性”的正面回报。

正因为消费者的独特性需求，以及独特性产品对于独特性需求的重要意义，使消费者创造性活动对于其个人的意义得以凸显。事实上，消费者参与独特性产品的创造活动，可以理解为消费者积极地根据个人意愿建构独特性自我，以获得有价值的个人意义和社会意义的行为。具体而言，由于消费者希望形成独特性的自我意象和社会意象，必须寻找独特的产品作为象征意义的载体，产品在消费者以及社会群体的意识中的独特性程度决定了消费者自我意象的高低以及其独特性需求的满足程度，因此，如果消费者的创造性活动能使产品的独特性显著增强，并且使产品的象征意义更加符合自我界定的“独特性”形象，那么这种创造活动对于消费者而言就有了特别的意义，它能够帮助消费者以最直接最贴切的方式来寻找自己期望的“独特性”意义。如此，消费者就有了创造的动机。

第三节　消费者独特性体验需求

尽管消费者独特性需求理论可能为消费者创造性提供一种理论基础，然而，该理论与认知需求理论的一个共同的视角都在于从问题解决角度对创造性进行研究。也就是说，两个理论都认为创造性活动的目的只有一个，即解决现有的问题。因此，两个理论都是以创造的结果为导向的，创造主体受创造的预期结果所驱动，关注的是创造的结果是否解决了现有的问题。

然而，问题解决视角只能部分地说明消费者创造的动机问题。现实中一个它们无法解释的问题是，为什么有些消费者愿意花钱去陶吧自己创作一件陶器？他们并不缺陶器，去陶吧也不是为了向他人炫耀自己是多么与众不同。他们创造的动机似乎很简单——他们只是想享受创造的过程。此时，从体验探索视角而非问题解决视角可能会更好地解释该现象。

一、消费中的体验价值

（一）自发目的性（autotelic）的消费活动与享乐消费

Holbrook（1994）根据消费的最终目的将消费活动分为两种类型：一种是工具性活动，即消费活动作为实现下一步目标的途径。比如购买一件时装是为了穿上后得到众人的赞美和欣赏。另一种是自发目的性活动，即某种消费活动以其活动本身为最终目的。比如看一场电影或球赛，消费者关注的可能不是看电影或球赛这件事所代表的意义，而更多的是观看过程中所感受到的享受和快乐。

自发目的性的消费活动被认为直接受内在动机所驱动，因为人们参与活动源于他们对于活动本身的兴趣和喜爱，因此，人们受内力所驱去自发地从事或参与某项活动，并从活动中直接满足自己的动机需要。

在 Holbrook 等学者看来，工具性活动代表了传统市场营销学中研究的功能消费，而自发目的性活动则代表了一种与功能消费完全不同的消费类型——享乐消费，而这种消费是过去的营销学者所极少关注的。

功能消费是对与产品的功能性相关的客观属性的消费，这些客观属性是功能消费的核心价值（Johar and Sirgy，1991）。如果我们有些不高兴、沮丧，或者不安，我们的感情不会对功能型产品的效用产生影响。结果，产品的功能性规定了产品与消费者之间的交流，使得消费事件稳定并且很少变化。对于消费者而言，功能消费的目的是为了获取产品的功能特征，因此，消费者们被假定为是理性的决策者，他们在产品利益的基础上根据自己的偏好来评价产品和品牌。

享乐消费是对与产品体验相关的多感觉层面的主观属性的消费。在这里，产品体验包括从产品中直接获得的体验，以及在选择、购买或消费产品过程中所涉及的所有体验。在这些体验中，消费者的主观反应是决定享乐消费价值的关键，并且主体与客体间的持续互动共同构成和影响了最终的消费事件，因此，消费结果是变化的，它包括消费者主观反应的持续演化。比如，当看电影时，电影产品的体验价值与看电影者的主观反应相关——消费者从电影中唤起感情或激活情感决定了他们感知的从电影中获得的价值（Holbrook et al.，1990）。由于享乐消费的主要价值来源是消费者的主观性，那些视消费者为“信息处理的决策机器”的决策模型就不再适用，追求享乐体验的消费者不能被当作理性的问题解决者，而更多的是感性的体验寻求者和探索者。

表 5-1 总结了功能消费与享乐消费的差异。Holbrook 指出，享乐消费与功能消费的主要区别在于享乐消费以体验作为价值核心，因而带来了主体与客体间消费方式的变化。在 Holbrook 论述的基础上，Holt（1995）分析了两种类型的自发目的性消费活动：作为体验的消费和作为玩乐的消费。两者的区分在于体验涉及主体与客体的互动，而玩乐还涉及主体与其他主体间的互动。事实上，消费者在体验过程中也不可避免地与企业服务者或其他消费者产生互动，因此，玩乐也可归属于一种特殊的体验，因为玩乐和体验一样，其核心内容都在于消费者对于消费过程（包括与过程相关的人和物）的主观的、情感的反应。

表 5-1　　功能消费与享乐消费的比较

	功能消费	享乐消费
核心价值	功能	体验
产品属性	客观属性	主观属性
消费目的	工具性活动	自发目的性活动
结果稳定性	稳定，很少变化	经常变化
对消费者的假定	理性的问题解决者	感性的体验探索者

（二）消费体验的价值

可以看到，无论是自发目的性的消费活动，还是享乐消费的表现形式，其价值核心都来源于消费中的体验。Schimitt（1999a，b）

提出以“体验经济”来表述现今社会的特征，强调顾客体验应该成为企业关注的重点。然而，顾客体验管理的思想仍是基于企业的立场，现有营销理论中似乎鲜有研究能够解释体验对于消费者而言到底带来了什么，为什么体验能够使消费活动本身成为一种最终目的。如果我们将幸福感作为人类生存的终极目标，那么讨论消费体验与幸福感的关系能帮助我们更好地理解这个问题。

在心理学领域对幸福感的研究中，存在两种哲学基础：快乐论和实现论。快乐论（hedonic）强调“幸福就是快乐”，认为“幸福只是一种心理状态，除了快乐之外什么也不是”，因而，通过各种活动去获取快乐、寻求感官的刺激是人类追求幸福感的本能。实现论（eudaimomic）基于亚里士多德的“至善就是幸福”的观点，强调幸福是人的一种完善自我的活动，因而，通过积极的探索活动去寻求自我潜能的完美实现也是人类追求幸福感的方式。

因此，Waterman（1993）将幸福分成两种：一种是尽情享乐（hedonic enjoyment）的幸福，指在活动中体验到自己的生理或心理需要得到了满足。另一种是人格展现（personal expressiveness）的幸福，是指个人全心全意地投入活动中时，一种意识到自己的潜能得以充分发挥，自我得以展开，进而有助于达成自我实现的体验，是实现自我的愉悦。

根据幸福感形成的两种心理基础，我们也可以将消费体验与幸福感的联结分为两种：第一种可以用 Holbrook 和 Hirschman（1982）对“享乐体验”的描述来说明。在 Holbrook 和 Hirschman 看来，人们从消费中获得的体验直接激活了强水平的幻想、感觉和快乐，这种发自感官的情感嵌入式体验增强了享乐主义的幸福感。

第二种可以用 Csikszentmihalyi（1975）提出的“流畅体验”（flow experience）和 Maslow（1970）所称的“高峰体验”（peak experience）来解释。Csikszentmihalyi 在对艺术家的创造行为进行研究时发现，艺术家在从事艺术活动中，充满了一种持续性的内在动力，使他们可以一直全神贯注地沉迷其中，这种驱动力并非来自外部奖赏，而是因为创造过程中的体验对艺术家而言本身就是一种酬赏。

Csikszentmihalyi 用“流畅体验”概念描述了这种体验的状态，它是一种“当人们完全沉迷在一项活动之中时所产生的心理状态”，“个人因其自身的目标、兴趣而完全融入其中，全身心投入在自身专注的活动之上，并且丧失其他不相关的知觉，使得活动本身像旋涡一样，将个人的意识吸引进去”。

Maslow 以“高峰体验”来描述将潜能完全发挥的快乐与满足，促发这种体验的原动力是自我实现的需求。他指出个人能力获得淋漓尽致的发挥时，将是最健康的时刻，这需要个体深度持续并且自我控制地投入一个活动中。

“流畅体验”和“高峰体验”都表现了体验与人格展现幸福感的联结关系。在这类体验中，个体通过情绪、感觉、思想、意图等主观感受，将感知到的外界信息刻意地排列组合成与自我结构的目标一致的意识系统，便会引发个体的快乐、幸福和满足感。

然而，正如心理学所越来越认同真实幸福感来源于两种幸福观的整合的思想，我们认为体验对于消费者的价值也基于上述体验与幸福感的两种关系的系统整合。具体而言，消费体验可能包括两个层面的综合：第一个层面是感官层面的消费体验，即通过在消费活动中提供有关触觉、味觉、嗅觉、听觉以及视觉等方面的感官刺激，让消费者获得最直接的生理应激，从而产生生理上的愉快感。第二个层面是心理层面的消费体验，即通过在消费活动中提供一种激发自我意识的挑战，使消费者从挑战中获得控制感和自我实现感，从而产生心理上的愉快感。同时，这两个层面合二为一。因为对于任何体验而言，其对消费者的刺激都是生理与心理的结合，比如在看电影的过程中，观众一方面为电影的视觉、听觉等感官刺激所吸引，另一方面也为电影的情节对自我意识的触动所唤起，这两方面的体验相互作用，共同形成了消费者对于电影的感知价值。

二、最适宜刺激水平理论

虽然我们分析了体验对于消费者的价值，但有一个需要思考的问题是：是否所有消费者在任何情景中都会去寻找体验？如果不是，那么消费者在什么情况下去探索体验？不同的消费者寻求和探索体验的需求是否一致?

（一）最适宜刺激水平的概念

最适宜刺激水平（Optimum Stimulation Level，OSL）概念来自于 Hebb（1955）和 Leuba（1955）的心理学研究文献。两位学者认为每个人都有一个特定的、相对稳定的自我感觉舒适的刺激点，该点就是个人的最适宜刺激水平。个人从外部环境获得的刺激与他们对刺激的情感反应之间呈倒 U 形函数关系，函数的顶点是个人的最适宜刺激水平。

Berlyne（1960）、Fiske 和 Maddi（1961）与 Hunt（1963）等心理学家进一步提出，为了实现满意的刺激水平，个体可能主动从事一些环境改变行为。具体而言，当环境提供的刺激水平低于个人的最适宜刺激水平时，个人就会寻求新奇、独特和复杂化的体验探索行为来增加刺激水平。而当环境提供的刺激水平高于个人最适宜刺激水平，个人就会寻求一些程式化或者简单化的行为来降低刺激水平。

与最适宜刺激水平概念相似的是最适宜唤起水平（Optimum Arousal Level，OAL）概念。最适宜唤起水平概念认为个体的绩效表现与其内在机能的唤起水平相关。当内在机能状态从被唤起到逐渐增强时，个体的绩效表现也会随之增强。但每个个体都存在一个最适宜的唤起水平，超过此水平，增强的唤起会产生减弱的绩效表现。在生活中最常见的例子是，适度的紧张感有利于我们集中思想，加快信息处理速度，而过度的紧张感则产生了负面的绩效。

事实上，最适宜刺激水平和最适宜唤起水平可能指向了同一种生理心理机制，也就是说，每个个体都存在一个最适宜的刺激唤起点，当环境刺激产生的唤起状态达到该点时，个体获得心理上的兴奋状态，以及生理上的协调状态，从而实现最佳的绩效。因此，也有学者将两者概念合在一起，称其为“最适宜理论”。但我们认为，最适宜刺激水平概念可能更多解释了人们寻求刺激的动机，而最适宜唤起水平则侧重于说明刺激对于个体的影响结果，因而在本研究中，我们选择最适宜刺激水平作为我们探讨消费者创造动机的理论基础。

（二）最适宜刺激水平的个体间差异

最适宜刺激水平的一个基本观点是，不同个体的最适宜刺激水平是有差异的。正是因为个体间的差异存在，才产生了个体对于刺激的不同反应，以及不同的刺激寻求行为。

Farly（1986）在对不同个体的最适宜刺激水平进行研究的过程中，用T型人格和t型人格来说明两种在个体内在刺激水平差异上截然不同的两种极端类型。T型人格是无论在何时何地，都可能寻求产生兴奋与刺激的冒险性活动的人群，他们有改变环境和追求独立的需求，可能较冲动，具有自发性、肯定性或果断性，较有挑战性的态度，比较喜欢复杂而非单纯和简单的事物，喜爱自由自在的生活方式。而t型人格则会坚守确定和可预知的原则，避免冒险和陌生，因此一般不会主动寻求刺激活动。事实上，Farly也指出生活中的大多数人处于T型与t型之间，既不像T型人格那样渴求新奇和兴奋，也不像t型人格那样墨守成规。

Birenbaum和Montag（1986）研究发现高刺激寻求者与Cattell的16种人格因素测量关系密切，其中刺激寻求动机与支配性、兴奋性、冒险性、幻想性、实验性等五种人格呈正相关，而与超我人格负相关。因此，刺激寻求需求越高者越会去寻求生活形态的改变，越会追求新奇的经验和刺激，也较具有外倾性和冲动性。

Zuckerman（1979）也在最适宜刺激水平理论的基础上研究了个体寻求刺激的动机，他认为刺激寻求动机是一种个体的特性，表现为个体寻求变化的、新奇的和复杂的强烈刺激和体验，并且个体为了获得这些体验，自愿进行身体的、社会的、合法的以及财务上的冒险。相比较最适宜刺激水平较低的人而言，高刺激寻求者更愿意离开熟悉的地方，去探索新环境，即便对不确定性较大的赌注，也甘愿冒着巨大风险，以避免低刺激环境中乏味或枯燥的生活体验。

也有学者从生理学角度探讨了个体在最适宜刺激水平上存在差异的原因。Zuckerman（1994）提出大脑中不同类型的神经传导介质（neurotransmitters）是构成刺激寻求特性的主要基础。某些神经传导介质的出现会刺激个体从事身体和社会环境上的探求，并且会提供正向的唤起以及获得新奇和强烈的刺激，而某些介质会抑制人们对于潜在刺激的探求行为。单胺氧化酵素（Mono-Amin-Oxidase，MAO）的分泌会调节这些单胺神经传导介质的产生，来达到不同介质之间的平衡。单胺氧化酵素具有强烈的基因决定性，因此导致不同个体对于最适宜刺激点的感知是有差异的，高刺激寻求者的单胺氧化酵素通常比低刺激寻求者低。

（三）最适宜刺激水平的心理生物学基础

激活研究（activation research）(Kroeber-Riel，1979）为最适宜刺激水平概念提供了心理生物学基础。心理生物学是一门整合生物学、生理学（特别是神经生物学）和心理学研究发现的交叉学科。简单而言，心理生物学是关于行为与神经系统的（特别是发生在脑中）心理过程之间关系的科学。

激活研究认为，激活由刺激皮层下单位（subcortical unit）所唤起，皮层下单位称为网状兴奋系统（Reticular Activation System，RAS)。在网状兴奋系统中，通过外部刺激物（经过旁系联系(collateral connections）到达网状结构（formtio reticularis）或者于其他的中枢神经系统直接唤起神经脉冲，而引发机体的兴奋感。在这一点上，产品的外观和思想的过程都能以同样的方式激活网状兴奋系统。网状兴奋系统产生唤起波，传送到其他的脑功能单位，激活它们采取一种准备行动的状态。此外，网状兴奋系统还以许多其他的方式与大脑皮层相连，因此能警告大脑的上层领域，促使这些上层大脑领域中的信息处理过程（如感知、思想、记忆）发生。生理研究也证实了唤起在网状兴奋系统中的过程对增加整体皮层信息处理过程有影响。

在 RAS 中，刺激激活唤起的过程呈倒 U 形曲线，即从低激活水平到最优激活水平中，个人的愉悦感持续增加，相应的机体表现也增强。但超出最优水平后，增加的激活水平产生了不适宜的亢奋感，导致相应的机体表现也逐渐减弱。这种心理生物学中的激活过程与最适宜刺激水平的概念是一致的。

然而，在倒 U 形曲线中，可能隐含了两种形式的激活：一种是长期持久的激活水平，称为强直激活（tonic activation)；另一种是比较短暂的激活，称为阶段性激活（phasic activation）。一般而言，在日常的节奏过程中，强直激活水平升得慢落得也慢，主要由个人的动机状态来管理。它反映了个体在有目的地寻求刺激的状态下，刺激物引导行为效果向最适宜的唤起水平发展的过程。

阶段性激活是指在既定的激活水平上，可能出现的短时期内（一般几秒）激活再次波动的过程，这种短期的激活水平的波动也可能导致个体的心理反应以及后来的行为绩效。但是这种阶段性激活与强直激活不同，因为它不是个体有意识去寻找的激活过程，所以其波动过程往往是个体在当时无法意识的。

从对强直激活和阶段性激活的区分中，我们也许可以更好地理解个体对于刺激体验的感知过程，具体而言，强直激活反映了个体寻求刺激体验的主动过程，它是人们有意识地为了增强自己的刺激感受而采取的行动，因此人们往往在行动之前对于刺激的水平形成预期，在行动的过程中对刺激水平进行评价，以调整自己的下一步行动。一般而言，这种激活类型的变化曲线相对稳定，它反映了人们对于刺激物作出心理反应的长期趋势，人们对强直激活的感知决定了人们选择什么样的活动来达到自己的最适宜刺激水平。

而阶段性激活反映了个体在寻求刺激体验的过程中，被环境刺激所激励的被动过程。它是人们与环境刺激进行互动的过程中，被无预期的刺激所激活的心理反应。因为在反应发生之前并未对刺激形成预期，并且这种刺激产生的激活状态是短暂的，所以，人们对于这种激活往往只能主观体会，但不会去有意识地分辨。然而，尽管人们意识不到这种短暂存在、稍纵即逝的激活状态，但它却与强直激活一起构成了人们在单次活动中所获得的主观体验。

三、独特性体验需求与体验探索行为

（一）最适宜刺激水平与独特性体验的关系

最适宜刺激水平理论从心理生物学视角解释了人们寻求新鲜特别的体验的动机，因而为我们对体验探索行为的研究提供了理论基础。

根据最适宜刺激水平的概念，我们可以将人们对刺激的感受视为两种体验的整合，一方面，感官上的刺激产生了生理层面的感官体验；另一方面，心理挑战上的刺激产生了心理层面的情绪体验。这两种体验可能在一种活动中同时存在。

Zuckerman 对刺激寻求行为的分析中也体现了这两种体验。Zuckerman 识别了四种类型的刺激寻求行为：

1. 惊悚与冒险寻求（thrill and adventure seeking）

指个体通过从事快速、危险、新奇和具有挑战性的活动（如跳伞、潜水、蹦极等），寻求活动带给个体身体上的快感。

2. 体验寻求（experience seeking）

指个体经由旅行、音乐、宗教、艺术或体验特殊生活风格等途径来寻找新奇的体验和感受，使自己具有自发目的性舒适感受的人生体验状态。

3. 反抑制（disinhibition）

指个体在没有禁忌的社会活动中，寻求刺激和想获得解放的倾向，如通过宴会、饮酒、社交和性活动来获得新奇体验。

4. 对厌倦的感觉度（boredom susceptibility）

指个体对重复的体验、一成不变的生活方式、固定的做事形态、可预测的人物或没有新鲜感的人感到无法忍受，进而去寻找新的刺激和变化，表现了个体对规律性和可预测性的人与事方面的厌恶程度。

这四种刺激寻求行为都体现了感官体验和情绪体验的综合。然而，从最适宜刺激水平概念来看，每个人对体验的感受是不同的，因而对于体验的需要也存在差异。从这种差异的角度而言，我们也可以理解为每个个体都在寻找对自己而言的独特性体验，这种体验应该被个体感知为与过去体验的不同，人们通过追求这种自己定义的独特的体验以达到的自我感觉舒适的最适宜刺激水平。

（二）消费者的独特性体验需求

正如前面所述，消费活动也是人们寻找和探索独特性体验的方式和途径之一。个体通过选择、购买、消费和使用产品或服务的相关过程来获得新奇独特的行为体验，以增强刺激水平，使之更接近自己最适宜的刺激点。

与消费者独特性的产品需求不同，独特性体验需求虽然也涉及产品或服务的购买、使用或消费，但它关注的不是产品或服务本身或者这种消费活动带给自己的社会意义以及由此而引发的个人意义，而是在消费产品或服务的过程中实现的刺激水平的变化，以及由此产生的生理及心理感受。

很多营销学者研究了多样性寻求行为，如 McAlister（1982）、Remi（2002）。多样性寻求行为指人们不断寻找新颖、独特的产品或服务的倾向和行为，被认为是品牌转换的决定因素，也是研究消费者购买决策模型的关键要素。然而，在现有对多样性寻求行为研究的文献中，学者们（如 Remi（2002））一般认为人们寻求多样性是因为多样性带来的刺激，能够满足好奇心或者人们不断变化的需求。这样的观点似乎混淆了隐藏在该行为背后的两种不同的动机，即我们在本研究中提出的独特性产品需求和独特性体验需求。事实上，人们对多样性产品的寻找至少有两个原因：第一个原因是人们希望从多样性的产品中获得特别的象征意义，以实现独特的自我；第二个原因是人们希望从多样性的产品中获得特别的消费体验，以达到理想的刺激水平。

将独特性体验需求和独特性产品需求两种动机分开，有助于我们更好地分析和研究人们对于消费活动的理解和反应，即使是看似一样的独特性寻求活动，也可能是不同动机作用下的产物，因此其内在活动机制就可能存在巨大差别。

（三）独特性体验探索行为与消费者的创造动机

一些营销学者检验了消费者的体验探索行为与刺激寻求动机之间的关系。Raju（1980）研究了消费者在信息寻求、购物探索和人际交流方面的体验探索行为，发现这三种类型的探索行为均与刺激体验寻求动机显著相关。Price 和 Ridgway（1982）以及 Joachimathaler 和 Lastovicks（1984）检验了信息探索行为，证实了其与刺激体验寻求动机的正向相关关系。Raju（1984）检验了家庭主妇的品牌转换行为，发现其受刺激体验寻求动机影响；Wahlers 等（1986）重复了 Raju 的研究，也证实了该结果。Venkatraman 和 Macinnis（1985）比较了高刺激体验寻求者和低刺激体验寻求者，发现前者在对功能和美学产品的多样性寻求方面有更多的探索行为。

在独特性体验探索行为之中，消费者的采用创新行为也得到营销学者的关注。Grossbart、Mittelstaedt 和 DeVere（1976）研究了消费者对于可回收的城市零售设备的采用过程，发现独特体验的寻求者在购买选择、试用和采用等方面表现出了更多的探索行为。Mittelstaedt 等（1976）检验了消费者对于新产品的采用过程，发现体验寻求者不但更可能意识、考虑、试用和采纳新产品，而且更可能重复使用新产品并且从意识到试用之间的决策时间更短。Raju（1980）的研究也支持了刺激体验寻求者与创新性行为和风险承担的正向关系。

在现有的对于消费者体验探索行为的研究中，虽然还没有营销学者探讨消费者的创造性行为，但在心理学界，Csikszentmihalyi 等学者在研究中一再指出，创造行为是个体获得高品质的特别的主观体验的一种重要方式。因此，我们可以形成这样的观点，即 OSL 理论支持的独特性体验需求可能为消费者的创造性行为提供了一种合理的理论基础。与一般创造性理论和消费者独特性需求理论不同，独特性体验需求所驱动的消费者创造性行为是以过程为导向的，也就是说，消费者将创造的过程看作一种体验探索活动，他们从创造过程带给他们的那种新奇、独特和复杂的体验中增加了刺激水平。因此，当消费者需要从环境中获得独特的刺激体验时，他们就可能产生创造的动机。

第四节　消费者独特性集体身份需求

一、个体消费者的集体身份

（一）消费中的社会联系

在绪论部分，我们曾经谈到消费作为社会关系以及文化的观点。这种观点构成了我们本节的主题。此处我们关注的是消费活动中体现出来的消费者与企业，以及消费者与消费者之间的社会联系，见表5-2。正如Desjeux（1996）所认为的，在微观层面上，消费创造了社会联系，以建立社会的框架结构。

表5-2 消费中的社会联系

	间接的社会联系（以产品或品牌为载体）	直接的社会联系（在直接的消费活动中）
消费者与企业的社会联系	购买和推荐产品（品牌）	与企业的交流和互动
消费者与消费者的社会联系	产品价值的分享和意义传递	与其他消费者的交流和互动

1. 消费者与企业的社会联系

根据社会联系的作用过程和表现形式，消费者与企业的社会联系可以分为两种：一种是以产品或品牌为载体的消费者与企业的间接的社会联系。这种社会联系是一种潜在的隐性关系，即消费者因为购买和使用产品（品牌）而与企业发生心理上的联系，他们与企业的这种联系是通过产品所体现出来的。消费者与企业之间良好的社会联系反映在他们持续地购买产品（品牌），以及向他人推荐产品（品牌）的行为上。

第二种是消费者与企业之间的直接的社会联系，表现在消费者在选择、购买或消费产品的过程中直接与企业发生的接触和关联。他们与企业的联系并不反映在所购买的产品上，而是与产品相关或者不相关的各种真实的接触。消费者与企业之间良好的社会联系反映在他们积极地参与企业的各项活动，以及与企业的良好互动上。

营销学的大多数文献集中于对第一种社会联系的探讨。品牌管理文献中强调了品牌形象作为消费者与企业之间社会联系的桥梁作用。品牌形象与消费者自我概念的一致性程度，决定了消费者对于产品品牌的态度以及购买行为，进而影响了消费者与企业的关系（Barone and Shimp，1999；Dolich，1969；Martin and Bellizzi，1982）。第一种社会联系也反映了传统营销观念的核心，即消费活动主要涉及以产品为中心的交易行为，消费者与企业的关系也建立在产品交易的基础之上。

随着服务营销和关系营销理论的提出，第二种社会联系逐渐受到学者的关注。特别是顾客资产理论的提出，更加强调了企业不仅依靠获得新的顾客，还必须通过保留和开发现有的顾客来创造利润。Rust（2000）将顾客资产划分为价值资产、品牌资产和关系资产，其中价值资产和品牌资产分别反映了以产品和品牌为基础的消费者—企业间接联系，而关系资产则反映了消费者与企业的直接联系。

2. 消费者与消费者之间的社会联系

与上述分类方法相似，消费者与消费者之间的社会联系也可以分为两种：一种是以产品或品牌为载体的消费者与消费者之间的间接的社会联系，即消费者因为购买和使用产品（品牌）而与其他的消费者发生心理上的联系，这种心理上的社会联系是通过产品的符号象征意义所体现出来的。消费者与其他消费者之间的社会联系反映在消费者之间对于产品或品牌象征价值的分享和意义传递上。

第二种是消费者与消费者之间的直接的社会联系，表现在消费者在消费活动中与其他消费者发生的直接接触和关联。消费者与消费者之间的社会联系反映在消费者在消费相关活动中的互动关系上。

大量的自我概念文献集中于第一种消费者与消费者之间的直接的社会联系。如我们在前面的章节中所论述，消费者通过对产品的购买、使用或处置，将产品的象征意义扩展到新的自我意象，以获得参照群体对于与象征意义一致的新自我意象的接受和认可。当参照群体接受和认可了消费者从产品（品牌）中获得的自我意象时，新的消费者—消费者社会联系就建立起来。

消费者与消费者之间的直接的社会联系受到品牌社区以及部落营销研究者的关注。品牌社区定义为“特定的、不受地理限制的联系社区，它基于品牌欣赏者之间的结构化的社会关系”（如McAlexandr，2002；Muniz，2001）。在品牌社区中，社区成员强调一种对整体社区的职责感。社区成员通过相互的信息和情感支持来维持对社区的忠诚。部落营销研究者（Cooper et al.，2005）从人类学中借用了“部落”一词，描述“不依靠中心权力来维持社会秩序或者强制遵照集体规则”的消费者群体。部落中的消费者通过既定的角色以及仪式，来分享共同的情感联结、子文化以及生活观，并通过重新建构部落的意义，来获取与部落的联系价值。

（二）个体消费者的集体身份

从上述消费者—企业以及消费者—消费者的社会联系的分类中，我们至少可以归纳两种个体消费者的身份：第一种身份来源于消费者对自己相对于他人的定义，我们将其称为自我身份。此时的消费者身份是作为区分于其他人的个体身份符号。消费者通过操纵与自我身份相关的符号或意象来形成自己期望的自我身份。一般而言，消费者购买产品通常是为了从产品中获得自己相对于他人的身份。这种身份既反映了消费者与产品的关系，又反映了隐藏在产品后的消费者与其相关影响群体之间的关系。

第二种身份来源于消费者对自己归属的群体的定义，我们将其称为集体身份。或者说，消费者对自己的定义不是依赖于自己决定的特征或属性，而是取决于自己所归属的群体的整体特征。此时的消费者身份是作为其归属集体的一分子，并区分于其他群体成员特征的集体身份符号。由于集体身份受到整体群体的特征所影响，因此个体消费者无法完全操纵与集体身份相关的符号或意象，而只能通过影响和参与建构的方式来形成自己期望的集体身份。我们前述的消费者与企业、消费者与消费者的直接联系都反映了消费者参与建构自己的集体身份的过程。

相对于自我身份而言，消费者的集体身份一直较少受到营销学者们的关注。尽管在顾客忠诚研究中，一些学者指出消费者对企业组织的情感承诺是忠诚行为的前摄变量，但学者们未能充分解释消费者这种情感承诺的心理动机。具体而言，虽然对集体的归属感或依附感被认为是产生消费者情感承诺的动机，但这种集体归属感由何而来，对个体而言又有何意义却未能得到充分的说明。

事实上，消费者从集体身份中所形成的自我分类和自我定义可能用来解释他们对于集体的归属感和依附感，以及由此产生的对集体的忠诚或奉献行为。来自集体身份的自我意象也是个体自我概念的一个重要组成部分。消费者会有意识地寻求与自我概念一致的集体身份，通过对集体身份的依附和投入，来从集体成员资格中获得预期的自我意象。由于消费者对自我的这类定义来自于其与所属群体的心理联系，我们借鉴了社会心理学中的社会认同理论来分析集体身份的成因，以及可能对消费者行为的影响。

二、社会认同理论

（一）社会认同

1. 社会认同的定义

个人可能以多种方式来定义自己，包括各种不同的自我身份和集体身份。Kelman（1961）认为个人从与社会群体的联结中可以获得“力量和身份感”。因此，个人的自我概念扩展到与重要的集体的社会身份相连的群体之间和群体内部的过程。包含自我的社会类别提供了一种基于类别特征的自我定义，它组成了自我概念的一种元素。

在社会认同理论（Social Identity Theory，SIT）的阐述中，这种基于类别特征的自我定义的过程受个人认同该成员资格强度的影响。认同越强，个人越可能将以群体特征为代表的集体身份归为自我概念。强社会认同代表了个体与认同群体间的一致性，增加了个人受到群体中其他成员影响的敏感度，使个人自尊与群体自尊联系在一起。

有关社会认同的定义，学者之间并未达成一致，但基本观点都认可社会认同与集体身份的关系。比如，Foote（1951）将认同定义为“对于特定身份或一系列身份的承诺的分配”。Dutton、Dukerich 和 Harquail（1994）认为组织认同形成了一种将组织身份中感知的属性转移到个人的自我概念的认知联系过程。Mael 和 Ashforth（1992）认为社会认同指人们根据其所归属的特定组织的成员身份来定义自己。

社会认同的实质可能是个体与其他人或群体的心理联系。Freud 在研究认同形成的最初阶段时发现，认同是与另一个人的情感联系的一种表达，通过建立与他人强烈的心理和情感联系，个人感受到对环境的控制感增强。认同代表着个体与相似的他人分享对事物的共同感知，这使得认同成为人们从与相似他人之间的相互认可和支持上获得重要的心理和情感收益的工具。

2. 对社会认同概念的辨析和理解

在对社会认同概念的理解中，现有文献仍存在一些模糊之处。在一些文献中，社会认同被当做与组织承诺、忠诚、内在化等概念相似的术语，但我们认为，社会认同与前述概念虽然有一些相似点，但在某些方面也存在差异，因此有必要在此处简要辨析社会认同与几个相关概念的关系。

（1）社会认同与忠诚。对忠诚的界定有两种：行为上的忠诚和情感上的忠诚。认同被认为是一种感知和认知的心理状态，因此，我们认为它不一定与具体的行为相联系。行为上的忠诚只是社会认同的一种潜在的前因或者后果。认同强调的是个体感知到自己在心理上与某个群体的命运相连，但至于是否花费努力来达成群体的目标，还受到其他因素的影响。

但情感上的忠诚是否归为社会认同概念仍然存在争议。Foote（1951）、Gould（1975）以及 Tajfel（1978）等学者的观点认为，情感和行为一样，只能作为社会认同的前因或后果，因此，与社会认同的概念化是分开的。但 Ashforth 和 Mael（1989）认为应该将情感维度放在社会认同的概念化之中。我们的观点与 Ashforth 和 Mael 的观点一致，因为根据 Freud 的研究，社会认同作为一种心理活动机制不可避免地与情感反应联系在一起，将自己与群体的身份及尊严相联系，本身就意味着情感上的忠诚。

（2）社会认同与组织承诺。很多研究将社会认同与组织承诺等同，也有学者认为前者是后者的一部分如 Wiener（1982）。组织承诺问卷 OCQ 的开发者 Mowday、Steers 和 Porter（1979）将组织承诺定义为“个人认同和涉入特定组织的相对强度”。他们认为，组织承诺表现为三个特征：（1）对组织目标与价值观的信仰和接受；（2）希望行使代表组织的活动；（3）希望维持成员关系。

然而，组织承诺概念混淆了个体与组织之间的利益联结和情感联结。虽然组织承诺强调个体对于组织目标与价值观的接受，但这种价值观和目标认可可能基于个体对于与组织关系的利益需要，而并不是个体发自内心的身份归属。因此，在组织承诺量表上得到高分评价的个人并不因为他们感到与组织共享了命运，而是因为组织是驶向个人生涯目标的便车。如果另一个组织证明更方便，该人会转向该组织而并不需要做出任何牺牲。但对于认同组织的个人，被认为亲身体验了组织成功或失败带来的快乐和痛苦（Foote，1951；Tolman，1943），如果离开组织，必定产生一些心理上的损失（Levinson，1970）。Moel（1988）用商业和心理学学生的研究支持了该观点。他建立了组织认同的六项目测量量表，将其和 OCQ15 项量表合并进行验证性因子分析。二因子模型提出卡方自由度值为 2.03：1，而单因子模型为 2.46：1，说明社会认同与组织承诺概念的确是有差异的。

（3）社会认同与内在化。在讨论个体与组织关系的过程中，很多文献强调了内在化对于社会关系的稳定作用。内在化指将价值观、信念、态度整合到自我中作为个体主导原则的过程。它强调个体遵从集体的规范和价值观来行事。而社会认同指个人根据集体身份来定义自我。简单而言，社会认同解释“我是谁”的问题，而内在化解释的是“我信仰什么”的问题。

虽然内在化中整合的价值观和态度原型可能与群体成员资格有关，但接受集体身份作为自我的一种定义并不一定意味着接受群体中所有的价值观和态度。一个人可能根据他所依附的组织来定义自己，但他可能不同意组织中的所有的价值观、战略、权威系统等。但即使在某些方面与群体的观点并不一致，个体仍然以集体身份来对自己与群体外部的成员进行区分。一旦组织受到威胁，他会立即表现出维护自己集体身份的行为。

（二）独特性集体身份与社会认同

社会认同文献提出与组织直接相关的最可能增加认同的一些因素，其中独特性集体身份是社会认同过程中的核心要素。

1. 独特性集体身份

Oakes 和 Turner（1986）以及 Tolman（1943）提出组织的价值观和活动相对其他群体而言的独特性是影响组织认同的根本。独特性是用于分离群体内部成员与群体外部成员的基本属性，它为群体成员提供了一种独特的集体身份。Mael（1988）从宗教学校的男毕业生中取样，发现感知的学校价值观和活动的独特性对学校认同的影响。Perkins、Nieva 和 Lawler（1983）发现在创新小组中，群体成员对独特性集体身份的感知，能作为他们表现出任务热情的一种解释因子。Hall 等（1970）也发现独特性的集体身份决定了人们对于那些追求独特目标的组织的特别关注。

Brewer（1979）和 Tajfel（1982）的研究发现，集体身份是产生群体内成员奉献的充分条件，甚至当群体内部没有交互时，当个人的自我兴趣与群体反应之间没有联系时，只要个体明确了自己区分于外部群体的集体身份，就可能增加群体内部的合作和凝聚力（Billig and Tajel，1973；Locksley，Ortiz and Hepbum，1980）。

Turner 提出"心理群体"来解释独特性集体身份对于认同过程的影响，他将"心理群体"定义为"分享同样的社会身份或者根据同一种社会类别的成员资格来定义自己的个人的集合"。心理群体成员可能不需要与其他成员交流或喜欢其他成员，或者被他们喜欢和接受。真正影响心理群体成员行为的可能是个人对某种集体身份的需求，比如成为一个忠诚的爱国者或者球迷的感觉。个人通过这种集体身份创造一种亲近同身份成员，远离异身份人群的心理现实（Turner，1984）。

2. 独特性集体身份与社会认同的激活

每个人可能具有多重的集体身份（Tajfel and Turner，1985）。比如一个人可能认为自己既是中国人，又是学生，还是女性，同时也是某品牌的拥护者。这些集体身份可能在一个人身上同时存在，但他对每种集体身份的意识却并非一直活跃。只有当情境中出现与自己的某种身份类别相竞争的身份线索时，个人对该种集体身份的认同才被激活。比如，人们平常一般很少意识到自己的国籍身份，但当走出国门，或者出现了其他国家与本国相竞争的信息，人们对自己所属国家的身份认同即被激活。

在对人们归属感的研究中，学者们一般认为正面的有价值的集体身份更可能为人们所认同。然而，Tajfel 和 Turner（1985）的研究发现，负面价值的区分也与集体身份的认同有关。负面形象的群体经常使用防御机制以对照正面形象形成负面的独特性（黑就是美）。从该研究结果中可以看到，社会认同更多地被集体身份相对于其他群体的独特性所激活，而非组织声望，尽管良好的组织声望可能加强了正面的独特性。

独特性可能由群体边界的清楚性和不可渗透性所决定。因此，认同的激活与竞争性外部群体的显著性相关。竞争性外部群体越显著，内部群体成员对自己的集体身份的独特性感知就越明显。换言之，个体对竞争性外部群体的意识加强和巩固了其对自己的群体身份的意识。Wilder 的实验将被试者分为自由组合的组别和固定的组别两种类型，发现在固定的组别中，明确的外部群体使得群内成员感知到更多的组内同质性，从而产生了更多的身份认同行为。同样，Kanter（1977）发现女性出现在男性主导的销售队伍中引起男性更夸大地感知到男性特征和性别差异。Skevington（1980）发现当实验者引导高地位的护士（地位基于培训）相信她们与低地位的护士共同工作时，她们增加了对其身份的偏爱，强调了她们比低地位群体的独特性和优越性。

需要指出的是，虽然独特性集体身份对于社会认同的激活过程十分重要，但传统上与组织形成相关的因素，如人际互动、群体成员相似性、空间邻近、共享的目标、共同的历史等也可能影响到个人认同一个组织的程度（Hogg and Turner，1987；Turner，1984）。相对于独特性集体身份而言，这些因素只是一些促进认同的因素，而并非认同形成充分条件。因此，在本研究中，我们重点关注独特性集体身份对于消费者的社会认同相关行为的影响。

三、独特性集体身份需求与消费者利他行为的创造动机

（一）消费者对独特性集体身份的需求

根据社会认同理论，个体将独特性集体身份作为自我概念的组成要素。集体身份是个体用于同化自己与群体内成员，同时区分自己与群体外成员的方式。如前所述，消费活动不仅可以作为消费者独特性个体身份的实现途径，也可以作为独特性集体身份的一种实

现方式（Bhattacharya 等，1995）。

在本研究中，我们将消费者对独特性集体身份的需求定义为个人通过参与消费活动来获得或维持一种集体身份，并通过该集体身份来区分自己与外部群体成员，以发展和增强自我意象和社会意象。

从我们对于消费者独特性集体身份的定义中，需要明确几点：

第一，我们强调消费者参与消费活动与独特的集体身份之间的关系。也就是说，我们关注于通过消费活动得到的独特性集体身份，这些消费活动可能包括产品的购买和使用行为，也包括与产品消费相关的其他所有的活动，比如消费者与企业或者与其他消费者之间的互动与交流行为。

第二，我们不但关注消费者对于独特性集体身份的获得，也强调消费者对于集体身份的维持。也就是说，消费者的独特性集体身份可以通过消费活动建立，比如某一品牌的使用者加入了该品牌的消费者社区，从中获得一种独特的集体身份，以区分其他的非该品牌用户。另一方面，消费者的某种独特性集体身份也可能在消费以外的活动中早已形成（比如消费者作为本国国民的集体身份），但这种集体身份可能在消费的过程中被激活，并且通过消费活动得到维持和加强。消费者民族中心主义可能是这种行为的一个例证。当消费者的国民（或民族）身份被唤起时，他们可能会通过有意识地选择本国产品来维持和加强自己这种集体身份。

第三，消费者对独特性集体身份的寻求，在某种程度上与消费者对独特性产品的需求一样，其最终目的都是为了发展和增强自己的自我概念。因此，对于独特性集体身份需求而言，其动机大小可能取决于消费者对该集体身份对于自我概念的重要性的判断和评价。这种判断和评价基于两种过程，一种是自我评价形成的自我意象，另一种是社会反馈形成的社会意象。所以，消费者对于独特性集体身份的寻求行为不仅受到自己的分类和定义活动的影响，也受到群体中其他成员对于该集体身份的定义和理解的影响。

（二）独特性集体身份需求与消费者的利他行为

从个体消费的角度而言，消费者几乎不存在利他行为的动机。

因为消费活动被视为消费者以货币从企业中平等交换自己所需的产品或服务，其目的是通过消费这些产品或服务来满足自己的需求。在这种假设下，消费者的利他行为只能解释为个体在利他信仰方面的差异，那些具有助人为乐的品性或信念的个体可能会在消费活动中做出一些利他的贡献。

然而，品牌社区或消费部落中人们的相互帮助和支持的行为似乎很难用个体的利他信念差异来完全解释。球迷们对球队的无私捐赠和赞助也似乎不属于道德信仰的范畴。此时，个人寻求和维持独特性集体身份的动机可能更好地解释这种消费中的利他行为。

首先，消费中的利他行为可能来源于独特性集体身份对于个人角色的规定。Stryker 和 Serpe（1982）发现个体对身份角色的投入增强了他们从身份中获得的满足。当集体身份需要个体对群体其他成员进行利他的投入时，个体会遵从这种身份定义，投入更多符合该身份的活动，并从中得到更多的角色满足感。

其次，消费者对于某种独特性集体身份的认同也是利他行为的驱动因素。Mael（1988）发现人们对其歌女母亲身份的认同预测了他们对歌女救助机构的捐赠。这种身份认同产生了更多的情感，促使个体自发地关心和帮助群体中其他成员。

最后，消费者对于独特性集体身份的依附和内化也可能促进利他行为产生。如果某种独特性集体身份已经成为某个消费者自我概念中的核心部分，那么这种集体身份可能内化为消费者的自我身份。比如在狂热的铁杆球迷看来，球队成为其生活甚至生命的不可分割的重要部分，此时，消费者的自我身份和其作为球队球迷的集体身份融合在一起，他们视球队为“扩展的自我”。消费者愿意为了球队做任何事情，如同为了自己的理想而努力一样。

（三）独特性集体身份需求与消费者的创造动机

消费者对独特性集体身份的需求可能解释了消费者参与创造活动的一种新的动机，这种动机可能促发了消费者利他性地参与创造的行为。在这些行为中，消费者参与创造更多是为了帮助和支持自己所认同的群体，以巩固和维持群体所赋予自己的独特性集体身份。换言之，消费者创造的目的是为了保持群体身份的存在和延续，当消费者意识到自己的创造活动能帮助群体持续稳定地发展时，他们就有了参与创造的动机，即使这种创造活动并不能为他们带来直接的收益（比如并未形成独特的产品或体验）。

与独特性产品需求和独特性体验需求两种动机不同，独特性集体身份需求对消费者创造行为的影响是通过社会认同的心理机制完成的。社会认同的心理机制主要表现在三个方面：第一，社会认同影响了独特性集体身份对于消费者个体的吸引力；第二，社会认同过程使独特性集体身份所规定的角色规范转移到消费者身上；第三，社会认同强化了消费者从社会联系中所获得的情感，进而影响到对集体身份和自我概念的认知。

根据社会认同机制的三个方面，消费者基于独特性集体身份需求的创造行为可能需要三个前提：第一，吸引消费者参与创造的群体或组织必须具备独特的身份，该身份应该对消费者有强烈的吸引力，并且在现实情景中被激活。第二，群体或组织需要在其集体身份的角色规范中写入创造活动的内容，并通过激发社会认同过程来促进创造活动的完成。第三，群体或组织需要从创造活动中构建与消费者积极的社会联系，增强消费者从创造过程中体会到的与群体身份相连的情感，进而塑造消费者基于“集体创造贡献者”的自我概念。

在独特性集体身份需求影响下的创造行为，可能带上了“去个人化”的色彩（Turner et al.，1987）。因为消费者更多是从群体利益而非个人利益或兴趣的角度来面对创造活动，在此种动机下的创造行为可能更加类似于工作中的创造行为，即使创造活动在消费过程中发生，但消费者可能更多将自己定义为群体创造任务的承担者，与群体其他成员共同肩负着创造的义务。

第六章

实验研究：影响消费者创造性的汇合模型

第一节 研究方法

一、研究总模型

根据前述文献回顾及论述，我们将对以下五个问题进行研究：（1）从一般创造性研究中整理出的框架（即能力—动机—外部激励）是否适用于消费者创造性领域？（2）在一般创造性研究中得到证实的认知需求是否同样适用于消费者创造性领域？（3）我们根据叙事案例研究以及相关文献所识别的消费者三种特别的动机——独特性产品需求、独特性体验需求和独特性集体身份需求是否预测了消费者的创造意愿？（4）如果上述三种特别的消费者创造动机得到经验支持，那么它们在心理机制过程方面的差异能否得到区分和证实？（5）它们作为动机因素，与其他两种因素（即能力和外部激励）存在什么样的联系？

根据这五个问题，我们形成了本研究的总模型，见图6-1。

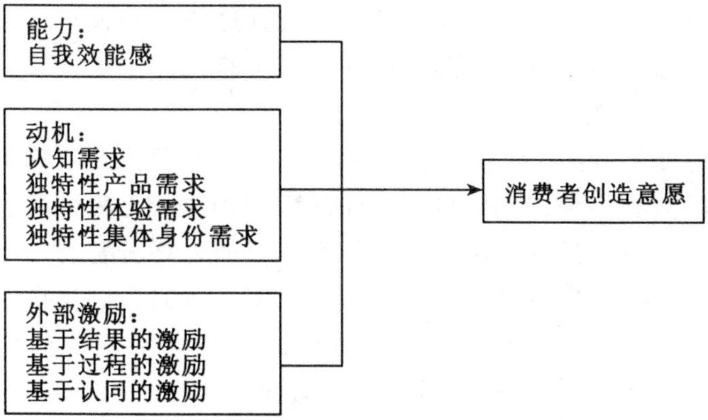

图 6-1 本研究总模型

在本研究中，我们将检查能力、动机、外部激励三大因素对消费者创造意愿的影响作用。图 6-1 中表述了在每个因素之下，我们希望检查的具体变量。在能力因素下，我们主要检查自我效能感对消费者创造意愿的影响，这不但因为自我效能感在一般创造性研究中经常用来作为反映能力的变量，并且考虑到消费者在创造过程中可能会根据对自己能力的主观评价而非客观能力的运用来决定创造行为。

在动机因素方面，我们将检查四种动机对消费者创造意愿的影响。其中认知动机是经过多数文献检查和证实的对创造意愿产生影响的动机因素。而另外三种是我们在叙事案例研究基础上以及消费者行为和心理学相关文献基础上形成的可能影响消费者创造意愿的动机因素，虽然这三种动机都以“独特性”为冠，但它们的心理机制存在着很大差异，由此可能产生不同类型的创造行为。具体而言，独特性产品需求和独特性体验需求主要产生了利己的创造行为，而独特性集体身份需求则是利他性创造行为的前因。根据消费者参与创造的立场不同，我们也可以将独特性产品需求和独特性体验需求归为消费者利己的创造动机，而将独特性集体身份需求归为利他的创造动机。就利己动机而言，独特性产品需求和独特性体验需求之间也存在着天然的差异，反映了消费者对于产品结果和体验过程的不同需要。在本研究中，除了检查这三种独特动机对于消费者创造意愿的影响作用，我们还将通过实验设计来区分三种动机的不同的心理过程。

在外部激励因素下，我们主要关注两个问题：其一，假设外部激励手段只有一种，我们检查有外部激励相对于无激励而言，对于消费者创造意愿的影响作用。具体而言，如果将所有的外部激励视为企业提出合作创造邀请的同质行为，那么我们关心存在外部激励和不存在外部激励的情况下，消费者的创造意愿是否存在显著不同，外部激励是否与其他因素（如动机）产生交互作用。其二，我们将检查不同的外部激励手段对于消费者创造意愿形成的不同影响。具体而言，我们将外部激励手段分为基于结果、基于过程和基于认同的激励方式，我们关心这些不同激励方式是否对创造意愿产生了不同的直接贡献，不同的激励方式是否与其他的因素（如各动机因素）一起对创造意愿产生了有差异的间接作用。

二、研究方法和步骤

（一）研究方法

要完成对上述问题的研究，我们在研究方法选择上至少需要考虑以下几个方面：（1）我们的研究问题较多，而且问题之间存在递进关系，因此很难在一项研究中完成。（2）消费者创造性具有场景特定性，即消费者并不一定在所有的消费场合或者愿意与企业合作进行创造，而是对具体的消费场景进行判断，因此我们可能无法采用消费者自由回忆的方式来搜寻数据，否则我们的研究结果将受到消费者遭遇的不可控的各种场景因素的严重影响。（3）除了检查各因素对消费者创造意愿的影响之外，我们还要区分不同动机因素的心理机制，因此在研究中必须通过有意地操纵一些变量来检查不同的心理过程。

综合上述考虑，我们采用实验法和自我报告法相结合来进行本研究。相对于自然观察法、自由回忆法等研究方法而言，实验法的主要优点在于能更好地操纵实验变量和控制无关变量。如此，我们可以根据我们的研究目的来设计多个相关的实验，在每个实验中操纵我们需要检查的变量，并控制其他可能的干扰变量对结果的影响。

然而，实验法的一个缺点在于，实验所能操纵的变量是有限的，并且实验所操纵的变量一般只反映了情景特定的特质，而非个体稳定的特质。对此，我们结合采用自我报告法来弥补实验法的不足。自我报告法在大量研究中被用来作为反映个体稳定性特质差异的有效方法，在本研究中我们用其来取得消费者对自己已经形成的稳定的能力或特质的自查，如自我效能感、认知需求、独特性产品需求、独特性体验需求等。自我报告法和实验法的结合使我们能同时检查一般特质和具体情景特征对于因变量的影响。

（二）研究步骤

根据所选择的研究方法，我们采用问卷调查方式来搜集研究数据。调查问卷中包括两大部分：第一部分采用自我报告法，要求被调查者对自己的自我效能感、认知需求、独特性产品需求、独特性体验需求等特征进行自评，评价工具选用国内外相关领域中较具代表性的测量工具。第二部分采用实验法，要求被调查者在对实验规定的情景要素进行想象和感受后，报告他们的行为倾向。

由于研究问题和变量较为繁多和复杂，我们将通过三个实验设计来完成对前述五个问题的研究。第一个实验设计试图解决三个问题：（1）检查能力—动机—外部激励模型在该实验场景中的适用性；（2）检查认知需求在该实验场景下的适用性；（3）检查消费者的两种利己的创造动机对消费者创造意愿的影响。

第二个实验设计主要解决两个问题：（1）再次检查第一个实验设计中的三个问题；（2）增加检查消费者利他的创造动机对消费者创造意愿的影响。

第三个实验设计将解决两个问题：（1）再次检查第一个实验和第二个实验中的问题；（2）增加检查三种不同的外部激励方式对于消费者创造意愿的影响。

（三）样本选择

本研究所有样本均取自高校学生。选取学生样本一方面是因为受研究时间和经费所限，但更重要的原因是考虑到实验法中控制干扰变量的需要，即尽量使可能影响实验结果的非实验变量保持稳定不变。因此，我们选取了年龄相似（20～25岁）、受教育程度相似（大学二、三年级）、专业相似（经济类非市场营销专业）的学生作为我们研究的调查对象，这样减轻了因为年龄、受教育程度、职业特点以及与此相关的消费经验等因素对实验结果的可能影响。

三、研究假设

（一）自我效能、认知需求和创造激励与消费者创造意愿的关系

基于前述的文献回顾和分析，我们采用一般创造性理论的汇合视角，即整合能力、动机和环境三种因素来检查消费者创造性活动。根据一般创造性理论的大量经验研究结果，自我效能、认知需求和环境激励与个人的创造意愿正向相关（Choi，2004）。但是，在消费者创造性研究领域，Burroughs 和 Mick（2004）在研究中只检查和证实了环境因素和消费者的能力因素对创造性的影响，并没有检查认知需求与消费者创造性的关系。

虽然在一般创造性理论中，个人的认知需求是影响创造性的一个重要因素，乐于思考的人被认为具有较高的创造意愿，如邱皓政和蔡启通（1991）、蔡文玲（1994）。但是当个人的角色定位在消费者时，认知需求就未必发生作用。这是因为对于消费者而言，如果他们认为创造活动没有意义，或者说，消费者不需要承担创造产品的义务，那么尽管他们可能有着勤于思考的习惯（认知动机），却仍然不愿意将精力花费在消费中的创造活动上。这也许能解释现实中为什么有些高级技术人员不会处理基本的生活问题，并不是他们不喜欢思考，而是他们关注的重心集中在了他们认为有意义的事情上。因此，我们提出以下假设：

假设1：与一般的创造性理论不同，在消费者创造性行为中，消费者的认知需求对其创造意愿不产生显著影响，但消费者的自我效能和创造激励对创造意愿产生显著的正面影响。

（二）消费者独特性产品需求和独特性体验需求与消费者创造意愿的关系

根据消费者独特性需求理论，消费者参与创造的一个动机可能是其对独特性产品的需求。当消费者需要通过独特性产品来获得独特自我的象征意义时，就产生了创造的动力。特别是当消费者对产品的独特性要求很高（表明可能无法直接购买到），而这种独特性的意义在消费者看来又十分重要时，消费者创造的意愿更加强烈。因此，我们提出：

假设 2：在消费者创造性行为中，消费者的独特性产品需求对创造意愿产生显著的正面影响。

OSL 理论可能说明了消费者参与创造的另一个动机——独特性体验需求。对于那些自我感知的刺激水平低于其最适宜刺激水平的消费者，或者最适宜刺激水平较高的消费者，他们可能需要从创造过程中寻求独特性体验来达到自己理想的刺激水平。因此有：

假设 3：在消费者创造性行为中，消费者的独特性体验需求对创造意愿产生显著的正面影响。

从消费者的自我知觉而言，最适宜刺激水平与消费者独特性需求也存在一些相似之处，表现在二者都促成了消费者对于独特性的主动寻求，但二者的区别也十分明显，前者促成了消费者对独特性体验的需求，而后者促成了消费者对独特性产品的需求。而且前者促成的独特性体验需求是自我参照的，即消费者将从独特性体验中形成的刺激水平与自己感觉最适宜的刺激水平进行比较来确定独特性体验需求的满足程度；而后者促成的独特性产品需求是自我参照与社会参照双重的，即消费者不但依靠自己来判断独特性产品需求的满足程度，还依赖别人的评价来修正自己的知觉。鉴于二者的显著区别，也为了表述的方便，我们在之后的论述中分别用独特性产品需求和独特性体验需求来指代消费者独特性需求理论和 OSL 理论所支持和解释的两种不同的动机（见表 6-1）。

表 6-1 两种消费者独特性利己创造动机的比较

	独特性产品需求	独特性体验需求
理论基础	NFU 理论	OSL 理论
核心内容	寻求独特产品	寻求独特体验
最终目标	与众不同的自我意象和社会意象	增加刺激水平
行为导向	结果导向	过程导向
知觉过程	自我参照与社会参照双重过程	自我参照过程

本研究中所定义的消费者创造性行为涉及消费者与企业合作创造的行为。因此，消费者的创造意愿不可避免地受到企业的影响。在假设 1 中我们认为环境激励（即企业对消费者创造活动的激励）会对消费者的创造意愿产生直接影响。然而，由于消费者创造的两种动机——独特性产品需求和独特性体验需求都涉及自我参照的过程，也就是说，消费者通过自我比较和自我知觉来判断通过创造性活动可能满足自己需求的程度，在此过程中，企业的激励行为有助于引导消费者的自我参照过程，使之形成更强的创造意愿。因此，企业的创造激励不但会对创造意愿产生直接影响，还可能调节前述两种消费者创造动机与创造意愿的关系。所以，我们提出：

假设 4a：消费者独特性产品需求与企业的创造激励行为产生交互作用，当企业对消费者提供了创造激励时，消费者独特性产品需求对创造意愿的正面影响就会较强。

假设 4b：消费者独特性体验需求与企业的创造激励行为产生交互作用，当企业对消费者提供了创造激励时，消费者独特性体验需求对创造意愿的正面影响就会较强。

与独特性体验需求不同，消费者独特性产品需求还涉及社会参照过程，即消费者必须依靠独特性产品的象征意义为社会群体中的他人所认可，并形成增强的社会意象。因此，具有独特性产品需求的消费者更加关注由创造活动形成的最终产品的象征意义能否为他人所认可和接受。在此过程中，消费者创造意愿很大程度上取决于消费者认为企业能否配合自己创造出为社会所认可的理想的独特产品的能力。如果消费者信任企业具有该能力，那么具有独特性产品需求的消费者可能产生与企业共同创造独特产品的意愿；反之，如果消费者不相信企业的能力，则不太可能选择与该企业的合作创造行为。但对于寻求独特性体验的消费者而言，他们关注的是自己能否获得一个愉快或刺激的体验过程，因此，他们更看重企业对他们创造行为的支持和配合程度（即企业创造激励行为），而不是企业是否有能力完美实现其创意的能力。因此，我们提出：

假设5a：消费者独特性产品需求与对企业的信任程度产生交互作用，当消费者对企业的信任程度较高时，消费者独特性产品需求对创造意愿的正面影响会较强。

假设5b：消费者独特性体验需求与企业的信任程度的交互作用不显著。

（三）独特性集体身份需求与消费者创造意愿的关系

根据社会认同理论，独特性集体身份需求可能解释了消费者利他的创造动机，即消费者不是站在个人的立场，而更多是为了某个集体的利益来参与创造活动。促使消费者进行利他创造行为的根源是消费者认同的独特性集体身份，当消费者意识到自己的某种独特的集体身份与创造活动相关时，他们可能为了获得或维护这种集体身份而进行创造活动。因此，我们提出：

假设6：在消费者创造性行为中，消费者的独特性集体身份需求对创造意愿产生显著的正面影响。

从独特性集体身份需求的作用机制来看，该动机对于创造意愿的影响可能主要取决于两种因素：一是集体身份的显著性（独特性），二是集体身份与创造任务的关联性。当消费者的某种集体身份被激活，他们开始认识到集体身份对自己的重要性，形成个人概念与集体概念的心理联结，此时如果他们被引导而意识到自己参与某些创造任务能够使个人概念与集体概念更为一致，他们会更愿意参与创造活动。因此，我们提出：

假设7：消费者独特性集体身份需求与企业的创造激励产生交互作用，当存在创造激励时，消费者独特性集体身份需求对创造意愿的正面影响会较强。

从组织认同的视角来看，消费者的利他性创造行为可能更加类似于组织中员工的创造行为。在很多营销文献中，也提出了消费者作为“部分员工”的观点。如果消费者将自己视为其所认同的企业组织的一员，那么他们参与创造的行为可能和这些组织中的员工没有显著差异，这种心理状态下的消费者可能将自己的创造行为看作一种为组织提供的工作或服务，那么认知需求可能会对这些消费者的创造行为产生影响，喜欢思考和发现问题的消费者可能会更多地表现出创造意愿。因此，我们提出：

假设8：消费者独特性集体身份需求与认知需求产生交互作用，对认知需求高的消费者而言，当其独特性集体身份需求被激活时，其创造意愿会更强。

（四）不同类型的创造激励对不同创造动机的调节作用

在有关外部激励与动机关系的文献回顾中，我们注意到现有研究的一个模糊点，即外部激励对动机的影响作用。多数研究认为外部激励对内在动机的影响是通过外在动机间接产生的。然而从刺激的内在来源和外在来源视角对动机的简单划分可能并不一定适用于消费者创造性研究。因为在我们的研究中，消费者创造动机可能混合了来自内部和外部的双重刺激来源，比如独特性产品需求本身就暗含了个体对创造成就的需要和对产品价值的需要。因此，我们认为需要根据动机本身的不同特点来更具体地讨论外部激励对其的影响。

在独特性需求理论、OSL 理论和社会认同理论的基础上，我们提出了消费者的三种创造动机——独特性产品需求、独特性体验需求和独特性集体身份需求。三种动机可能分别反映了消费者参与创造活动的不同的心理特征，具体而言，独特性产品需求以创造的结果为导向，消费者关注的是创造的结果是否具有特别的符号意义；独特性体验需求则以创造的过程为导向，消费者关注的是创造的过程是否新鲜和有趣；而独特性集体身份需求以集体身份的显著性为导向，消费者关注的是创造活动是否有助于维持显著的集体身份。

根据三种动机的不同特点，我们也可以将外部激励分为三种不同类型——基于结果的创造激励、基于过程的创造激励和基于社会认同的创造激励。我们认为针对各种动机特点的外部激励将对动机产生确定的影响作用，它们会促发这些动机产生对创造意愿更强的作用。因此，我们提出：

假设9a：消费者独特性产品需求与基于结果的创造激励产生交互作用，当企业提供了基于结果的创造激励时，消费者独特性产品需求对创造意愿的正面影响会较强。

假设9b：消费者独特性体验需求与基于过程的创造激励产生交互作用，当企业提供了基于过程的创造激励时，消费者独特性体验需求对创造意愿的正面影响会较强。

假设9c：消费者独特性集体身份需求与基于社会认同的创造激励产生交互作用，当企业提供了基于社会认同的创造激励时，消费者独特性集体身份需求对创造意愿的正面影响会较强。

第二节　研究一：能力—动机—外部激励框架以及消费者参与创造的利己动因

一、研究设计

（一）研究目的与模型

1. 研究目的

本研究首先检查能力—动机—外部激励模型在消费者创造性研究领域中的适用性，具体而言，我们通过实验设计检查自我效能、认知需求动机、企业对创造活动的激励对于消费创造意愿的影响。

除了认知需求动机之外，在本研究中，我们还将检查独特性产品需求和独特性体验需求两种利己动机对消费者创造意愿的影响。同时，我们还通过实验检查两种独特性动机对于消费者创造意愿的不同影响机制。

2. 研究模型与假设

本研究的研究模型见图6-2。如图所示，我们的研究假设为：

假设1：在消费者创造性行为中，消费者的认知需求对创造意

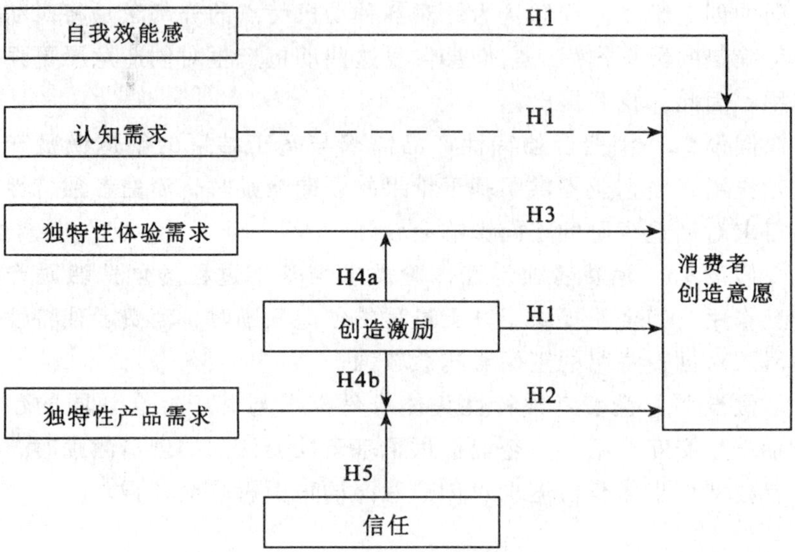

图 6-2　研究一框架图

愿不产生显著影响，但消费者的自我效能和创造激励对创造意愿分别产生显著的正面影响。

假设 2：在消费者创造性行为中，消费者的独特性产品需求对创造意愿产生显著的正面影响。

假设 3：在消费者创造性行为中，消费者的独特性体验需求对创造意愿产生显著的正面影响。

假设 4a：消费者独特性产品需求与企业的创造激励行为产生交互作用，当企业对消费者提供了创造激励时，消费者独特性产品需求对创造意愿的正面影响就会较强。

假设 4b：消费者独特性体验需求与企业的创造激励行为产生交互作用，当企业对消费者提供了创造激励时，消费者独特性体验需求对创造意愿的正面影响就会较强。

假设 5：消费者独特性产品需求与对企业的信任程度产生交互作用，当消费者对企业的信任程度较高时，消费者独特性产品需求对创造意愿的正面影响会较强。

（二）实验设计

1. 实验设计

为检验上述假设，我们采用实验设计的方法。研究的思路是通过向被试者提供一个经过控制的场景描述，检验不同的消费者在该场景中的创造意愿程度。实验的前提条件是设计一个所有被试者都能够理解并且可能面临的消费场景，在该场景中他们将做出与企业共同创造或者不创造的选择。

经过预测试，我们形成了一个关于个人发型设计的实验场景。实验采用了一个2（企业提供的创造激励：有，无）×2（服务关系：长，短）的被试间设计来操纵环境变量。由于产品的环境涉入度（即同一产品在不同的环境下对于同一消费者可能具有不同的重要程度，比如日常的发型设计和重要场合前的发型设计对于某一个体而言的重要性可能不同）以及合作企业的替代选择（即消费者认为其他企业可以满足其需求的程度）都可能影响到消费者的创造意愿，在本研究设计中我们将其作为控制变量，使其保持恒定。

本研究数据通过问卷调查进行收集。问卷要求参与者首先填写有关自我效能、认知需求、独特性产品需求、独特性体验需求的测量量表，然后提供给参与者上述场景，对场景中的操纵变量进行检查，并要求参与者回答一个开放式问题，即想象在上述场景中自己可能采取的行为，然后填写创造意愿量表。最后收集了一些参与者的基本信息，包括性别、年龄等。

2. 研究被试

被试者从中国某所大学的学生中征集而来。被试者为了获得所选课程的平时成绩而自愿参加该项研究。140 人参与了实验，剔除掉不完整和不合格的问卷，实际的参与人数为 127 人，74% 为女性。

3. 操纵检查

问卷中设计了两组两个问项的五级语义差异量表来分别检查两个实验变量的有效性：创造激励（我感受到/未感受到；很强/很弱；$\alpha=0.96$）；关系（长期建立的关系/刚刚建立的关系；经常的

关系/临时的关系；$\alpha=0.92$）。实验变量的有效性采用方差分析加以验证。结果显示，两个实验变量都得到了有效的操纵：创造激励（$M=4.53$ vs 2.60；$F(1, 125)=313.32$，$p<0.001$）；关系（$M=3.67$ vs 2.53；$F(1, 125)=22.73$，$p<0.001$）。

（三）关键概念测量

1. 自我效能感的测量

一般自我效能感测量量表最初由 Schwarzer（1981）开发，其后他与张建新（1994）开发了一般自我效能感量表的中文版。曾荣侠（2004）在其基础上建构了大学生一般自我效能感测量量表，共 8 个项目，由单因素构成，同质信度为 0.86。考虑到本研究样本全部取样自大学生，我们采用大学生一般自我效能感测量量表，用五级李克特量表进行测量（以下各量表除非特别注明，都用五级李克特量表测量）。本研究随机抽取 80 名大学生进行量表修订（以下各量表的修订样本同此），经主成分因素分析只抽取出一个有效因子，总方差解释量为 52.87%，因子载荷值均高于 0.65，总体一致性（Crobach α）信度为 0.87，说明本量表是可以接受的。

2. 认知需求的测量

我们采用 Cacioppo 等（1984）根据其最初的包括 34 项目的认知需求量表而修订完成的 18 项目的认知需求测量短表。该量表由单因素构成，总体一致性信度为 0.84。张晋萍（2004）在研究中采用了认知需求测量短表的中文译本对国内学生样本进行分析。在我们的量表修订中，经主成分因素分析只抽取出一个有效因子，总方差解释量为 57%，因子载荷值均高于 0.7，总体一致性信度为 0.84，说明本量表是可以接受的。

3. 消费者独特性产品需求的测量

我们采用 Lynn 和 Harris（1997）开发的独特消费产品需求量表，共 8 个项目，单因素构成，总体一致性信度为 0.78。由于国内目前还没有学者对该量表进行过检验，我们采用双向互译法确定了该量表的中文译本。量表检验发现，两个项目影响了量表的整体内部一致性，并且经专家检查也确定该两项与量表测量构念的相关性较低，删除掉该两项后，主成分因素分析只抽取出一个有效因子，总方差解释量为 54.80%，因子载荷值均高于 0.7，总体一致性（Crobach α）信度为 0.83，说明本量表是可以接受的。

4. 消费者独特性体验需求的测量

我们采用 Mehrabian 和 Russell（1974）开发的唤醒水平寻求趋向量表（AST）来测量。AST 在很多研究中被用来测量个体主动寻求最适宜刺激水平的趋向（Steemkamp and Baumgartner，1992；Raju，1980），这与我们对于消费者独特性体验的概念界定是一致的。AST 共包括 40 个项目，同质信度为 0.87，尽管从因素分析中抽取了 5 个主要因子，但 Mehrabian 和 Russell 认为所有 40 个项目都只用于测量一个单独的特征。鉴于 AST 在国内也未被使用，我们进行了与前述同样的量表检验和修订程序。修订后的量表留下 12 个项目，主成分因素分析抽取出 3 个与独特性体验需求构念更为一致的主要因子，总方差解释量为 58.18%，因子载荷值均高于 0.5，总体一致性信度为 0.84，说明本量表是可以接受的。

5. 消费者创造意愿的测量

我们采用自己开发的消费者创造意愿量表对该构念进行测量。自己开发量表的原因有两点：一是现有文献中并没有现成的关于消费者创造意愿的测量量表；二是根据本研究对消费者创造性的定义，消费者的创造意愿应该是有着具体的企业指向和情景指向的，因此，我们构建的创造意愿量表也是特定于我们的实验场景的。通过焦点访谈，我们确定了在前述实验场景中所有可能发生的创造性行为方式，归纳合并相似项后形成了包括 5 个项目的量表。探索性因素分析只抽取出一个因子，总方差解释量为 63.81%，因子载荷值均高于 0.7，总体一致性（Crobach α）信度为 0.85。使用后来的研究样本进行了验证性因素分析，结果证实了其单维性，所有拟合指标均达到或接近理想水平（$x^2/df = 1.63$，GFI = 0.98，AGFI = 0.93，CFI = 0.99，NFI = 0.98，RMSEA = 0.06），说明本量表的测量结果是有效可信的。

6. 消费者对企业信任程度的测量

由于信任被认为是嵌入在关系中的（Beccerra and Gupta，1999），我们希望通过操纵实验场景中的关系变量来影响消费者对于实验场景中的服务人员的信任度。被试者要求在阅读完场景描述后想象自己对场景中服务人员的信任程度，我们采用两个五级语义差异量表来检查消费者对服务人员的能力和服务的信任程度，总体一致性信度为0.95。

二、数据分析

（一）模型分析

我们采用分层多元回归分析来检验假设1至假设5。为了更清楚地检查本研究中的三种理论基础——一般创造性理论、独特性理论、OSL理论对于消费者创造性的解释力度，我们逐次地引入各理论所支持的不同的变量，形成了四个不同的模型。描述性统计量和皮尔逊相关矩阵见表6-2。

表6-2 描述性统计量和皮尔逊相关矩阵

变量	平均值	标准差	1	2	3	4	5	6	7
1. 创造意愿	3.33	0.88							
2. 自我效能感	3.60	0.79	0.51**						
3. 认知需求	3.79	0.58	0.25**	0.42**					
4. 独特性产品需求	3.23	0.69	0.61**	0.69**	0.41**				
5. 独特性体验需求	3.58	0.68	0.50**	0.43**	0.39**	0.46**			
6. 创造激励	0.71	0.46	0.70**	0.25**	0.03	0.17	0.24**		
7. 信任	3.36	1.20	0.14	0.22*	0.12	0.16	0.25**	0.06	
8. 性别	0.74	0.44	0.01	0.04	-0.02	-0.08	0.05	0.06	0.19*

注：表中*、**分别表示显著性水平为0.05和0.01。

如表6-3所示，模型1引入了一般创造性理论所支持的自我效能、创造激励和认知需求变量作为自变量。由于性别差异可能对创造意愿产生影响，我们将其作为控制变量。模型2在模型1原有变量的基础上引入了消费者独特性产品需求变量。模型3在模型2的基础上引入了消费者独特性体验需求变量。模型4在模型3的基础上引入信任变量，以及消费者独特性产品需求和独特性体验需求分别与创造激励和信任的交互作用。

表 6-3　　以创造意愿为因变量的分层回归分析结果

变量	创造意愿			
	模型 1	模型 2	模型 3	模型 4
自我效能感	0.31***	-0.01	-0.03	-0.10
认知需求	0.10	0.03	-0.01	-0.04
创造激励	0.61***	0.60***	0.58***	0.65***
性别	-0.03	0.02	0.01	0.01
独特性产品需求		0.51***	0.47***	0.31***
独特性体验需求			0.16***	0.13**
信任				0.02
独特性产品需求×信任				0.08+
独特性产品需求×创造激励				0.02
独特性体验需求×信任				-0.01
独特性体验需求×创造激励				0.29***
模型 F 值	46.16***	64.32***	58.53***	54.15***
经过调整的 R^2	0.59	0.72	0.73	0.82
经过调整的 R^2 的增加值		0.13	0.01	0.09
分层 F 检验		54.24***	4.44*	11.5***

注：表格中输入值是标准化回归系数及其显著性水平，其中+、*、**、***分别表示显著性水平为 0.1、0.05、0.01 和 0.001。

所有四个模型中各变量的 VIF 值均小于 2，消除了多重共线性的可能性。QQ 图和 Kolmogorov-Smirnov 检验说明了每个变量的数据都符合正态性假设。为了避免引入交互项而导致标准化回归系数出现偏差的问题，我们按照 Fredmarich（1982）提供的方法对所有引入模型的变量进行了标准化处理。

四个模型的检验结果均在 0.001 的水平下显示出统计上的显著性。总回归方程在不存在交互项的情况下（模型 3）解释了全部变异的 73%，在引入交互作用项的情况下（模型 4）解释了全部变异的 82%。从标准化回归系数来看，创造激励对创造意愿的解释力度最高（$\beta=0.65$），其次分别是独特性产品需求（$\beta=0.31$）、独特性体验需求与创造激励的交互作用（$\beta=0.29$）、独特性体验需求（$\beta=0.13$）、独特性产品需求与信任的交互作用（$\beta=0.08$）。

控制变量（性别）在四个模型中都不显著，因此我们在本书不作专门阐述。创造激励在所在模型中都对创造意愿具有正向显著影响，而认知需求在四个模型中均不显著。自我效能在模型 1 中表现出了对创造意愿的显著影响，而在模型 2、模型 3、模型 4 中，当控制了独特性产品需求和体验需求变量对创造意愿的作用之后，自我效能对创造意愿的解释作用不再显著。考虑到自我效能与独特性产品需求和体验需求具有显著的相关性（见表 6-2），我们认为自我效能可能通过影响上述两种需求变量而对因变量产生间接影响。假设 1 得到部分支持。模型 1 解释了全部变异的 46.16%，说明一般创造性理论所提出的框架对于消费者创造意愿具有一定的解释能力。

模型 2 引入了独特性产品需求变量后，经过调整的决定系数增加到 0.72。分层 F 检验显示，两个决定系数值的差异在 0.001 水平上是显著的，新增的独特性产品需求变量解释了 13% 的变异。这说明独特性产品需求增加了模型的预测能力，也证实了独特性需求理论在解释消费者创造意愿的变异方面具有独立的贡献。检验结果表明，独特性产品需求对于创造意愿的正向影响是显著的（$\beta=0.51$，$p<0.001$）。假设 2 得到支持。

模型 3 在模型 2 的基础上引入了消费者独特性体验需求变量，此时，经过调整的决定系数增加到 0.73。分层 F 检验显示，两个决定系数值的差异在 0.05 水平上是显著的，新增的独特性体验需求变量解释 1% 的变异。这说明独特性体验需求增强了模型的预测能力，也证实了最适宜刺激水平理论对于解释消费者创造意愿的变异具有独立的贡献。并且，独特性产品需求和独特性体验需求在该模型中对于创造性意愿的正向影响是显著的（$\beta=0.47$，$p<0.001$；$\beta=0.16$，$p<0.001$）。假设 2、假设 3 得到支持。

模型 4 显示，独特性产品需求与创造激励的交互作用不显著（$\beta=0.02$，$p=0.59$），拒绝了假设 4a；而独特性体验需求与创造激励存在着显著的交互作用，并且与创造意愿正相关（$\beta=0.29$，$p<$

0.001)，假设 4b 得到支持。独特性产品需求与信任存在着显著的交互作用，并且与创造意愿正相关（$\beta=0.08$，$p<0.1$），而独特性体验需求与信任之间的交互作用不显著（$\beta=-0.01$，$p=0.76$）。假设 5 得到支持。另外，模型中信任的主效应不显著，说明信任只是通过影响独特性产品需求与创造意愿之间关系的调节因子，而并不独立地影响创造意愿。但创造激励的主效应显著，说明创造激励除了对独特性体验需求与创造意愿之间的关系进行调节之外，还独立地影响创造意愿。这与假设 1 所描述的激励对创造意愿的直接影响是一致的。分层 F 检验显示，两个决定系数值的差异在统计上是显著的（$p<0.001$），说明模型中的交互项增加了回归方程的预测能力。

（二）交互作用项分析

为了识别独特性产品需求与信任、独特性体验需求与创造激励的交互作用模式，我们根据信任变量的分值将其分为高低两组，平均数一个标准差以上的为高信任组，平均数一个标准差以下的为低信任组（Cohen and Cohen，1983），绘制高低信任下独特性产品需求以及在有无激励下独特性体验需求对创造意愿的回归曲线。从图 6-3 中可以看出，高信任度增强了独特性产品需求与创造意愿之间的关系，即信任程度越高，独特性产品需求越高，创造意愿越高；信任程度越低，独特性产品需求越低，创造意愿越低，假设 5 得到支持。同样，图 6-4 也表现了存在激励的条件下，独特性体验需求与创造意愿的正向关系得到增强，假设 4b 得到支持。

三、结论

本研究的目的是检查一般创造性理论框架在消费者创造性研究中的适用性，并探索消费者参与创造的独特的利己动因。具体而言，我们检验了能力—动机—环境汇合框架在消费者创造活动中的应用。然后，我们使用了两个来自心理学和消费者行为研究中的理论——独特性需求与最适宜刺激水平理论来扩展消费者创造性的理论。研究表明，一般创造性理论的能力—动机—环境的研究框架以及独特性需求与最适宜刺激水平理论也适用于消费者

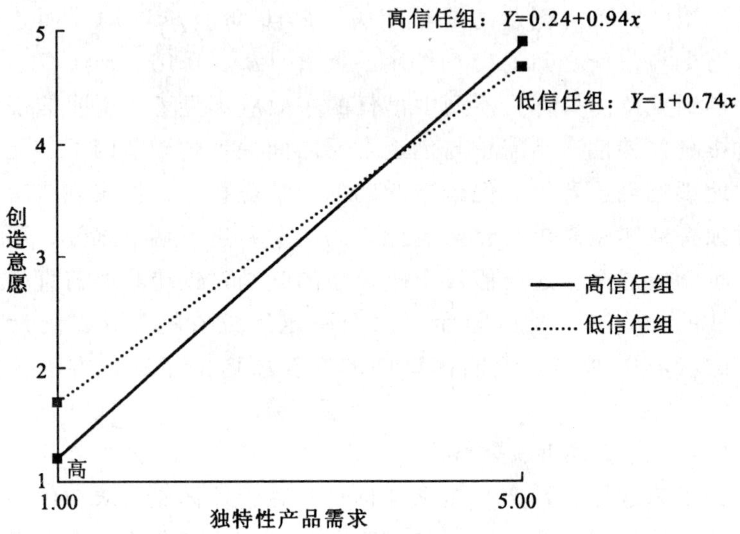

图 6-3 高低信任组中独特性产品需求对创造意愿的回归效应

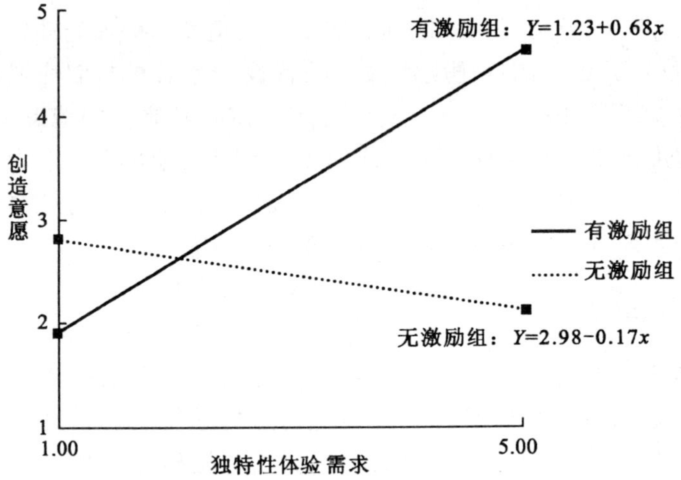

图 6-4 有无激励组中独特性体验需求对创造意愿的回归效应

注：除了无激励组中独特性体验需求对创造意愿的回归系数不显著之外，其余的回归系数均显著（$p<0.001$）。

创造性研究，但是其中部分元素和内容发生了变化，主要表现在以下几个方面：

（一）自我效能感对消费者创造意愿的影响

从能力评价来看，消费者的自我效能感对创造意愿产生了显著的影响。自我效能感越强，创造意愿就越强。但是，自我效能感对创造意愿的影响不一定是直接作用的，虽然自我效能感与创造意愿之间有显著的正相关关系，但它同时也与认知需求、独特性产品需求以及独特性体验需求显著相关。心理学也有研究认为，自我效能部分地通过影响动机因素（如认知需求）间接地影响创造意愿（Bandura，1993；Schunk，1987）。在我们的数据分析中也发现了这种间接作用的存在。在分解的回归分析中（即将独特性产品需求和体验需求分别与自我效能感一起引入回归方程），我们发现，自我效能感对创造意愿的主效应不显著，主要是因为独特性产品需求变量介入了自我效能对创造意愿的影响，即自我效能感高的人会产生更高的独特性产品需求，如此使得其参与创造的意愿更高。而独特性体验需求并未对自我效能感对创造意愿的影响产生显著的中介作用，在不引入独特性产品需求的回归模型中，自我效能感、独特性体验需求分别对创造意愿产生显著的直接影响。独特性产品需求的中介作用可以解释为，个人对自我能力较高的主观评价直接产生了将自己表现为与他人不同的个体的动机，这种展现独特自我的动机甚至完全吸收了个人的主观能力感知对创造意愿的直接影响作用，因为这种消费者独特性需求本身就隐含了他对自身能力的一种主观肯定，即认为自己不仅需要并且能够显示出与他人的不同，因此自我效能感对创造意愿的影响通过独特性产品需求体现出来。而对于独特性体验需求而言，消费者只是要获得一种新鲜的体验，此时消费者对自己能力的评价独立于独特性体验需求对创造意愿产生影响，即不论消费者是否肯定自己的能力，他都有可能为了获得新鲜或刺激的体验而进行创造活动。

（二）创造动机对于消费者创造意愿的影响

从消费者的创造动机来看，认知需求并未对消费者创造意愿产生显著影响，而独特性产品需求和独特性体验需求显著影响了消费者的创造意愿，独特性产品需求和独特性体验需求越强，消费者创造意愿越强。

1. 认知需求对消费者创造意愿的影响

研究结果说明了一般创造性理论中的认知视角在消费者创造性研究领域中的局限性。因为绝大多数的消费者并未把消费过程看作是有意识地了解、分析和解释现象和问题的工作过程，所以认知需求作为一种人们希望了解现实世界并对其进行合理解释的需求（Cohen，Stotl and Wolfe，1955），在消费过程中并未对创造意愿产生显著的影响。

2. 独特性产品需求和独特性体验需求对创造意愿的影响

独特性产品需求和独特性体验需求对创造意愿的显著影响分别说明了独特性需求理论和最适宜刺激水平理论对于消费者创造性研究的贡献。尽管独特性产品需求与独特性体验需求之间存在着一定的相关性，但二者仍有本质的差异。研究发现，独特性产品需求对创造意愿的影响效应部分受到消费者对企业信任程度的调节作用，消费者对企业信任程度较高时，独特性产品需求与创造意愿的关系更强，但信任程度并未对独特性体验需求和创造意愿的关系构成调节作用。这是因为独特性产品需求的实现要依靠社会参照过程来完成，即消费者通过获得具有他人认可的独特性象征的产品来表现独特的自我，因此，消费者在决定是否通过创造活动来满足这种动机时，需要考虑企业能否帮助其提供独特产品的能力，如果消费者相信企业具有这种能力，就更加愿意进行创造活动。而独特性体验需求的实现只是一种自我参照的过程，即消费者对体验过程的个人预期决定了其动机大小，消费者关心的是创造的过程是否新鲜有趣，而不是创造的结果是否能被大家看作是独特的产品。

（三）企业创造激励对消费者创造意愿的影响

从环境因素来看，企业提供的创造激励对消费者的创造意愿产生了显著的影响，这种影响表现在两个方面，一是对创造意愿产生直接的影响，二是通过调节独特性体验需求与创造意愿的关系而形成间接影响。与一般创造性理论研究的结果一致，我们的研究发现，在存在创造激励的情景中，消费者的创造意愿显著较强，而且创造激励对于创造意愿具有较强的预测作用。由于创造激励直接作用于个人，可能会影响消费者个人对创造活动的预期和感知，所以，我们提出创造激励会调节消费者的自我参照过程的假设，也就是说，对于具有独特性产品需求和独特性体验需求的消费者，他们对创造活动的理解和评价，部分或全部取决于自己形成的自我意象或者自我感知，当创造激励提高了个人对创造活动的自我意象和自我感知时，具有独特性产品需求和体验需求的消费者会更加愿意按照创造激励的指向，即通过创造活动来满足自己的需求。然而，研究表明，创造激励只调节了独特性体验需求对创造意愿的关系，对独特性产品需求和创造意愿的关系并未发生调节作用。合理的解释是创造激励只是影响了消费者个人对于创造过程而非创造结果的预期和感知。创造激励表明了企业希望与消费者共同创造的积极意愿，却并未反映出企业实现创造成果的能力，因此它会使消费者感觉到未来的创造过程是令人期待和使人愉快的，但并不一定让消费者感觉到创造出来的产品是令人满意和理想的，从而那些寻求最适宜刺激水平的消费者会更加愿意通过创造来获得新鲜的体验，而那些寻求独特产品的消费者却并未表现出更强烈的创造倾向。

第三节　研究二：消费者参与创造的利他动因：独特性身份需求

一、研究设计

（一）研究目的与模型

1. 研究目的

研究一检查了一般创造性研究中支持的能力—动机—激励框架在消费者创造性领域中的适用性，同时证实了独特性产品需求和独特性体验需求两种利己动机对消费者创造意愿的影响作用。在本研究中，我们将通过新的实验设计来检查利他动因——消费者独特性集体身份需求对于消费者创造意愿的影响。同时，我们还将检查在该实验设计下，研究一中的假设是否同样得到支持。

2. 研究模型与假设

本研究的研究模型见图 6-5。如图所示，我们的研究假设为：

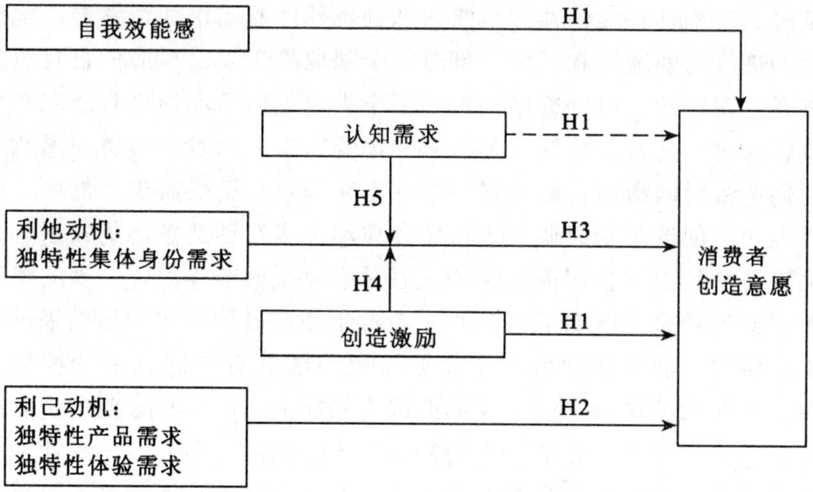

图 6-5　研究二框架图

假设 1：消费者的认知需求对其创造意愿不产生显著影响，但消费者的自我效能和创造激励对创造意愿分别产生显著的正面影响。

假设 2：消费者的独特性产品需求和独特性体验需求对创造意愿分别产生显著的正面影响。

假设 3：消费者的独特性集体身份需求对创造意愿产生显著的正面影响。

假设 4：消费者独特性集体身份需求与企业的创造激励行为产生交互作用，当企业对消费者的集体身份提供了创造激励时，消费者的独特性集体身份需求对创造意愿的正面影响就会较强。

假设 5：消费者的独特性集体身份需求与认知需求产生交互作用，当消费者的认知需求较高时，消费者的独特性集体身份需求对创造意愿的正面影响就会较强。

（二）实验设计

1. 实验设计

本研究的一个主要目的是检查消费者创造的利他动机——独特性集体身份需求对于创造意愿的影响。独特性集体身份需求与独特性产品或体验需求不同，它在很大程度上不是一种稳定的性情倾向，而更多的是在特定情景下的意识觉醒。正如社会认同理论所认为的，每个人虽然存在多种集体身份，但他们并未意识到每种身份对自己的“特别性”。只有在某种具体的情景下，当某一种集体身份的“独特性”被激活时，人们的独特性集体身份需求才会出现。

因此，本实验的关键在于设计一个能够操纵消费者独特性集体身份需求的激活状态的场景，在该场景中，一部分消费者将面临自己突显的集体身份，从而获得或维持该独特性集体身份的需求。

要操纵个体独特性集体身份的激活状态，我们至少需要注意两点：第一，个体对于其所属的集体身份类别应该有较清楚的判别和认同基础。第二，相对于未激活的场景而言，在操纵的激活场景下，个体能显著地意识到其集体身份的“独特性”。考虑到抽样范围为学生样本，我们选择了学生较为敏感的集体身份类别——所属学校。从非营利组织的视角而言，学生与学校间的关系也可以视为消费者与组织间的关系。

在实验设计中，我们参考了 De Cremer 和 Van Vugt（1999）以及 Van Vugt 和 De Cremer（1999）在研究中采用的程序。首先，我们选取了武汉大学作为与被试者的集体身份类别一致的组织。同时，我们选择另一所学校——中山大学作为与被试者的集体身份类别不一致的组织。选择中山大学的原因是该校在综合实力和学科类型上与武汉大学相当（中国大学排行榜分列第 12 名和第 13 名），避免了因为学校本身的差异所产生的组织认同差别对实验变量的影响。预调查也说明在所抽样的样本范围中对于两所学校的综合评价没有显著差异。

用武汉大学和中山大学来区分被试者的集体身份类别，只能为被试者的集体身份提供判别和认同基础，即被试者能够清楚地知道自己与上述组织身份的关系，但并不一定使被试者的独特性集体身份需求被激活。因为被试者即使知道自己具有武汉大学的集体身份，也可能并未觉得该身份“独特”，自然不会产生维护该身份的需要。

为了激活集体身份的“独特性”，我们为提供武汉大学集体身份的场景引入了竞争情景。根据社会认同理论，当个体意识到组织的身份受到外界的竞争或威胁时，其组织认同机制会激活，个体会采取行动维护组织身份。因此，我们在提供武汉大学集体身份的场景设计中引入了华中科技大学，强调该组织与武汉大学在目标任务上的竞争性，以此激活被试者对于武汉大学集体身份“独特性”的需要。选择华中科技大学是因为该校与武汉大学同处一地且实力相当，因而在很多方面（如教学资源、就业机会）不可避免地构成竞争态势，预调查也说明在所抽样的样本范围中被试者能够显著意识到华中科技大学和武汉大学的竞争关系。

经过预测试，我们形成了一个关于组织广告语征集的实验场景。实验采用了一个 2（独特性集体身份需要：有，无）×2（企业提供的创造激励：有，无）的被试间设计来操纵实验变量。为了确保实验的真实性和形象性，我们在场景中提供了对两所学校（武汉大学和中山大学）的简单介绍。在对两所学校的介绍中，除了校训之外，其余的全部相同，以保证两种集体身份类别之外的其他因素（如组织声誉）对于实验变量的影响最小化。在对创造激励变量的操纵中，我们强调了对身份认同基础上的创造激励，以便更好地检查企业创造激励对于消费者独特性集体身份需要的调节作用。具体而言，在武汉大学场景中，我们强调“作为武大的一名学生，你的支持和参与对学校相当重要”。在中山大学场景中，我们强调“作为一名学生，你可能更了解最有活力的大学应该具备什么特征”。而在无激励的场景中，我们并未提到上述任何一种身份。

本研究数据通过问卷调查来进行收集。与研究一相似，问卷要求被试者首先填写有关自我效能、认知需求、独特性产品需求、独特性体验需求的测量量表，然后提供给参与者上述场景，对场景中的操纵变量进行检查，并对自己的创造意愿进行评价。最后收集了一些参与者的基本信息，包括性别、年龄等。

2. 研究被试

被试者从武汉大学的学生中征集而来。被试者为了获得所选课程的平时成绩而自愿参加该项研究。153 人参与了实验，剔除掉不完整和不合格的问卷，实际的参与人数为 148 人，64% 为女性。

3. 操纵检查

操纵检查的首要目的是检查独特性集体身份需求变量的有效性。我们采用社会认同量表来检查该变量的有效性。如果被试者能够显著地认同被操纵的集体身份，则我们认为独特性集体身份需求变量的操纵有效。社会认同量表的四个问题是“我对于情景中的这所学校十分认同”，“我十分关心这所学校的发展”，“我和这所学校中的其他学生有很多共同点”，“我感觉我归属于这个学校”，分别用七级李克特量表测量。测量结果表明总体一致性为 0.83，方差分析结果显示，被试者对于武汉大学的集体身份的认同显著高于对中山大学的认同（$M=5.30$ vs 3.36；$F(1, 146)=212.81$，$p<0.001$），说明独特性集体身份需求变量得到了有效操纵。

对创造激励的操纵检查同研究一相似，我们用两个问项的七级语义差异量表来检查被试者对于“在该情景中，该学校鼓励我参与广告语的创造和设计工作”的感知程度（我感受到/未感受到；很强/很弱；$\alpha=0.93$）。结果显示，创造激励变量得到了有效的操纵：创造激励（$M=5.02$ vs 3.05；$F(1, 146)=70.25$，$p<0.001$）。

（三）关键概念测量

对关键概念的测量与研究一相似。具体而言，对自我效能感的测量采用大学生一般自我效能感测量量表，用五级李克特量表进行测量（以下各量表除非特别注明，都用五级李克特量表测量）。总体一致性信度为 0.87，说明本量表是可以接受的。经主成分因素分析只抽取出一个有效因子，总方差解释量为 51.97%，因子载荷值均高于 0.6，说明量表具有可接受的结构效度。

对认知需求的测量采用认知需求测量短表的中文译本，总体一致性信度为 0.84，说明本量表是可以接受的。经主成分因素分析只抽取出一个有效因子，总方差解释量为52.09%，因子载荷值均高于0.50，表明量表具有可接受的结构效度。

对消费者独特性产品需求的测量采用独特消费产品需求量表（Lynn and Harris，1997），总体一致性信度为0.81，说明本量表是可以接受的。经主成分因素分析只抽取出一个有效因子，总方差解释量为57.88%，因子载荷值均高于0.60，说明量表具有可接受的结构效度。

对消费者独特性体验需求的测量采用唤醒水平寻求趋向量表（AST）（Mehrabian and Russell，1974），总体一致性信度为0.86，说明本量表是可以接受的。经主成分因素分析抽取出三个有效因子，总方差解释量为61.38%，说明量表具有可接受的结构效度。

对创造意愿的测量采用一个问项，即让被试者对“参与该学校的广告语创造和设计工作”的愿意程度以七级李克特量表进行评价。采用单问项的原因是在本研究设计已经明确地规定了被试者参与创造的任务，因此不再需要像研究一那样对可能的多种创造行为进行描述。并且，在任务确定的情况下，单问项有助于提高我们的测量效度，在很多学者对行为意向的研究中，均采用了单问项的测量方式。

二、数据分析

（一）对研究一的再检验

各变量的描述性统计量及皮尔逊相关矩阵见表6-4。我们首先采用多元回归分析检查假设1至假设2。如表6-5所示，除认知需求和性别对创造意愿未产生显著影响之外，自我效能感、独特性产品需求、独特性体验需求和创造激励均对创造意愿产生了显著影响，假设1和假设2得到支持。从标准化系数来看，创造激励为创造意愿贡献了更多的解释方差，其次是独特性产品需求、独特性体验需求和自我效能感。该结果与研究一的数据结果是一致的，说明尽管变换了实验场景和抽样样本，但上述变量对于消费者创造意愿的影响作用是基本稳定的，支持了研究一的主要结论。

表 6-4　　描述性统计量和皮尔逊相关矩阵

变量	平均值	标准差	1	2	3	4	5	6	7
1. 创造意愿	4.72	1.66							
2. 自我效能感	3.48	0.79	0.48**						
3. 认知需求	3.87	0.72	0.13	0.28**					
4. 独特性产品需求	3.69	0.63	0.52**	0.37**	0.14				
5. 独特性体验需求	3.48	0.79	0.47**	0.37**	0.19*	0.33**			
6. 独特性集体身份需求	0.45	0.50	0.43**	0.15	0.14	0.20*	0.20*		
7. 创造激励	0.54	0.50	0.45**	0.28**	-0.04	0.16*	0.06	0.39**	
8. 性别	0.64	0.48	-0.10	-0.16	0.22**	-0.26*	-0.02	-0.04	-0.06

注：表中 *、** 分别表示显著性水平为 0.05 和 0.01。

表 6-5　　对研究一的再检验结果

变量	创造意愿			
	标准误差	标准化系数	t 值	p 值
自我效能感	0.15	0.17	2.36	0.02
认知需求	0.15	-0.01	-0.11	0.92
独特性产品需求	0.16	0.32	4.81	0.00
独特性体验需求	0.17	0.28	4.34	0.00
创造激励	0.20	0.34	5.55	0.00
性别	0.22	0.04	0.64	0.52
模型 F 值	26.00（$p<0.001$）			
经过调整的 R^2	0.51			

（二）独特性集体身份需求对创造意愿的影响作用

1. 独特性集体身份需求对创造意愿的影响

在本研究中，独特性集体身份需求是由我们的实验设计来操纵的，因此是分类变量，即只存在有独特性集体身份需求和无独特性集体身份需求两类。我们采用方差分析比较两种条件下创造意愿的差异来检验独特性集体身份需求对创新意愿的影响。

方差分析的结果如表6-6所示，有独特性集体身份需求组和无独特性集体身份需求组表现出了显著的统计差异（$p<0.001$），在激活独特性集体身份需求的场景中，被试者的创造意愿更高，说明独特性集体身份需求对消费者的创造意愿产生了影响，假设3得到支持。

表6-6 独特性集体身份需求对创造意愿的影响（方差分析）

独特性集体身份需求	创造意愿				
	N	均值	标准差	F值	p值
无	82	4.09	1.63	33.19	0.00
有	66	5.52	1.33		

2. 创造激励的调节作用

在我们的研究中，独特性集体身份需求和企业的创造激励都是分类变量，因此我们采用方差分析来检查消费者独特性集体身份需求是否与企业的创造激励行为产生了交互作用。在方差分析中，我们将独特性集体身份需求、企业的创造激励以及两者的交互作用同时纳入分析模型，结果如表6-7所示。

表6-7 独特性集体身份需求与创造激励的交互作用（方差分析）

变量	创造意愿				
	F值	p值	偏 eta^2	检验效能	经过调整的 R^2
独特性集体身份需求	20.77	0.00	0.13	0.99	0.31
创造激励	13.94	0.00	0.09	0.96	
独特性集体身份需求×创造激励	9.02	0.00	0.06	0.85	

从表6-7可以看到，独特性集体身份需求与创造激励分别对创

造意愿产生了显著影响，同时，独特性集体身份需求与创造激励也产生了显著的交互作用。其中，独特性集体身份需求解释了13%的总变异，创造激励解释了9%总变异，而两者的交互作用解释了6%的总变异。

为了识别独特性集体身份需求与创造激励的交互作用模式，我们绘制了高低创造激励下独特性集体身份需求对创造意愿的回归图。从图6-6中可以看出，在存在创造激励的条件下，具有独特性集体身份需求的被试者表现出了更高的创造意愿，假设4得到支持。

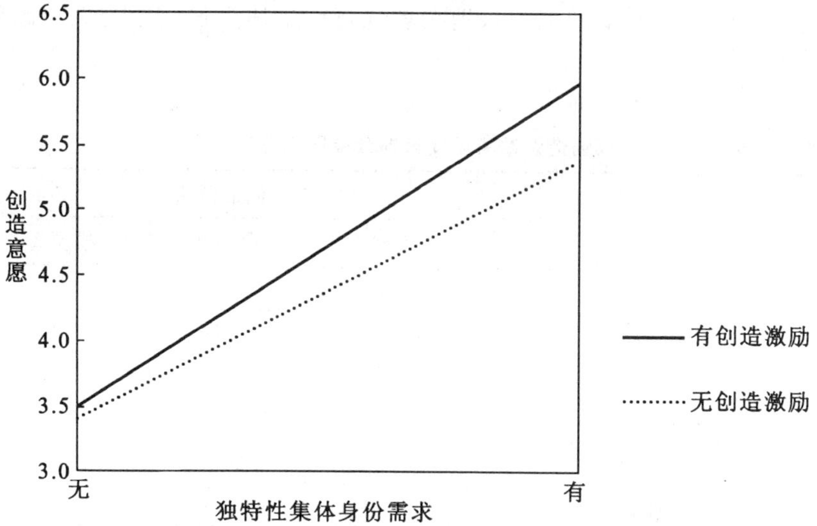

图6-6　独特性集体身份需求与创造激励的交互效应

3. 认知需求的调节作用

为了检查认知需求是否与独特性集体身份需求产生了交互作用，我们根据认知需求变量的分值将其分为高低两组，平均数一个标准差以上的为高认知需求组，平均数一个标准差以下的为低认知需求组。将独特性集体身份需求、分组后的认知需求以及两者的交互作用同时纳入分析模型，结果表明除独特性集体身份需求的作用显著之外（$F=29.94$，$p<0.001$），认知需求（$F=0.72$，$p=0.40$）以及两者的交互作用（$F=0.25$，$p=0.62$）均不显著，说明认知需求的调节作用并不显著，假设5未得到支持。

（三）社会认同理论对消费者创造性研究的贡献

与研究一的方法类似，为了进一步了解社会认同理论支持的独特性集体身份需求变量对消费者创造意愿的解释力度，我们采用分层多元回归分析方法，即在对研究一的再检验模型的基础上，逐次地引入独特性集体身份需求变量以及交互作用，形成了三个模型。

如表6-8所示，模型1是对研究一的再检验模型。模型2在模型1原有变量的基础上引入了消费者独特性集体身份需求变量。模型3在模型2的基础上引入消费者独特性集体身份需求与创造激励的交互作用。

表6-8　　以创造意愿为因变量的分层回归分析结果

变量	创造意愿		
	模型1	模型2	模型3
自我效能感	0.17**	0.18***	0.19**
认知需求	-0.01	-0.04	-0.04
独特性产品需求	0.32***	0.30***	0.30***
独特性体验需求	0.28***	0.25***	0.21***
创造激励	0.34***	0.26***	0.25***
性别	0.04	0.05	0.04
独特性集体身份需求		0.19***	0.22***
独特性集体身份需求×创造激励			0.12*
模型 F 值	26***	24.90***	22.69***
经过调整的 R^2	0.51	0.53	0.54
经过调整的 R^2 的增加值		0.02	0.01
分层 F 检验		5.96*	3.02+

注：表格中输入值是标准化回归系数及其显著性水平，其中+、*、**、***分别表示显著性水平为0.1、0.05、0.01和0.001。

三个模型的检验结果均在0.001的水平下显示出统计上的显著性。总回归方程在不存在交互项的情况下（模型2）解释了全部变异的53%，在引入交互作用项的情况下（模型3）解释了全部变异的54%。从标准化回归系数来看，独特性产品需求对创造意愿的解释力度最高（$\beta=0.30$），其次分别是创造激励（$\beta=0.25$）、独特性集体身份需求（$\beta=0.22$）、独特性体验需求（$\beta=0.21$）和独特性集体身份需求与创造激励的交互作用（$\beta=0.12$）。

模型2在模型1的基础上引入了独特性集体身份需求变量后，经过调整的决定系数增加到0.53。分层F检验显示，两个决定系数值的差异在0.05水平上是显著的，新增的独特性产品需求变量解释了2%的变异。模型3显示，独特性集体身份需求与创造激励存在着显著的交互作用，并且与创造意愿正相关（$\beta=0.12$，$p<0.05$）。分层F检验显示，两个决定系数值的差异在统计上是显著的（$p<0.1$）。分层回归分析说明模型中的独特性集体身份需求以及交互项增加了回归方程的预测能力，也证实了社会认同理论在解释消费者创造意愿的变异方面具有独立的贡献。

三、结论

本研究在研究一的基础上增加了对消费者利他创造动机——独特性集体身份需求的检查。研究继续支持了研究一中的主要结论，并同时发现，独特性集体身份需求对于消费者创造意愿的影响是显著的。具体而言，我们的研究集中在以下方面：

（一）对研究一的主要结论的再检验

在研究一中，我们检查了一般创造性理论中的能力—动机—环境框架在消费者创造性研究中的适用性，结果发现自我效能和创造激励对消费者创造意愿产生了显著的影响，而认知需求动机对消费者创造意愿并未产生显著影响。在本研究中，我们同样证实了上述结论。研究发现，当存在创造激励时，消费者表现出了更高的创造意愿。消费者的认知需求高低并未造成他们在创造意愿上的差异。

与研究一略有不同的是，在本研究中，自我效能感对创造意愿的直接影响作用十分显著，表现在即使在回归方程上引入了其他动机因素，自我效能感对创造意愿的影响仍未有任何减弱，该结论与一般创造性研究中的有关自我效能感与创造性关系的多数研究一致，即认为自我效能感独立地对创造性产生了直接影响。在本研究我们也发现，自我效能感越强，消费者的创造意愿越强。

在本研究中，我们还对研究一中的两种独特性利己动机——独特性产品需求和独特性体验需求与创造意愿的关系进行了再检验。本研究的结果与研究一的结论一致，证实两种独特性动机均对消费者创造意愿产生了显著影响，即消费者的独特性产品需求或独特性体验需求越强，消费者的创造意愿也越强。

（二）对消费者利他创造动机的检验

在本研究中，我们检查了消费者利他创造动机——独特性集体身份需求对于创造意愿的影响作用。研究结果表明独特性集体身份需求对于创造意愿产生了显著的影响，当消费者的独特性集体身份需求被激活时，他们表现出了更强的创造意愿。

然而，独特性集体身份需求与其他两种独特性利己动机不同，主要表现在其行动的目的不是为了自己的利益，而更多是从集体利益的角度来考虑。因此，当企业提供了基于集体利益认同的创造激励时，独特性集体身份需求被激活的消费者更可能表现出高创造意愿。我们的研究也发现，创造激励调节了独特性集体身份需求与创造意愿之间的关系，当创造激励存在时，独特性集体身份需求高的消费者表现出了更强的创造意愿。

在变量假设中，我们认为认知需求会调节独特性集体身份需求与创造意愿之间的关系，原因是独特性集体身份需求被激活状态下的消费者可能会将消费中的创造性参与视为一种工作过程，因而认知需求对工作状态下的创造性的影响作用可能会被诱发，即对思考活动感兴趣的个体，在为了维护集体身份和利益时，更可能会参与创造活动。然而，我们的研究并未为该假设提供支持。在本研究中，认知需求的调节作用并不显著。可能的解释是即使在独特性集体身份需求被激活的条件下，消费者仍然未将消费活动中的创造性参与视为一种工作过程。这也可以说明消费者对待消费场景中的企业组织，与对待自己工作或服务的组织是存在差异的。

第四节　研究三：不同类型创造激励的影响作用

一、研究设计

（一）研究目的与模型

1. 研究目的

研究二在研究一的基础上检查了消费者利他动机对消费者创造性的贡献，证实了独特性集体身份需求对创造意愿的影响，并且研究发现创造激励对独特性集体身份需求和创造意愿的关系产生了调节作用。然而，在研究一中，我们发现创造激励对独特性体验需求和创造意愿的关系产生了调节作用。那么，我们关心的是，创造激励是否对不同的动机均产生了调节作用。或者，不同的创造激励对不同的动机产生了调节作用。

在本研究中，我们将创造激励分为三种类型：基于结果的激励、基于过程的激励和基于社会认同的激励，通过实验设计来检查三种不同的创造激励对三种独特性动机的调节作用。同时，我们也检查在该实验设计下，研究一和研究二中的主要结论是否同样得到支持。

2. 研究模型与假设

本研究的研究模型见图 6-7。如图所示，我们的研究假设为：

假设 1：消费者的自我效能感和创造激励对创造意愿分别产生显著的正面影响。

假设 2：消费者的独特性产品需求、独特性体验需求和独特性集体身份需求分别对创造意愿产生显著的正面影响。

假设 3：三种类型的创造激励——基于结果、过程和社会认同的创造激励分别对创造意愿产生显著的正面影响。

假设 4：不同类型的创造激励与不同动机产生了交互作用。具体而言：

假设 4a：基于结果的创造激励与独特性产品需求产生交互作用，即当企业提供基于结果的创造激励时，独特性产品需求对于创造意愿的正面影响就会较强。

假设 4b：基于过程的创造激励与独特性体验需求产生交互作用，即当企业提供基于过程的创造激励时，独特性体验需求对于创造意愿的正面影响就会较强。

假设 4c：基于社会认同的创造激励与独特性集体身份需求产生交互作用，即当企业提供基于社会认同的创造激励时，独特性集体身份需求对于创造意愿的正面影响就会较强。

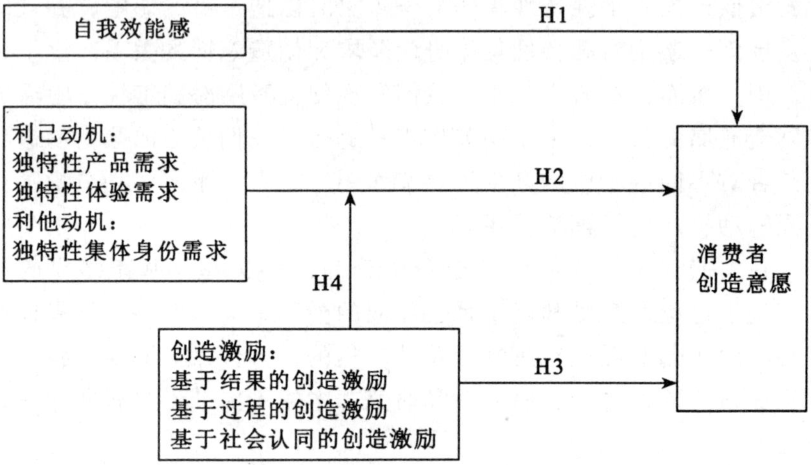

图 6-7　研究三框架图

（二）实验设计

1. 实验设计

根据本研究的目的，我们需要设计一个能够提供三种类型的创造激励的场景，这要求该场景的设计能反映出激励三种不同动机的元素。考虑到前两个研究采用的是消费者参与服务企业和非营利组织创造活动的场景，本研究将检查消费者参与生产企业的创造活动。

经过预测试，我们以某网络游戏公司的产品命名活动作为本研究的创造场景。实验采用了一个 2（独特性集体身份需要：有，无）×4（企业提供的创造激励：基于结果，基于过程，基于社会认同，无激励）的被试间设计来操纵实验变量。

选择网络游戏公司作为场景，一方面是由于其可作为新型生产企业的代表，另一方面也考虑到我们所抽样的学生样本对于该类型公司的产品的熟悉程度较高。选择产品命名活动作为创造任务，是考虑到该任务的难度对于消费者较为适中，这样可以使因客观能力或经验等因素对创造意愿的影响相对减弱。并且，相对于要求提供开放式的建议或设计方案而言，该任务描述较为明确，便于被试者的一致理解，有助于提高我们对相关变量的测量效度。

与研究二相似，我们在实验中操纵了独特性集体身份需求变量。由于实验中的网络游戏公司不是真实世界中的企业，我们无法通过选择被试者与实验企业的品牌或产品关系来对集体身份进行界定。在本研究中，我们考虑通过选择被试者与实验企业的民族关系，在实验设计中操纵被试者的国民集体身份的激活状态。通过预调查，我们选择中国和印度作为实验企业的两种来源国。选择印度作为中国消费者国民身份的对照身份的原因是，印度与中国在经济发展水平上相似，并且中国国民对印度没有明显的正向或负向民族情感。

为了确保实验的真实性和形象性，我们具体设计和描述了实验中需要被命名的游戏内容，考虑到调查样本对不同游戏的熟悉程度不同，我们想象了一个以中国四大名著之一《西游记》为内容的游戏。《西游记》的故事内容在中国国民中的熟悉程度较高，可以使因不同被试者对游戏内容的了解程度对游戏命名任务参与意愿的影响降至最低。

在对不同创造激励的设计中，我们分别强调了消费者从游戏命名任务中获得的不同收益。在基于结果的创造激励设计中，我们强调创造结果对于消费者的独特性，所设计的激励内容是“如果你的命名为公司所接受，公司将赠送你一款单机版游戏，这款游戏中的主人公可以根据你的意愿来为你单独设计”。在基于过程的创造激励设计中，我们强调创造过程中的体验对于消费者的独特性，所设计的激励内容是“在设计名字的过程中，你可以登录公司的网站参与游戏的试体验，或者在论坛上与其他参与命名的消费者一同讨论，还可以与我们的设计人员进行直接交流”。在基于社会认同的创造激励设计中，我们强调创造任务对于维持消费者集体身份的重要性，所设计的激励内容是“作为一位中国的消费者，你的支持和参与对中国本土企业的发展相当重要”。

本研究数据通过问卷调查来进行收集。与研究一相似，问卷要求被试者首先填写有关自我效能、认知需求、独特性产品需求、独特性体验需求的测量量表，然后提供给参与者上述场景，对场景中的操纵变量进行检查，并对自己的创造意愿进行评价。最后收集了一些参与者的基本信息，包括性别、年龄等。

2. 研究被试

被试者从武汉某两所大学的学生中征集而来。被试者为了获得所选课程的平时成绩而自愿参加该项研究。340 人参与了实验，剔除掉不完整和不合格的问卷，实际的参与人数为 304 人，56% 为女性。

3. 操纵检查

与研究二一样，我们采用的群体认同量表来检查独特性集体身份需求变量的有效性。如果被试者能够显著地认同被操纵的集体身份，则我们认为独特性集体身份需求变量的操纵有效。操纵检查结果表明总体一致性为 0.84，方差分析结果显示，被试者对于中国本土企业的集体身份的认同显著高于对印度企业的认同（$M = 5.01$ vs. 3.40；$F(1,302) = 136.55$，$p<0.001$），说明独特性集体身份需求变量得到了有效操纵。

在对创造激励的操纵检查中，我们采用三套两个问项的七级语义差异量表来分别检查被试者对于三种创造激励的感知程度。其中，“基于结果的创造激励”采用“我感觉到参与游戏命名能为我带来特别的好处”（我感受到/未感受到；很强/很弱；$\alpha = 0.91$）来检查；“基于过程的创造激励”采用“我感觉到参与游戏命名的过程十分有趣”（我感受到/未感受到；很强/很弱；$\alpha = 0.94$）来检查；“基于社会认同的创造激励”采用“我感觉到我对游戏命名的参与对该企业而言很重要”（我感受到/未感受到；很强/很弱；$\alpha = 0.94$）来检查。结果显示，创造激励变量得到了有效的操纵：基于结果的创造激励（$M = 5.06$ vs 3.76；$F(1, 302) = 31.39$，$p < 0.001$）；基于过程的创造激励（$M = 5.39$ vs 4.24；$F(1, 302) = 26.79$，$p < 0.001$）；基于社会认同的创造激励（$M = 5.44$ vs 4.49；$F(1, 302) = 15.46$，$p < 0.001$）；无创造激励（$M = 3.08$ vs 4.65；$F(1, 302) = 68.30$，$p < 0.001$）。

（三）关键概念测量

对关键概念的测量与前述研究相似。对自我效能感的测量采用大学生一般自我效能感测量量表，用五级李克特量表进行测量（以下各量表除非特别注明，都用五级李克特量表测量）。总体一致性信度为0.91，说明本量表是可以接受的。经主成分因素分析只抽取出一个有效因子，总方差解释量为63.95%，因子载荷值均高于0.65，说明量表具有可接受的结构效度。

对消费者独特性产品需求的测量采用独特消费产品需求量表，总体一致性信度为0.90，说明本量表是可以接受的。经主成分因素分析只抽取出一个有效因子，总方差解释量为68.14%，因子载荷值均高于0.5，说明量表具有可接受的结构效度。

对消费者独特性体验需求的测量采用AST量表。总体一致性信度为0.82，说明本量表是可以接受的。经主成分因素分析抽取出三个有效因子，总方差解释量为69.05%，说明量表具有可接受的结构效度。

对创造意愿的测量也采用一个问项，即让被试者对“参与该游戏命名活动”的愿意程度以七级李克特量表进行评价。同研究二一样，采用单问项的原因是在本研究设计已经明确地规定了被试者参与创造的任务，因此单问项有助于提高我们的测量效度。

二、数据分析

（一）对研究一及研究二的再检验

各变量的描述性统计量及皮尔逊相关矩阵见表6-9。

表 6-9 描述性统计量和皮尔逊相关矩阵

变量	平均值	标准差	1	2	3	4	5	6	7	8
1. 创造意愿	4.93	1.67								
2. 自我效能感	3.59	0.63	0.48**							
3. 独特性产品需求	3.22	0.79	0.50**	0.27**						
4. 独特性体验需求	3.63	0.72	0.58**	0.31**	0.28**					
5. 独特性集体身份需求	0.50	0.50	0.27**	0.12*	0.15**	0.10**				
6. 基于结果的创造激励	0.21	0.41	0.30**	0.05	-0.03	0.15**	0.24**			
7. 基于过程的创造激励	0.27	0.45	0.30**	0.19**	0.26**	-0.03	0.17**	-0.32**		
8. 基于社会认同的创造激励	0.21	0.41	0.12*	0.20**	0.07	0.22**	-0.22*	-0.27**	-0.32**	
9. 无创造激励	0.31	0.46	-0.66**	-0.40**	-0.28**	-0.30	-0.16*	-0.35**	-0.37**	-0.35*

注：表中*、**分别表示显著性水平为0.05和0.01。

我们采用多元回归分析检查假设1和假设2。如表6-10所示，自我效能感、独特性产品需求、独特性体验需求和独特性集体身份需求均对创造意愿产生了显著影响，假设1和假设2得到支持。从标准化系数来看，独特性体验需求为创造意愿贡献了更多的解释方差，其次是独特性产品需求、自我效能感和独特性集体身份需求。该结果与研究一和研究二的数据结果是基本一致的，说明尽管变换了实验场景和抽样样本，但上述变量对于消费者创造意愿的影响作用是基本稳定的，支持了研究一的主要结论。

表 6-10 对研究一的再检验结果

变量	创造意愿			
	标准误差	标准化系数	t 值	p 值
自我效能感	0.10	0.14	3.79	0.00
独特性产品需求	0.07	0.24	6.81	0.00
独特性体验需求	0.08	0.33	9.38	0.00
独特性集体身份需求	0.11	0.11	3.45	0.00
创造激励	0.13	0.42	11.48	0.00
模型 F 值	131.30（$p<0.001$）			
经过调整的 R^2	0.68			

（二）不同类型创造激励对创造意愿的影响作用

1. 不同类型创造激励对创造意愿的影响

我们采用方差分析来分别比较三种创造激励条件下创造意愿的差异，以检验不同类型创造激励对创新意愿的影响。方差分析的结果如表 6-11、表 6-12、表 6-13 所示，基于结果的创造激励、基于过程的创造激励和基于社会认同的创造激励组相对于无激励组而言均表现了较高的创造意愿，假设 3 得到支持。

表 6-11　基于结果的创造激励对创造意愿的影响（方差分析）

基于结果的创造激励	创造意愿				
	N	均值	标准差	*F* 值	*p* 值
无	95	3.29	1.00	202.52	0.00
有	65	5.88	1.29		

表 6-12　基于过程的创造激励对创造意愿的影响（方差分析）

基于过程的创造激励	创造意愿				
	N	均值	标准差	*F* 值	*p* 值
无	95	3.29	1.00	286.72	0.00
有	83	5.73	0.91		

表 6-13　基于社会认同的创造激励对创造意愿的影响（方差分析）

基于社会认同的创造激励	创造意愿				
	N	均值	标准差	*F* 值	*p* 值
无	95	3.29	1.00	81.61	0.00
有	64	5.31	1.81		

2. 创造激励的调节作用

我们同样采用方差分析来检查消费者三种不同的创造动机是否

分别与三种类型的创造激励行为产生了交互作用。在方差分析中，我们将三种不同的创造动机、三种类型的创造激励以及两者的交互作用纳入分析模型。

（1）独特性产品需求与基于结果的创造激励的交互作用。

我们根据独特性产品需求变量的分值将其分为高低两组，平均数一个标准差以上的为高独特性产品需求组，平均数一个标准差以下的为低独特性产品需求组。将基于结果的创造激励、分组后的独特性产品需求以及两者的交互作用同时纳入分析模型，如表 6-14 所示，独特性产品需求与基于结果的创造激励分别对创造意愿产生了显著影响。其中，独特性产品需求解释了 30% 的总变异，基于结果的创造激励解释了 5% 总变异，而两者的交互作用解释了 9% 的总变异。

表 6-14　　独特性产品需求与基于结果的创造激励的交互作用（方差分析）

变量	创造意愿				
	F 值	p 值	偏 eta^2	检验效能	经过调整的 R^2
独特性产品需求	6.49	0.00	0.30	1	0.41
基于结果的创造激励	15.43	0.00	0.05	0.98	
独特性产品需求×创造激励	2.17	0.01	0.09	0.94	

为了识别独特性产品需求与基于结果的创造激励的交互作用模式，我们绘制了高低创造激励下独特性集体身份需求对创造意愿的回归图。从图 6-8 中可以看出，在存在基于结果的创造激励的条件下，具有独特性产品需求的被试者表现出了更高的创造意愿，假设 4a 得到支持。

（2）独特性体验需求与基于过程的创造激励的交互作用。

和前述分析一样，我们根据独特性体验需求变量的分值将其分为高低两组，平均数一个标准差以上的为高独特性体验需求组，平均数一个标准差以下的为低独特性体验需求组。将基于过程的创造

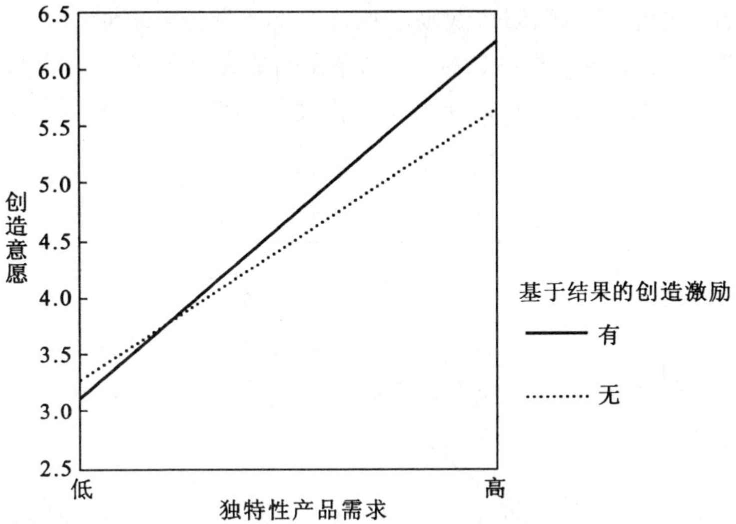

图 6-8　独特性产品需求与基于结果的创造激励的交互效应

激励、分组后的独特性体验需求以及两者的交互作用同时纳入分析模型，如表 6-15 所示。可以看到，独特性体验需求与基于过程的创造激励分别对创造意愿产生了显著影响，同时，独特性体验需求与基于过程的创造激励也产生了显著的交互作用。其中，独特性体验需求解释了 58% 的总变异，基于创造激励解释了 10% 的总变异，而两者的交互作用解释了 13% 的总变异。

表 6-15　**独特性体验需求与基于过程的创造激励的交互作用（方差分析）**

变量	创造意愿				
	F 值	*p* 值	偏 eta^2	检验效能	经过调整的 R^2
独特性体验需求	6.01	0.00	0.58	1	0.55
基于过程的创造激励	25.42	0.00	0.10	1	
独特性体验需求×创造激励	1.60	0.05	0.13	0.96	

为了识别独特性体验需求与基于过程的创造激励的交互作用模式，我们绘制了高低创造激励下独特性集体身份需求对创造意愿的回归图。从图6-9中可以看出，在存在创造激励的条件下，具有独特性体验需求的被试者表现出了更高的创造意愿，假设4b得到支持。

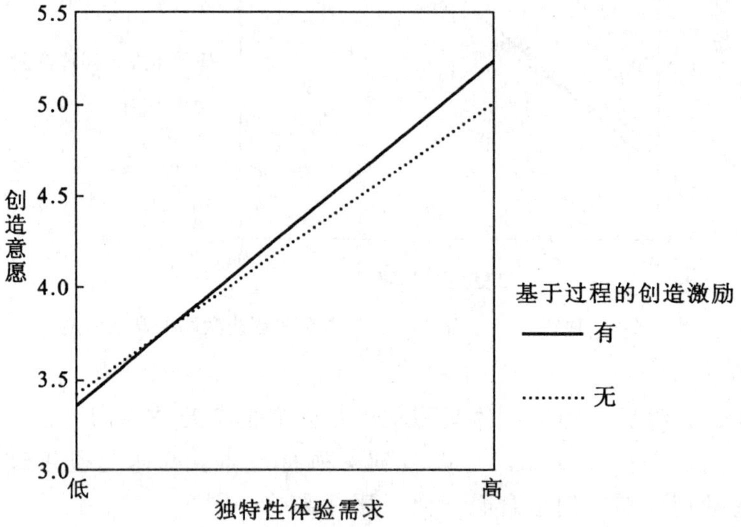

图6-9 独特性体验需求与基于过程的创造激励的交互效应

（3）独特性集体身份需求与基于社会认同的创造激励的交互作用。

表6-16显示了独特性集体身份需求与基于社会认同的创造激励的交互作用，可以看到，独特性集体身份需求与创造激励分别对创造意愿产生了显著影响，同时，独特性集体身份需求与创造激励也产生了显著的交互作用。其中，独特性集体身份需求解释了3%的总变异，创造激励解释了2%的总变异，而两者的交互作用解释了2%的总变异。

表 6-16 独特性集体身份需求与基于社会认同的创造激励的交互作用（方差分析）

变 量	创造意愿				
	F 值	p 值	偏 eta^2	检验效能	经过调整的 R^2
独特性集体身份需求	8.26	0.00	0.03	0.81	0.11
基于社会认同的创造激励	5.91	0.02	0.02	0.68	
独特性集体身份需求×创造激励	4.45	0.04	0.02	0.66	

为了识别独特性集体身份需求与创造激励的交互作用模式，我们绘制了高低创造激励下独特性集体身份需求对创造意愿的回归图。从图 6-10 中可以看出，在存在基于社会认同的创造激励的条件下，具有独特性集体身份需求的被试者表现出了更高的创造意愿，假设 4c 得到支持。

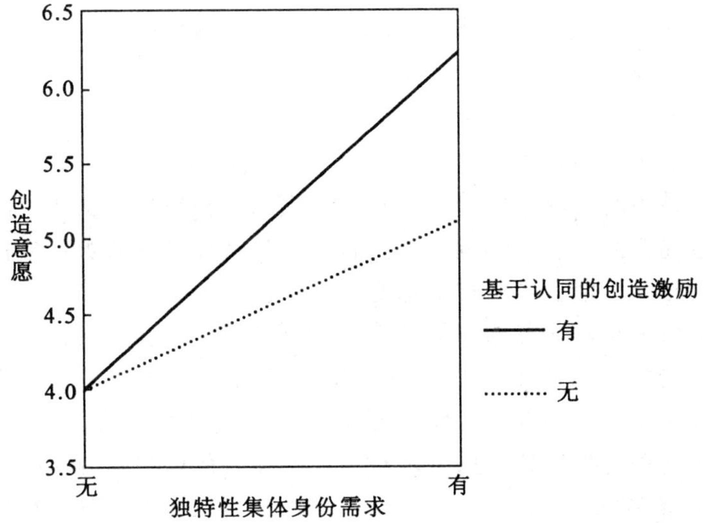

图 6-10 独特性集体身份需求与基于社会认同的创造激励的交互效应

三、结论

本研究在研究一和研究二的基础上检查了不同类型的创造激励对于消费者创造意愿的影响。研究继续支持了研究一和研究二中的主要结论，并同时发现，三种不同类型的创造激励对于消费者创造意愿的影响是显著的，并且不同类型的创造激励调节各独特性创造动机与创造意愿之间的关系。具体而言，我们的研究集中在以下方面：

（一）对研究一和研究二的主要结论的再检验

在研究一和研究二中，我们检查了一般创造性理论中的能力—动机—环境框架在消费者创造性研究中的适用性，结果发现自我效能感、独特性产品需求、独特性体验需求、独特性集体身份需求、创造激励对消费者创造意愿产生了显著的影响。在本研究中，我们同样证实了上述结论。

与研究二一样，在本研究中，自我效能感对创造意愿的直接影响作用十分显著，即使在回归方程上引入了其他动机因素，自我效能感对创造意愿的影响仍未有任何减弱。该结论支持了自我效能感独立地对创造性产生直接影响的观点。自我效能感越强，消费者的创造意愿越强。

在本研究中，我们对研究一中的两种独特性利己动机——独特性产品需求和独特性体验需求与创造意愿的关系进行了再检验。本研究的结果与研究一的结论一致，证实两种独特性动机均对消费者创造意愿产生了显著影响，即消费者的独特性产品需求或独特性体验需求越强，消费者的创造意愿也越强。

本研究也对研究二中的独特性利他动机——独特性集体身份需求与创造意愿的关系进行了再检验。研究结果与研究二的结论一致，证实了该独特性利他动机对消费者创造意愿产生了显著影响，消费者的独特性集体身份需求越强，消费者的创造意愿也越强。

本研究同样检查了创造激励与创造意愿的关系，研究结果与研究一和研究二的结论一致，证实了创造激励对消费者创造意愿产生了显著影响，当存在创造激励时，消费者表现出了更高的创造意愿。

（二）三种不同类型的创造激励对于创造意愿的影响

在本研究中，我们检查了三种不同类型的创造激励对于创造意愿的影响作用。研究结果表明，基于结果的创造激励、基于过程的创造激励以及基于社会认同的创造激励均对创造意愿产生了显著的影响。当企业提供了上述任何一种类型的创造激励时，相比较未提供创造激励而言，对消费者的创造意愿均产生了显著的直接影响。

我们的研究还发现，除了直接影响之外，三种类型的创造激励还分别作用于不同的创造动机，调节了各动机与创造意愿的关系。其中，基于结果的创造激励调节了独特性产品需求与创造意愿的关系，当企业提供基于结果的创造激励时，独特性产品需求对于创造意愿的正面影响就会较强。该结果说明独特性产品需求以创造的结果为导向，因此，强调创造结果独特性的激励有助于促进该动机与行为意愿间的关系。

基于过程的创造激励调节了独特性体验需求与创造意愿的关系，当企业提供基于过程的创造激励时，独特性体验需求对于创造意愿的正面影响就会较强。该结果说明独特性体验需求以创造的过程为导向，因此，强调创造过程独特性和趣味性的激励有助于促进该动机与行为意愿间的关系。

基于社会认同的创造激励调节了独特性集体身份需求与创造意愿的关系，当企业提供基于社会认同的创造激励时，独特性集体身份需求对于创造意愿的正面影响就会较强。该结果说明独特性集体身份需求以身份认同为导向，因此，强调身份或角色的显著性有助于促进该动机与行为意愿间的关系。

第七章

总　　结

第一节　研究结论与讨论

本研究的目的是从消费者的视角探索和检查消费者创造性参与企业价值创造的活动，以发展消费者创造性理论。通过叙事案例研究以及三个实验设计，我们检查了消费者在消费活动中参与创造的动因及其心理机制。具体而言，我们将从一般创造性研究中整理出的汇合的研究框架，应用到消费者创造性研究领域，检查了能力、动机、环境激励三类因素对于消费者创造意愿的影响，并且在叙事案例研究基础上提出了三种适用于消费者创造性研究的独特的动机因素。表 7-1 概括了在实验研究中所有研究假设的验证结果。研究表明，能力—动机—环境激励汇合框架适用于消费者创造性研究领域。在能力方面，自我效能感对创造意愿产生了显著影响；在动机方面，独特性产品需求、独特性体验需求和独特性集体身份需求对创造意愿产生了显著影响，但认知需求对创造意愿并未产生显著影响；在环境激励方面，企业提供的创造激励不仅对创造意愿产生了显著的影响，而且与不同类型的独特动机产生了交互作用。下面我们将就研究发现作进一步的总结和讨论，以明确本研究的意义和贡献。

表 7-1 研究假设的检验结果总表

研究项目	假设	研究假设陈述	检验结果
研究一	H1	消费者认知需求对创造意愿不产生显著影响，但消费者的自我效能感和创造激励对于创造意愿产生显著的正面影响。	部分支持
	H2	消费者独特性产品需求对创造意愿产生显著的正面影响。	支持
	H3	消费者独特性体验需求对创造意愿产生显著的正面影响。	支持
	H4a	消费者独特性产品需求与企业的创造激励行为产生交互作用。	不支持
	H4b	消费者独特性体验需求与企业的创造激励行为产生交互作用。	支持
	H5	消费者独特性产品需求与对企业的信任产生交互作用。	支持
研究二	H1	消费者认知需求对创造意愿不产生显著影响，但消费者的自我效能感和创造激励对于创造意愿产生显著的正面影响。	支持
	H2	消费者独特性产品需求和独特性体验需求分别对创造意愿产生显著的正面影响。	支持
	H3	消费者独特性集体身份需求对创造意愿产生显著的正面影响。	支持
	H4	消费者独特性集体身份需求与企业的创造激励行为产生交互作用。	支持
	H5	消费者独特性集体身份需求与认知需求产生交互作用。	不支持

续表

研究项目	假设	研究假设陈述	检验结果
研究三	H1	消费者的自我效能感和创造激励对创造意愿分别产生显著的正面影响。	支持
	H2	消费者的独特性产品需求、独特性体验需求和独特性集体身份需求对创造意愿分别产生了显著的正面影响。	支持
	H3	基于结果、过程和社会认同的创造激励对创造意愿分别产生了显著的正面影响。	支持
	H4a	基于结果的创造激励与独特性产品需求产生交互作用。	支持
	H4b	基于过程的创造激励与独特性体验需求产生交互作用。	支持
	H4c	基于社会认同的创造激励与独特性集体身份需求产生交互作用。	支持

一、能力因素对消费者创造意愿的影响

我们的研究证实了自我效能感对于消费者创造意愿的影响，自我效能感越高，消费者的创造意愿越强。值得讨论的一个问题是，自我效能感对创造意愿的影响作用是直接的还是间接的。在我们的三项研究中，自我效能感与认知需求、独特性产品需求以及独特性体验需求都表现出了显著的相关度（r 值在 0.2～0.69），表明了主观能力因素可能与上述较为稳定的特质之间存在心理上的关联。在研究一中，我们发现在引入创造动机变量后，自我效能感对创造意愿的直接作用不再显著，后续的回归分析发现，独特性产品需求动机可能成为自我效能感对消费者的创造意愿产生影响的中介变量，即个人对自我能力较高的主观评价，直接产生了将自己表现为与他

人不同的个体的动机，从而影响了消费者的创造意愿。

然而，在研究二和研究三中，我们发现在引入各创造动机变量后，自我效能感对消费者创造意愿仍产生了显著的直接影响。出现这种情况的原因可能由于实验场景的不同，在研究一中，由于美发场景中可能存在一个先天的假设，即人们是为了获得想要的发型而与企业发生接触，这样可能使被试者的独特性产品需求动机对创造意愿的影响更为明显，从而吸收了个人的主观能力感知对创造意愿的直接影响作用。而在研究二和研究三中，因为创造任务中不存在与人们想要的产品直接相关的内容，因此自我效能感的直接作用显现出来。

二、动机因素对消费者创造意愿的影响

（一）认知需求对消费者创造意愿的影响

我们的三项研究一致发现，认知需求对消费者创造意愿并未产生显著的影响，这也说明了一般创造性理论中的认知视角在消费者创造性研究领域中的局限性。认知需求并未对创造意愿产生作用可能基于三种原因：

第一，消费者对于创造任务过高或过低的涉入度可能影响了认知需求对创造意愿的作用。对于消费者而言，他们对消费中的创造参与的理解可能正好处于两种极端：那些希望通过创造活动获得独特性的产品、体验或者集体身份认同的消费者，可能对创造任务有过高的涉入度，从而积极自愿地参与到创造活动之中；而另一部分消费者可能视消费活动为个人的享受或休闲活动，不应当承担创造的义务，可能表现出对创造任务过低的涉入度。在这两种极端的任务涉入度下，认知需求对创造意愿的影响都可能失效，即出现认知需求的天花板和地板效应。

第二，创造任务的复杂程度可能影响了认知需求对创造意愿的作用。受实验条件的限制，我们的实验设计只选择了相对较为简单的创造任务，这些创造任务可能并不需要花费过多的认知努力，因此，高认知需求者和低认知需求者可能无法在创造意愿上表现出显著的差异。

第三，消费者对于消费活动目标的认识也可能影响了认知需求对创造意愿的作用。由于人们一般很少将消费活动作为培养和积累个人技能的手段，即使当人们考虑是否在消费中的进行创造性参与时，其潜在的认知需求所可能形成的创造动机也未能激活。

（二）独特性产品需求和独特性体验需求对消费者创造意愿的影响

我们的研究一致发现，独特性产品需求和独特性体验需求对消费者创造意愿产生了显著的直接影响。独特性产品需求和独特性体验需求较高的消费者表现出了更强的创造意愿。

具有独特性产品需求的消费者倾向于通过获得、使用和处置产品来寻求与他人不同的独特的个人特征，以发展和增强个人的自我意象和社会意象。当消费者意识到创造性参与能使其获得独特性产品，或者使产品的独特性增强，他们的创造意愿就会增强。而具有独特性体验需求的消费者倾向于通过消费活动来获得新鲜、刺激和独特的体验，以达到自己的最适宜刺激水平。当消费者意识到创造活动提供了多样性刺激，能满足自己的好奇心以及不断变化的体验需要时，他们的创造意愿就会增强。

从两种动机的心理机制来看，虽然独特性产品需求和独特性体验需求似乎都强调了对“独特性”的追求，但其内容和实质却有根本不同。独特性产品需求强调的是获得“独特性产品”，其内容实质是“产品的独特性象征意义”，消费者希望通过独特性产品来获得社会尊重和心理满足。因此，因为独特性产品需求而进行创造性参与的消费者，其创造活动是一种工具性活动，即创造性参与活动只是他们为了达成下一步目标的手段，所以这些消费者更加关注创造的结果是否能够形成“独特”的产品象征意义，如果他们预期创造活动的结果不能形成这种象征意义，或者所形成的象征意义可能与其理想的独特自我并不相符，那么他们会拒绝或放弃创造活动。

独特性体验需求强调的是获得“独特性体验”，其内容实质是“体验所提供的刺激水平”，消费者希望通过独特性体验来获得感官和心理上的唤起感受。因此，因为独特性体验需求而进行创造的消费者，其创造活动是一种自发目的性活动，即人们参与创造就是为了从中获得快乐，创造活动以其本身为最终目的。所以这些消费者关注的是创造的过程是否新奇和有趣，是否可能形成享乐体验、高峰体验或流畅体验。

我们的研究比较了上述两种动机的心理机制，研究发现，独特性产品需求与对企业的信任存在交互作用，即消费者的独特性产品需求越高，对企业越信任，他们的创造意愿越强。该发现证实了我们对独特性产品需求心理机制的分析和假设，由于独特性产品需求以结果为导向，并且强调创造结果的社会参照过程，消费者对企业的信任有利于高独特性产品需求者形成对“独特性”创造结果的预期，从而调节了独特性产品需求对消费者创造意愿的影响作用。

我们的研究还发现，独特性体验需求与企业的创造激励存在交互作用，即当存在创造激励时，消费者的独特性体验需求越高，他们的创造意愿越强。该发现也证实了我们对独特性体验需求心理机制的分析和假设，由于独特性体验需求以过程为导向，并且强调个体对创造过程的自我评价过程，企业的创造激励有利于引导高独特性体验需求者形成对“独特性”创造体验的预期，从而调节了独特性体验需求对消费者创造意愿的影响作用。

（三）独特性集体身份需求对消费者创造意愿的影响

我们的研究发现，独特性集体身份需求对消费者创造意愿产生了显著的影响。具有独特性集体身份需求的消费者，表现出较高的创造意愿。

具有独特性集体身份需求的消费者倾向于通过获得或维持一种集体身份来区分自己与外部群体成员，以发展和增强自我中的集体概念。当消费者的独特性集体身份需求被激活，即他们意识到自己所属的集体身份对自己显著重要时，他们会为了集体的维持与发展而从事与集体身份角色一致的活动。如果消费者意识到创造活动与自己的集体身份角色规范一致，有利于集体身份的维持，或者增加了与集体身份相连的情感，他们的创造意愿就会增强。

从独特性集体身份需求的心理机制来看，它更多地从群体利益而非个人利益或兴趣的角色来面对创造活动，因此更多地表现为一种自发性利他行为的动机。支持这种动机产生作用的实质是消费者对于集体身份的社会认同。在消费者对集体身份的认同过程中，消费者建立了与集体符号相关的心理联结，形成了与集体角色一致的行为规范，强化了从集体中获得的联系价值，因而能够使个人利益服从于集体利益。

我们的研究发现了独特性集体身份需求与企业的创造激励存在交互作用，即当存在创造激励时，消费者的独特性集体身份需求被激活，他们的创造意愿较强。该发现也证实了我们对独特性集体身份需求心理机制的分析和假设，由于独特性集体身份需求强调个体对集体身份的社会认同过程，企业的创造激励有利于引导消费者形成对“独特性”集体身份角色的预期，从而调节了独特性集体身份需求对消费者创造意愿的影响作用。

三、外部激励因素对消费者创造意愿的影响

我们的研究一致证实了外部激励因素对消费者创造意愿的影响，当存在创造激励时，消费者的创造意愿更强。该结论与多数创造性研究中的结论一致。然而，我们不仅关注创造激励对消费者创造意愿的直接影响，还试图探索创造激励对于各种不同动机的调节作用。

从行为主义学派的思想来看，外部激励会对行为意向产生直接作用，但另一方面，外部激励也可能透过心理动机因素来间接地影响行为意愿。大量的研究只是关注于外部激励对于内部动机和外部动机的影响，然而这种对动机的简单分类方式可能无法说明不同动机中暗含的典型心理机制，因而也无法完全展现激励因素对不同动机的影响。

我们的研究将外部激励分为基于结果的创造激励、基于过程的创造激励以及基于社会认同的创造激励。这三种类型的创造激励分别针对独特性产品需求、独特性体验需求和独特性集体身份需求三种动机的心理机制。研究发现，基于结果的创造激励与独特性产品需求存在交互作用，当企业提供基于结果的创造激励时，独特性产品需求对于创造意愿的正面影响就会较强。基于过程的创造激励与

独特性体验需求存在交互作用，当企业提供基于过程的创造激励时，独特性体验需求对于创造意愿的正面影响就会较强。基于社会认同的创造激励与独特性集体身份需求存在交互作用，当企业提供基于社会认同的创造激励时，独特性集体身份需求对于创造意愿的正面影响就会较强。

第二节 理论贡献与创新

一、本研究结论的理论贡献

（一）对一般创造性研究的理论贡献

本研究对一般创造性研究的贡献可能表现在三个方面：

第一，我们扩展了一般创造性研究的范围，将一般创造性研究的内容从工作、学习或日常生活中的创造性活动扩展到消费中的创造性活动。这种扩展对于现代社会的一般创造性研究而言可能具有特别的现实意义。正如我们在绪论部分分析的那样，消费社会的出现使得消费活动在社会生活中的比重越来越高，如何让消费活动成为推动社会进步和促进人类发展的手段，正成为现代社会每位有历史责任感的学者需要思考的问题。而将一般创造性研究的范围扩展到对消费活动中创造性的研究，将提升一般创造性研究对于人类社会的现实意义，丰富一般创造性研究的主题，使一般创造性研究的内容更为完整和全面。

第二，我们检验和证实了一般创造性研究中的能力—动机—环境激励框架在消费者创造性研究领域的适用性，发展和补充了创造性理论。我们的研究采用一般创造性研究中的汇合视角，选取了一般创造性研究中较有代表性的三类因素组合成本研究的基本框架，结果证实，一般创造性研究中认可的三类主要因素同样适用于消费者创造性研究领域，说明消费者创造性研究在整体结构与作用机制上与其他领域的创造性研究是相似的。

第三，我们的研究发现一般创造性研究中得到支持的认知需求在消费者创造性研究领域中的局限性。认知需求对消费者的创造意愿并未形成显著的影响，可能反映了消费者创造性研究相对于其他领域的创造性研究的特殊性，也对一般创造性研究的结论在各研究分支领域中的普遍适用性提出了质疑。对于从事创造性研究的学者而言，一方面需要广泛借鉴各研究领域的成果，另一方面也必须兼顾各领域的独特特点。

（二）对消费者创造性研究的理论贡献

本研究对消费者创造性研究的理论贡献主要表现在两个方面：

第一，我们对消费者创造性进行了较为清晰的界定，明确了消费者创造性概念的内涵和外延。现有学者对消费者创造性的研究中，对消费者创造性和消费者创新性两种概念经常混用，学者们研究的重点往往集中于消费者的创新采用行为，或者将消费者的创造行为的心理机制等同于其创新采用行为的心理机制。而我们认为消费者创造性虽然与消费者创新性具有某些方面的联系，但两个概念存在显著的不同。相对于消费者创新性强调的率先采用而言，消费者创造性主要强调“新观点由消费者自己创造和形成”，因此，无论对消费者本身还是企业而言，都具有与创新性所不同的意义。

第二，我们在对一般创造性研究和其他相关领域如心理学、社会学等研究进行文献分析的基础上，形成了研究消费者创造性的较为综合的理论框架，并对该框架提供了一定的实证支持。在我们的研究中，除了根据一般创造性研究整理出一个汇合的框架之外，我们还从心理学中引入独特性需求理论和最适宜刺激水平理论作为探索消费者创造动机的理论基础。在上述两种理论的基础上，我们发现了两种特别的因素——独特性产品需求和独特性体验需求作为消费者参与创造的独特动机。此外，我们也从社会学中引入社会认同理论作为探索消费者的利他行为的创造动机的理论基础，发现独特性集体身份需求作为消费者从事利他性的创造行为的独特动机。我们的研究进一步对一般创造性理论、独特性需求理论、最适宜刺激水平理论以及社会认同理论支持的各类因素的心理机制进行了分析和检验，证实了上述理论对于消费者创造性研究的理论贡献。同时，我们在研究中也讨论和比较了几种理论的本质差异和具体表现，其研究结果有助于发展和充实上述理论。

（三）对消费者行为研究及营销理论的贡献

我们的研究从消费者视角对影响消费者创造性的形成的因素进行了探索和检查，其研究结论丰富了消费者行为研究的成果。在现有的消费者行为研究中，学者们研究了大量动机因素、外部因素等对消费者购买或消费行为的影响，比如将独特性需求理论和 OSL 理论引入到消费者多样性寻求行为的研究中，又比如研究信任因素和外部激励因素对消费者购买评价的影响。然而鲜有学者研究这些因素与消费者创造行为的关系。我们的研究集中于消费活动中的创造行为，既检验了消费者行为研究中已经支持的某些因素（如独特性产品需求）对于创造行为的影响，又提出了一些现有消费者行为研究未涉及的因素（比如消费者的集体身份需求）可能对创造行为的影响，因此，研究结果对于消费者行为其他领域的研究具有一定的借鉴意义。

我们的研究对于营销理论也具有一定的理论贡献。现有营销理论虽然已经开始关注于消费者与企业合作创造的行为，但其理论基础主要来自于知识管理、社会资本或关系营销的概念或框架。本研究没有继承现有营销文献中大量存在的以企业为创造主角的假设，而是站在消费者的角度来探索合作创造活动对消费者的价值。我们的研究借用了来自心理学、社会学等领域的理论和研究结论，从消费者角度更好地说明了合作创造的形成机制，其研究结论可以与现有的基于企业视角的营销理论形成互补，有助于更全面地建构和发展营销理论。

二、本研究的创新之处

本研究的创新之处主要集中在：

第一，在研究主题上，我们选取了消费者与企业的合作创造行为作为消费者创造性的研究对象。并且对消费者创造性概念的内涵与外延进行了界定。比较了消费者创造性与消费者创新性概念的联系和区别。为消费者创造性理论的建构提供了概念基础。

第二，我们在对一般创造性研究进行回顾的基础上，提出了能力—动机—环境激励的汇合框架，并检验和证实了该框架在消费者创造性研究领域的适用性。

第三，我们研究了消费者参与创造的动机因素以及其内部心理机制。我们提出并证实认知需求在消费者创造性研究领域中的局限性，研究结果说明认知需求不是消费者参与创造的主要动机。在借鉴独特性需求理论、OSL 理论和社会认同理论的基础上，我们提出并证实了独特性产品需求、独特性体验需求、独特性集体身份需求三种主要的消费者创造动机，并进一步区分了三种动机的心理机制。

第四，我们提出针对不同心理机制的创造激励将会对不同的动机类型产生调节作用。研究结果支持了前述三种动机不同的心理机制，也证实，不同类型的创造激励（基于结果、基于过程和基于社会认同）对不同动机产生了调节作用。

第三节 管理启示

一、从“为顾客创造”到“让顾客创造”

（一）创造活动的价值

本研究从消费者的视角探索了消费者参与创造的动机，事实上也回答了一个企业经常忽略的问题，即创造活动对消费者而言，到底具有什么样的价值？对多数企业而言，它们关心的是怎样让消费者为自己提供更多的价值，因此，企业与消费者合作创造的目的是为了让自己的新产品或服务开发过程有更高的效率。这种合作创造过程中的企业主导思想可能成为许多消费者望而止步的内因之一。因为对于消费者而言，他们更多关心的是创造参与活动能否为自己带来所需要的价值，只有这些价值才是他们参与费时费力的创造活动的驱动因素（Brockhoff，2003）。

根据我们的研究结论，创造活动为消费者提供的价值可以分为三种：工具价值、体验价值和联系价值。工具价值指创造活动有助于消费者实现自己想要的产品。体验价值指创造活动有助于消费者获得新鲜刺激的体验。联系价值指创造活动有助于消费者增强与所属集体的心理联系。从三种价值的成因来看，工具价值可能来源于顾客对独特性产品的需要，体验价值来源于对独特性体验的需要，联系价值来源于对独特性集体身份的需要。

（二）从为顾客创造到让顾客创造

从营销思想的内涵来看，营销强调的是“为顾客创造价值”，因此，无论企业开发、生产或销售任何产品或服务，从营销的角度而言，其最终目的是要让顾客从产品、服务以及相关的过程中获得他们希望得到的价值。

如何让消费者获得他们希望得到的价值？传统的价值创造方式是“为顾客创造”。即企业通过研究、分析消费者的真实需求，为顾客设计和创造新产品，并通过各种途径和渠道将所创造的产品价值与顾客进行沟通并将其传递给顾客。

然而，“为顾客创造”模式的一大硬伤在于消费者的真实需求和企业的分析结果之间、企业创造的产品价值与消费者的理解之间的双重“失真”，导致企业倾力开发的产品可能与顾客所想相差甚远。特别是对于那些顾客需求不稳定且模糊的行业（比如时尚产业），企业可以考虑采用“让顾客创造”的价值创造方式。

事实上，“让顾客创造”并不意味着企业停止创造，转而将创造的责任或任务转移给顾客。“让顾客创造”是企业通过吸引消费者参与到企业的价值创造过程，帮助消费者直接将其真实需求转换为现实的产品，以实现新价值的过程。因此，“让顾客创造”模式同样是企业为顾客创造价值的一种方式，只不过它相对“为顾客创造”模式而言，重新设计了消费者真实需求的发现、实现和满足过程，通过引导消费者在创造性参与过程中自觉地思考、表达和寻求实现自己的真实需求来为其提供更贴切更卓越的价值。

根据我们的研究，“让顾客创造”的价值创造模式对企业营销实践的意义至少可以表现在以下几个方面：

第一，“让顾客创造”模式促进了研发—市场营销界面的整合，有助于改善新产品开发活动的效果和效率。大量企业的案例研究表明，研发部门与营销部门的界面障碍是造成企业技术创新失败的重要原因。Souder 的调查发现，当研发—市场营销界面存在严重障碍时，68%的研发项目在商业化上完全失败，21%的项目部分失败。造成研发—市场营销界面障碍的一个主要原因在于信息黏滞。在企业的创新过程中，解决问题所需的有关信息分布在不同的职能部门，而不同部门一般对自己领域的信息较为关注和了解，缺乏对其他领域信息的了解愿望和吸收能力，这将导致信息传递中的黏滞现象，即各种不同的信息常常滞留在其自身的信息源周围，严重时甚至引起信息传输通道受阻，信息黏滞使得研发部门及市场营销部门对创新中遇到的问题难以进行及时、有效的沟通。

"让顾客创造"模式从结构上改变了研发—市场营销部门的分置状态，它要求两个部门在创新过程中成为一个整体，其工作的交集在于为顾客的创造性参与提供支持。通过结构的变化，研发部门和市场营销部门在工作中的交互活动增强，增加了两个部门的沟通频率，为它们建立良好的信任关系奠定了基础，同时也要求两个部门的专业化知识相互延伸和融合，增加了各部门对于对方部门的专业信息的吸收能力，如研发部门开始了解市场营销部门的工作方式，以及顾客需求信息的表现形式，而市场营销部门也能了解研发部门的开发难点和重点，以及顾客需求的技术实现方式，如此使得企业突破研发—市场营销的界面障碍，加快创新速度、降低创新风险、降低因顾客需求、竞争环境变化等带来的创新不确定性，保证新产品开发目标的顺利实现。

第二，"让顾客创造"模式提升了客户关怀的质量，有助于建立持续有效的客户关系。客户关怀是客户关系管理体系的核心，它强调企业的一切活动最终应以客户真正感觉到企业的关怀为检查标准。客户只有从企业中感受到了人文化的关怀和体贴，才会形成对企业的情感投入和依赖，这种基于情感的心理契约是企业建立持续有效的客户关系的基础。

然而，企业提升客户关怀质量的一个常见误区是，仅仅从自身的角度来想当然地理解和创造客户关怀事件，却并未清楚了解这种关怀是否适时地触动了客户的心弦，真正达成了"关怀"的目的。比如某服装专营店要求服务人员对每个进入卖场的顾客进行全程跟随服务，但这种紧密跟随的服务可能破坏了顾客的私密空间，不仅未让顾客感受到“关怀”，反而起了相反的作用。对于实施客户关怀策略的企业而言，客户关怀不只是简单的主动关心和服务，其核心在于在服务过程中捕捉顾客的真实需求，并有的放矢地提供解决方案。“让顾客创造”模式为企业提供了一种前摄性和推进性的客户关怀空间。它改变了企业闭门造车地为顾客创造关怀方案的做法，而是在企业与顾客互动的过程中，引导顾客表达自己的真实需要，并协助顾客自主地寻找解决该问题的最满意方案。我们的研究还发现，“让顾客创造”模式可能拓宽了企业通过产品（服务）补救提高客户关怀质量的思路。当不能提供满足顾客需要的产品或服务时，企业可以通过促成消费者与企业共同创造来寻找补救机会。对于那些产品偏好并未发生根本改变，仅仅是因为厌烦了当前的选择，想寻求新鲜体验的消费者，能从与企业的共同创造活动中获得满足，可减少这部分顾客的转换率。

第三，“让顾客创造”模式加强了品牌与参与体验之间的联系，有助于企业的品牌建设和管理。现如今顾客对品牌的感知和理解不仅仅集中于“品牌形象”和“品牌联想”，也包括与品牌相关的“品牌体验”，品牌体验使产品及其品牌成为一种享受生活的方式，而非枯燥的问题解决方案。要建立有意义的品牌体验，企业需要为消费者创造获得深度体验的机会。

“让顾客创造”模式围绕着合作创造活动在企业品牌与消费者之间建立了一系列的事件联系，使顾客在消费相关的过程中形成难忘的回忆和体验，这些与企业共同创造的体验不仅满足了消费者的某些需要（如独特性产品需求），而且增强了消费者与品牌的特别的心理联系，因为对于每一位参与创造的消费者而言，这种创造体验是独一无二的，是自己与企业特有的联系，它让消费者从创造体验中感觉到自身的重要性与价值，从而强化了品牌的意义。事实上，对于很多消费者而言，他们需要购买品牌，不是因为单纯的产品品质，而是品牌带来的有意义的心理联系。有意义的品牌让人们觉得他们是在用时间和金钱去做有意义的事情，而顾客的创造性参与正好强化和加深了品牌带给消费者的这些意义。

二、基于创造动机的新型消费者分类方法

对消费者进行分类有助于企业更好地瞄准目标群体，更有针对性地制定和实施营销策略。现有企业对于消费者的分类主要有三种：人口统计变量分类、价值分类、生活方式分类。这些分类方法研究的是购买产品的消费者，分类的结果是选择不同产品或者愿意支付不同价格的消费者类型。然而，当购前的了解、购中的参与以及购后的评价成为整体的消费体验时，企业对消费者的分类就不能只关注于正在购买的那些消费者，还应关注那些以不同的形式参与到消费过程中的消费者——消费者的创造性参与正是其中的一种。

我们的研究为有关创造型消费者的分类方法提供了理论和数据支持。在研究中，我们对于消费者的创造动机进行了考察，发现可能存在三种类型的创造型消费者——独特性产品寻求者、独特性体验寻求者、独特性集体身份寻求者。虽然这三种类型的消费者均表现出了积极的创造意愿，但他们行为的出发点是不同的，由此预期对从创造性参与活动中获得的价值类型也不同。

这种基于创造动机的新分类方法对于准备或正在与消费者进行合作创造的企业可能具有特别的意义。

首先，它有助于企业判别创造型的消费者和非创造型的消费者，更重要的是企业应当知道，对于参与创造的消费者而言，他们关注的仍旧是创造活动是否能够满足自己的某种需要，只有当企业让消费者相信其创造性参与有助于自己的某种需要实现时，他们才成为创造型的消费者。

其次，它有助于企业分析和识别不同类型的创造型消费者，以便针对不同类型的创造动机，对不同的创造型消费者分别采取策略。比如独特性产品寻求者关心的是最终创造出的产品的独特性意义，因此企业应该让该类顾客相信自己具有实现顾客创意的意愿和能力，并且尽量以显著的符号来宣扬和突显其最终的创造成果。而独特性体验寻求者关心的是创造体验的有趣性和新鲜性，因此企业需要设计消费者参与创造的体验过程，并对合作创造的企业人员进行专题培训，以确保顾客从创造活动中获得新奇的创造体验。对于

独特性集体身份寻求者而言，他们关心的是维持自己的集体身份，因此企业需要激活消费者的集体身份意识，并将创造任务与该集体身份相关联，使消费者因为维护集体身份的需要而参与创造活动，并且能够通过创造活动得以强化自己的集体身份。

此外，这种基于创造动机的新分类方法对于正在考虑市场进入的企业也可能具有特别的意义。因为这种分类方法可能提供了一种市场细分的基础。企业可以考虑进入一种我们称为“顾客创造型”行业，大量的 DIY（Do It Yourself）产业正是其代表。与传统的制造业不同，“顾客创造型”行业虽然也可能建立在制造技术和研发技术的基础之上，但它强调的是为顾客的创造活动提供技术支持和研究设计。或者说，“顾客创造型”行业中企业开发和提供新产品（服务）的目的是为了让顾客从中获得更满意的创造成果或创造体验。在“顾客创造型”行业中，顾客的创造性参与不是促进企业开发或者销售新产品的手段，而是企业经营的范围和目的。根据不同创造动机对消费者进行分类，正是“顾客创造型”市场的利基所在。

三、合作创造中的企业激励行为

在现有企业的合作创造活动中，激励行为的重要性往往被忽视。这可能因为知识管理中对于内隐知识的“关系嵌入”观点，使多数实践中的企业更为相信良好的关系是顾客参与创造和进行知识转移的前提。然而，我们的研究发现，相对于关系而言，企业对于消费者参与创造的激励行为可能更重要。这可能为企业提供了三点启示：

其一，消费者们参与创造不是为了贡献知识或实现知识转移，而是为了从创造中获得自己需要的价值。因此，良好的关系可能有助于内隐知识从顾客转移到企业，但这并不意味着顾客愿意将其内隐知识提供给企业，更加不能表示顾客愿意亲身参与到创造活动之中。

其二，消费者参与创造的决策受到现场场景的较强影响，因为对于消费者而言，决定是否需要参与创造活动，并不像购买耐用消费品那样需要费力的脑力计算和比较，这种创造活动可以随时参与和撤销，而且不需要花费额外的资金，因此，消费者的参与意愿更多表现为一种易受现场气氛影响的快速决策。创造与不创造可能就在一念之间，此时企业的创造激励起到了重要作用。

其三，企业的激励行为还可能对其他影响消费者创造意愿的因素产生促进作用，增强这些因素对于创造意愿的正面影响。我们的研究发现，针对不同的动机的创造激励行为将形成与各创造动机的协同作用，增强这些动机对于消费者创造意愿的影响作用。另外，消费者的自我效能感也是影响消费者创造意愿的一个因素，企业也可以考虑在与消费者互动的过程中，通过激励和培养消费者的自我效能感，来增强消费者的创造意愿。

第四节　研究局限与未来研究建议

一、研究局限

（一）抽样样本的局限性

受研究时间和研究经费的限制，本研究的三项实验均采用了学生样本，虽然在实验设计中我们尽量选择学生较为熟悉和经常面对的消费场景，但不可避免仍有可能存在样本对实验场景的熟悉度差异（比如美发场景）对实验结果带来的影响。

采用学生样本的另一个局限性是，我们无法考察收入、家庭环境、地理位置、年龄、职业等特征对于实验变量的影响。因此我们的实验结果相对而言是比较单纯的，在实际应用时应充分考虑其他因素对研究变量的可能影响。

（二）实验设计的局限性

在实验设计中，我们主要采用场景描述法，即描述一段经过操纵的场景，请被试者想象在该场景下的行为反应。然而，被试者对场景描述的想象与其在真实场景中形成主观感受必然存在差异，尽管我们试图通过更为形象和详细的场景描述来减少这种差异，但选择该方法所产生的效度损失不可避免。

（三）测量工具的局限性

在本研究中，我们对自我效能感、认知需求、独特性产品需求、独特性体验需求、独特性集体身份需求均采用了相关研究中较为成熟的量表作为测量工具。然而，除了自我效能感和认知需求量表之外，其他量表在中国样本中的信度和效度还未曾有过检验。虽然我们在研究中对上述量表进行了信效度分析，但仅限于学生样本，这些测量工具在中国消费者样本中的信度和效度还有待于进一步检查。

测量工具方面的另一个局限性在于我们对独特性产品需求、独特性体验需求、独特性集体身份需求的测量并未开发直接的构念测量工具，而是借鉴了相关理论所支持的测量量表，如对独特性产品需求采用独特消费产品需求量表，对独特性体验需求采用唤醒水平寻求趋向 AST 量表，对独特性集体身份需求采用群体认同量表，而这些测量量表是否全面地反映了我们研究中所界定的构念，仍值得未来研究进一步探索。

二、未来研究建议

我们的研究虽然试图关注消费领域中的创造性，但仅仅只是该领域研究的开始。由于该领域现有的研究学者较少，研究基础较为薄弱，未来应当具有相当大的研究空间。针对未来的相关研究，笔者提出如下建议：

（一）对消费者创造性进行分类研究

在本研究中，我们只研究了能力、动机和创造激励因素对消费者的创造意愿的影响。然而，就消费者创造性的研究领域来看，消费者创造意愿只代表了其构念中的行为意向成分。在一般创造性研究中，对创造性的研究和测量更多侧重于对创造能力或创造成果的评价，比如从新颖性和适用性等方面来评价创造者的贡献。事实上，对企业而言，消费者创造性的价值主要体现在两个方面：一是创造给消费者带来的价值，二是消费者创造给企业带来的价值。本研究的结果主要解释了第一个方面的价值，即消费者参与创造能有助于满足其独特性产品需求、独特性体验需求或独特性集体身份需求。这使得企业能更好地根据消费者的需要来设计合作创造活动。但另一方面，企业也希望通过消费者的创造性参与获得更多的产品建议或创意，从这个角度出发，我们就需要对消费者的创造能力和创造成果对企业的贡献大小进行考察。未来研究可以考察影响消费者创造成果的各种因素，也可以寻找消费者创造性两种价值成因间的联系，比如创造给消费者带来的价值，与消费者创造给企业带来的价值之间有无关联性。

（二）对消费者创造行为的结果的研究

我们研究的一个重点是探索了不同动机对于消费者创造意愿的影响，揭示了消费者进行创造活动的行为动机。然而，本研究并未进一步探索这些动机的实现机制，即具有不同的动机的消费者是否在创造性参与中获得了不同的收益，从而影响了他们对于创造活动的评价。具体而言，具有独特性产品需求的消费者是否从创造活动中获得了独特性产品，具有独特性体验需求的消费者是否从创造活动中获得了独特性体验，而具有独特性集体身份需求的消费者是否从创造活动中维持了独特性集体身份，并且，这些创造行为的结果是否会影响他们对本次创造活动的评价，以及下次创造活动的意愿。

（三）对消费者创造过程的研究

从消费者与企业合作的角度研究消费者创造性，一个关键点可能在于创造过程中的互动性。本研究中我们虽然研究了企业提供的创造激励对于消费者创造意愿的影响，但受研究条件的限制，这种影响仍然只能以单向的方式提供，并且我们也只能检查消费者在行动前受到的激励影响。未来研究可以考虑通过实验控制创造过程，探索在企业与消费者互动的条件下，消费者参与创造的行为特点以及由此形成的评价。

附录1

案例背景介绍

案例A：阿迪王公司

阿迪王体育用品（中国）有限公司是泉州鞋业行业中第一个真正实行现代股份制（非家族式）的龙头企业，主要开发、生产、销售运动鞋、服装、运动器材。

公司坚持科技领先，开拓创新的发展战略，积极引进和研发先进高端技术，以先进科学的运动理念，精湛前卫的工艺技术，开发生产领先市场的高端产品。公司坚持以“仁”为本，以“义”为先的市场营销理念，正直为人，诚信为商；恪守信义，务实创新。以行业争第一，市场夺金牌。着力打造中国驰名商标，缔造国际驰名品牌。

阿迪王体育用品（中国）有限公司自2006年秋季开始将产品推向国内市场，在短短一年多的时间里，先后荣获“中国运动行业十大品牌”、“中国品牌500强”、“福建名牌产品”、“2007年福建用户满意产品”、“第六届全国农运会赞助商”、“第六届全国农运会福建代表团指定品牌”、“2008 年度消费者信赖的十大质量品牌”等殊荣。

2008 年 4 月 21 日，阿迪达斯有限公司（以下简称阿迪达斯公司）在辽宁省营口市中级人民法院针对阿迪王体育用品（中国）有限公司（以下简称阿迪王公司）、华珠鞋业有限公司（以下简称华珠公司）及其经销商提起商标侵权及不正当竞争诉讼；2009 年 7 月 21 日，阿迪达斯公司在湖北省武汉市中级人民法院针对阿迪王公司、华珠公司及其经销商提起相同案情之商标侵权及不正当竞争诉讼。在辽宁案件中，由于阿迪王公司提出管辖异议，该案件移送大连市中级人民法院于 2009 年 10 月 20 日开庭审理，2010 年 4 月作出一审判决，驳回阿迪达斯公司的全部诉讼请求。武汉中级人民法院在 2010 年 6 月 11 日开庭审理。

法院经审理认定：被告使用“adivon”商标和“阿迪王”标志的行为不构成对原告阿迪达斯公司商标权的侵犯，被告注册“阿迪王”企业名称的行为和使用“阿迪王”的行为不构成对原告的不正当竞争，原告要求被告连带赔偿 100 万元损失和公开消除影响的民事责任缺少事实及法律根据。

案例 B：凡客诚品公司

凡客诚品成立于 2007 年 10 月 18 日，由卓越网创始人之一陈年先生创办。该公司选择自有服装品牌网上销售的商业模式，发布 VANCL 凡客诚品品牌产品。VANCL 坚持国际一线品质，中产阶级合理价位，提倡简单得体的生活方式，目前已成为根植中国互联网上的领军服装品牌。VANCL·凡客诚品的男装日出货量已跻身中国品牌男装前列，在男装直销品牌的细分市场名列前茅，在互联网男装直销品牌细分市场遥遥领先于国内其他对手，已确立行业领导地位。与此同时，公司已通过国际权威机构 ITS 质量检测认证。公司也是中国电子商务诚信单位。

据最新的艾瑞调查报告，凡客诚品已跻身中国网上 B2C 领域收入规模前四位。其所取得的成绩，不但被视为电子商务行业的一个创新，更被传统服装业称为奇迹。2009 年 5 月被认定为国家高新技术企业。凡客诚品目前已拓展涵盖至男装、女装、童装、鞋、配饰、家居六大类。

凡客诚品快速崛起的原因，可以概括如下：（1）技术领先，利用互联网整合先进的中国服装制造业；（2）客户体验至上，以及高性价比的经营之道；（3）品牌文化顺应互联网时尚消费的潮流；（4）管理团队由原卓越网及其他著名电子商务企业资深管理人士和多位传统服装业精英人士构成。团队的电子商务与服装行业经验均超过 10 年。

案例 C：贵人鸟公司

贵人鸟（中国）有限公司（以下简称贵人鸟）始创于 1987 年，是一家集运动鞋、服装及配套产品研发、生产、营销于一体的综合性企业，是近年成长最为迅速的中国民族运动品牌，先后荣获中国驰名商标、中国名牌产品、国家免检产品、纳税 AAA 级企业等荣誉称号。

公司现拥有现代化的标准工业厂房 15 万平方米，员工 5000 余名，全国 27 个省市的区域销售公司。近 5000 家品牌专卖店，构建了一个遍及全国、庞大网络的终端专卖体系，让快乐运动的精神无处不在。现在的贵人鸟，不只是一个销售额与市场占有率平步青云的先进企业，它所展现出的更是一个新兴的、富有朝气的，并且雄心勃勃的强势民族体育品牌。

谋新求进的贵人鸟，短短的 7 年时间里，贵人鸟品牌和企业形象已提升到一个世人刮目的新高度：2002 年公司开始发展自主品牌，即以雷厉风行的速度，邀请天王巨星刘德华、天后张柏芝担任品牌形象代言人，迅速在品牌云集的体育用品市场一炮而红。2006 年，贵人鸟更先人一步，与中国国家体育总局小球运动管理中心结为战略合作伙伴，成为中国国家高尔夫球队、中国国家台球队、中国国家保龄球队等 8 支球队的唯一运动装备赞助商，贵人鸟也当之无愧地成为同行业中赞助国家运动队数量最多的体育用品品牌，其一鸣惊人的赞助规模，是其他体育用品品牌望尘莫及的。2007 年，品牌开始牵手国际顶级智囊机构，在 2008 年又提出新的战略发展主题，明确了“无人可挡”的品牌精神。2009 年，更首次提出“运动快乐”才是体育的本质精神，从充满竞争、压力的国内外众多同类型品牌诉求脱颖而出！

今天，高瞻远瞩的贵人鸟，正努力朝着更高的目标迈进，为热爱生活，追求自我和自由的消费者提供更舒适、更专业的产品，倡导“适度、轻松、健康”的运动方式，诠释“运动快乐”的运动主张。并以快乐运动的主张，让体育精神渗透入每一个中国人的生活中，从而助力中国体育强国梦的实现，继续推动中国体育事业的健康发展。

案例 D：联想公司

新联想是一家极富创新性的国际化的科技公司，由联想及原 IBM 个人电脑事业部所组成。作为全球个人电脑市场的领导企业，联想从事开发、制造并销售最可靠的、安全易用的技术产品及优质专业的服务，帮助全球客户和合作伙伴取得成功。

新联想的总部设在美国罗利，在全球 66 个国家拥有分支机构，在 166 个国家开展业务，在全球拥有超过 25000 名员工，年营业额达 146 亿美元，并建立了以中国北京、日本东京和美国罗利三大研发基地为支点的全球研发架构。

1984 年，在世界的东方，柳传志带领的 10 名中国计算机科技人员前瞻性地认识到 PC 必将改变人们的工作和生活。怀揣着 20 万元人民币（2.5 万美元）的启动资金以及将研发成果转化为成功产品的坚定决心，这 11 名科研人员在北京一处租来的传达室中开始创业，年轻的公司命名为“联想”(legend，英文含义为传奇)。在公司发展过程中，联想勇于创新，实现了许多重大技术突破，其中包括了研制成功可将英文操作系统翻译成中文的联想式汉卡，开发出可一键上网的个人电脑，并于 2003 年，推出完全创新的关联应用技术，从而确立了联想在 3C 时代的重要地位。凭借这些技术领先的个人电脑产品，联想登上了中国IT业的顶峰，2006年时联想已然连续十年占据中国市场份额第一的位置。

1994年，联想在香港证券交易所成功上市；4年后，联想生产了自有品牌的第一百万台个人电脑。2003年，联想将其英文标志从“Legend”更换为“Lenovo”，其中“Le”取自原标志“Legend”，代表着秉承其一贯传统；新增加的“novo”取自拉丁词“新”，代表着联想的核心是创新精神。2004年，联想公司正式从“Legend”更名为“Lenovo”。

联想在2005年5月完成对IBM个人电脑事业部的收购，新联想的梦幻组合由此形成。在全球范围内，联想为客户提供屡获殊荣的ThinkPad笔记本电脑和ThinkCentre台式机，并配备了ThinkVantage Technologies软件工具、ThinkVision显示器和一系列PC附件。在中国，联想个人电脑产品的市场份额达35.2%（Q2/FY2007，IDC数据）。凭借其领先的技术、易用的功能、个性化的设计以及多元化的解决方案而广受中国用户欢迎。联想还拥有针对中国市场的丰富的产品线，包括移动手持设备、服务器、外设和数码产品等。

2004年3月26日，联想集团作为第一家中国企业与国际奥委会签署合作协议成为国际奥委会全球合作伙伴。在2005—2008年，联想集团为2006年都灵冬季奥运会和2008年北京奥运会以及世界200多个国家和地区的奥委会及奥运代表团独家提供台式电脑、笔记本、服务器、桌面打印机等计算技术设备以及资金和技术上的支持。

附录2
关键构念测量

关键构念测量量表（以研究一为例）

构念	量表	因子载荷	文献来源
自我效能感（$a=0.87$）总方差解释量为52.8%	1. 如果我尽力去做的话，我总是能够解决难题的。	0.72	Schwarzer与张建新（1994）；曾荣侠（2004）
	2. 我自信能有效地应付任何突如其来的事情。	0.80	
	3. 在做许多事情之前，我都会怀疑自己的能力。	0.76	
	4. 我能冷静地面对困难，因为我相信自己处理问题的能力。	0.68	
	5. 如果我付出必要的努力，我一定能解决大多数的难题。	0.71	
	6. 面对难题时，我通常能找到几个解决办法。	0.66	
	7. 在需要我去尝试做一件以前从未做过的事情时，我常常觉得自己可能做不了。	0.81	
	8. 无论发生什么事，我都能应付自如。	0.65	

续表

构念	量表	因子载荷	文献来源
认知需求（$a=0.84$）总方差解释量为 57%	1. 我喜欢复杂的问题，而不喜欢简单的问题。	0.71	Cacioppo 等(1984)；张晋萍(2004)
	2. 我喜欢承担责任去处理那些需要大量思考的问题。	0.64	
	3. 思考问题会让我感到不愉快。	0.68	
	4. 我愿意做不需要动脑筋的事情，绝对不去选择对我的能力提出挑战的事情。	0.62	
	5. 只要存在必须深入思考的可能，我就试图尽力逃避。	0.60	
	6. 我能从长时间深思中体验到满意感。	0.61	
	7. 不得已的情况下，我才努力思考问题。	0.63	
	8. 我乐意想一些琐碎的、日常性的事务，而不考虑长远的事情。	0.60	
	9. 我情愿承担我所熟悉的、不需要我多想的任务。	0.65	
	10. 依靠思考使自己得到提高的做法对我很有吸引力。	0.68	
	11. 对我而言，采用新方法解决任务真是一种乐趣。	0.64	
	12. 学习一种新的思维方法并不能令我激动。	0.70	
	13. 我喜欢生活中充满了必须解决的难题。	0.66	
	14. 非常具体的问题对我没有什么吸引力。	0.69	
	15. 我更喜欢去解决困难的重要任务，而不是虽重要却不需要用脑的任务。	0.65	
	16. 在完成一件耗费脑力的任务后，我的心理感受是解脱而非满足。	0.62	
	17. 对我来说，只要把任务干完了就行了，不需要了解为什么和如何完成这个任务。	0.66	
	18. 只有问题对我有直接影响的时候，我才会努力思考。	0.61	

续表

构念	量表	因子载荷	文献来源
独特性产品需求（a=0.83）总方差解释量为54.8%	1. 我一般是潮流领导者而不是跟随者。	0.81	Lynn 和 Harris（1997）
	2. 如果产品很稀缺，我更可能会购买。	0.76	
	3. 我更喜欢专为顾客定制的事物而不是已经设计好的成品。	0.70	
	4. 我喜欢一些别人没有的东西。	0.73	
	5. 我喜欢比别人先尝试新产品和服务。	0.80	
	6. 我喜欢逛那些销售与众不同的产品的商店。	0.77	
独特性体验需求（a=0.84）总方差解释量为58.18%	1. 我不断地寻找新观点和新体验。	0.74	Mehrabian 和 Russell（1974）
	2. 当我还是个小孩子时，我经常幻想只是为了要探索世界而离开家。	0.55	
	3. 在我的日常生活和工作中，我喜欢体验新奇和变化。	0.72	
	4. 奇异的花草和香味能强烈地吸引我。	0.61	
	5. 设计与制图应该大胆冒险和激动人心。	0.62	
	6. 我对于处理不同的艺术作品的各种新方式很感兴趣。	0.66	
	7. 我喜欢思考在某些方面让人迷惑不解的图形。	0.61	
	8. 我不会喜欢危险的运动，如攀岩、跳伞、飞行等。	0.53	
	9. 我喜欢充满变化、多样性和能够旅行的工作，即使它可能有一些危险。	0.58	
	10. 我喜欢不断变化的活动。	0.74	
	11. 我喜欢和那些能给我新思想的人在一起。	0.57	
	12. 我不太注意周围的环境。	0.62	

续表

构念	量表	因子载荷	文献来源
消费者创造意愿（$a=0.85$）总方差解释量为 63.81%	1. 我会描述出我想象中的发型式样，请发型师为我打理。	0.87	
	2. 我会和发型师交流探讨可能最适合我的发型式样。	0.79	
	3. 如果可能，我会将发型书上的几种发型进行组合，创造出一种新的发型。	0.71	
	4. 我会打消为自己设计新发型的想法。	0.86	
	5. 我会在发型师提供的现有发型中选择一个，尽管这不是我满意的。	0.75	

附录3
实验设计

实验一设计

某一天，你感觉头发好久没打理了，于是走进一家过去经常光顾、十分熟悉（长服务关系）［从来没去过的、新开张（短服务关系）］的美发店，让美发师为你设计一款发型，但设计师提供的几款式样你都不满意。于是，设计师热情地问你心目中是否有理想的发型，并请你向他描述出来，他愿意为你而尝试（有创造激励）［设计师热情地劝你从中选择一款较为满意的发型（无创造激励）］。你知道除了这家之外，最近的一家美发店要走一个小时才到，不过你也无法确定那里是否能提供你想要的发型。

实验二设计

激活的集体身份需求（创造激励/无创造激励）

据悉，国际教育组织将对“中国最有活力的大学”进行评选，在华中地区最有可能获得该称号的学校有两所：武汉大学和华中科技大学。评选小组将在今年9月就校园环境、人文特征、科研能力等方面对两所学校进行综合评价。在此之前，武汉大学需要设计一个既能充分展现本校特色又能与华中科技大学形成明显区隔的具有竞争力的广告语。

武汉大学是一所历史悠久、思想进步、与时俱进的大学，其校训为“自强 弘毅 求是 拓新”。作为武大的一名学生，你的支持和参与对学校相当重要。学校真诚地邀请你参与该广告语的创造和设计工作，为武汉大学成功获得“中国最有活力的大学”献计献策。(有创造激励)［目前武大正在向社会各界公开征集有关广告语的优秀创意和设计，凡是对此活动感兴趣的人士均可参加。(无创造激励)］

未激活的集体身份需求（创造激励/无创造激励）

据悉，国际教育组织将对“中国最有活力的大学”进行评选。评选小组将在今年9月就校园环境、人文特征、科研能力等方面对于所有学校进行综合评价。在此之前，各参选学校需要设计一个能充分展现本校特色的具有竞争力的广告语。

中山大学是一所历史悠久、思想进步、与时俱进的大学，其校训为“博学 审问 慎思 明辨 笃行”。作为一名学生，你可能更了解最有活力的大学应该具备什么特征。现在，中山大学真诚地邀请你为该校设计广告语。(有创造激励)［目前中山大学正在向社会各界公开征集有关广告语的优秀创意和设计，凡是对此活动感兴趣的人士均可参加。(无创造激励)］

实验三设计

佳乐公司是一家致力于游戏软件开发的中国企业，该公司一直作为中国本土企业的代表参与激烈的国际竞争（集体身份需求）。［佳乐公司是一家致力于游戏软件开发的印度企业，该公司一直作为印度当地企业的代表参与激烈的国际竞争。(无集体身份需求)］目前该公司正在开发一款新的网络游戏。这款游戏内容改编自中国四大名著之一《西游记》，但融入了更多的时代元素，使西行路途更加奇妙和有趣。为了使游戏能吸引更多的玩家，公司真诚地邀请你为该游戏设计一个新颖独特的名字。如果你的命名为公司所接受，公司将赠送你一款以你的设计为名的单机版游戏，这款游戏中的主人公司可以根据你的意愿来为你单独设计。（结果激励）［为了使游戏能吸引更多的玩家，公司真诚地邀请你为该游戏设计一个新颖独特的名字。在设计名字的过程中，你可以登录公司的网站参与游戏的试体验，或者在论坛上与其他参与命名的消费者一同讨论，还可以与我们的设计人员进行直接交流。（过程激励）；为了使游戏能吸引更多的玩家，公司真诚地邀请你为该游戏设计一个新颖独特的名字。作为一位中国的消费者，你的支持和参与对中国本土企业的发展相当重要。（社会认同激励）；为了使游戏能吸引更多的玩家，公司现在面向社会各界征集一个新颖独特的游戏名字（无创造激励）。］

主要参考文献

[1] Achrol R. S. , Kotler P. . Marketing in the network economy. Journal of Marketing, 1999, 63.

[2] Ahlering R. F. . Need for cognition, attitudes, and the 1984 presidential election. Journal of Research in Personality, 1987, 21.

[3] Ahuja G. . Collaboration networks, structural holes, and innovation: A longitudinal study. Administrative Science Quarterly, 2000, 45 (3).

[4] Aiken L. S. , West S. G. . Multiple regression: Testing and interpreting interactions. Newbury Park, CA: Sage Publications, 1991.

[5] Amabile T. M. . Creativity in context. Westview: Boulder, Co, 1996.

[6] Amabile T. M. . Motivating creativity in organizations: On dong what you love and loving what you do. California Management Review, 1997, 40 (1).

[7] Amabile T. M.. The motivation for creativity in organizations. Harvard Business Review, 1996, 9.

[8] Amabile T. M.. Motivational synergy: Toward new conceptualizations of intrinsic and extrinsic motivation in the workplace. Human Resource Management Review, 1993, 3.

[9] Amabile T. M.. The social psychology of creativity. New York: Springer Verlag, 1983a.

[10] Amabile T. M.. The social psychology of creativity: A componential conceptualization. Journal of Personality and Social Psychology, 1983b.

[11] Amabile T. M., Conti R.. Assessing the work environment for creativity. Academy of Management Journal, 1996, 39 (5).

[12] Amabile T. M., Gryskiewicz N. D.. The creative environment work scales: Work environment inventory. Creativity Research Journal, 1989, 2.

[13] Amabile T. M., Hill K. G., Hennessey B. A., Jighe E.. The work preference inventory: Assessing intrinsic and extrinsic motivational orientations. Journal of Personality and social Psychology, 1994, 66.

[14] Arnar A. D.. Motivating knowledge workers to innovate: A model integrating motivation dynamics and antecedents. European Journal of Innovation Management, 2004, 7 (2).

[15] Arthur J. C.. Creativity and cognition: Producing effective novelty. Roeper Review, 1999, 4.

[16] Ashforth B. E., Mael F.. Social identity theory and the organization. Academy of Management Review, 1989, 14 (1).

[17] Avramova Y. R., Stapel D. A.. Moods as spotlights: The influence of mood on accessibility effects. Journal of Personality and Social Psychology, 2008, 95 (3).

[18] Axsom D., Yates S. M., Chaiken S.. Audience response as a heuristic cue in persuasion. Journal of Personality and Social Pscychology, 1987, 53.

[19] Bandura A.. Perceived self-efficacy in cognitive development and functioning. Educational Psychologist, 1993, 28.

[20] Bandura A.. Self-efficacy: Toward a unifying theory of behavioral change. Psychological Review, 1977b, 84 (3).

[21] Bandura A.. Self-efficacy: The exercise of control. New York: Freeman, 1977a.

[22] Bandura A.. Social foundations of thought and action: A social cognition theory. Englewood Cliffs, NJ: Prentice-Hall, 1986.

[23] Baron R. M. ,Kenny D. A.. The moderaor-mediator distinction in social psychological research: Conceptual, strategic, and statistical considerations. Journal of Personality and Social Psychology, 1986, 51.

[24] Barone M. J. , Shimp T. A. , Sprott D. E.. Product ownership as a moderator of self-congruity effects. Marketing Letter, 1999, 10 (1).

[25] Barron F.. Artists in the making. New York: Seminar, 1972.

[26] Barron K. E. , Harackiewicz. J. M.. Achievement goals and optimal motivation: Testing multiple goal models. Journal of Personality and Social Psychology, 2001, 80 (5).

[27] Baudrillard J.. Consumer society. Jean baudrillard: Selected writings. Cambridge: Polity Press, 1988.

[28] Baudrillard J.. Critique of the political economy of the sign. C. Levin, trans. St Louis, MO: Telos Press, 1981.

[29] Baudrillard J.. The mirror of production. M. Poster, trans. St Louis, MO: Telos Press, 1975.

[30] Baugh B. T. , Mason S. E.. Need for cognition related to time perception. Perceptual and Motor Skills, 1986, 62.

[31] Beccerra M. , Gupta A. K.. Trust within the organization: Integrating the trust literature with agency theory and transaction costs economics. Public Administration Quarterly, 1999, 23 (2).

[32] Belk R. W.. Materialism: Trait aspects of living in the material world. Journal of Consumer Research, 1985, 12.

[33] Belk R. W.. Possessions and the extended self. Journal of Consumer Research, 1988, 15 (2).

[34] Bendapudi N., Leone. R. P.. Psychological implications of customer participation in co-production. Journal of Marketing, 2003, 67 (1).

[35] Berlyne D. E.. Conflict, arousal and curiosity. New York: McGraw-Hill Book Co., 1960.

[36] Berthon P., pitt L., Campbell. C.. Ad lib: When customers create the ad. California Management Review Berkeley, 2008, 2008 (Summer).

[37] Bhattacharya C. B., Rao H., Glynn M. A.. Understanding the bond of identification: An investigation of its correlates among art museum members. Journal of Marketing, 1995, 59 (4).

[38] Billig M., Tajel H.. Social categorization and similarity in intergroup behavior. European Journal of Social Psychology, 1973, 3.

[39] Bonner J. M., Walker Jr. O. C.. Selecting influential business-to-business customers in new product development: Relational embeddedness and knowledge heterogeneity considerations. Journal of Product Innovation Management, 2004, 21 (3).

[40] Brockhoff K.. Customers' perspectives of involvement in new product development. International Journal of Technology Management, 2003, 25 (5/6).

[41] Brown S. L., Eisenhardt. K. M.. Product development: Past research, present finding, and future directions. Academy of Management Review, 1955, 20 (2).

[42] Burns R.. Self-concept development and education. London: Holt, Rinehart &. Winston, 1982.

[43] Burroughs J., Mick D. G.. Exploring antecedents and consequences

of consumer creativity in a problem-solving context. Journal of Consumer Research, 2004, 31 (3).

[44] Burroughs J. ,Otnes C.. New explorations in consumer creativity. American Marketing Association Conference Proceedings, 2001, 12.

[45] Byrne D.. The attraction paradigm. New York: Academic, 1971.

[46] Cacioppo J. T. , Berntson G. G.. The principles of multiple, nonadditive, and reciprocal determinism: Implications for social psychological research and levels of analysis. The social psychology of mental health, 1992.

[47] Cacioppo J. T. , Berntson G. G.. Relationship between attitudes and evaluative space: A critical review, with emphasis on the separability of positive and negative substrates. Psychological Bulletin, 1994, 115.

[48] Cacioppo J. T. ,Petty R. E.. The need for cognition. Journal of Personality and Social Psychology, 1982, 42.

[49] Cacioppo J. T. , Petty R. E. , Chuan K. F.. The efficient assessment of need for cognition. Journal of Personality Assessment, 1984, 48 (3).

[50] Cacioppo J. T. , Petty R. E. , Feinstein J. , Jarvis W. B.. Dispositional differences in cognitive motivations: The life and times of individuals varying in need for cognition. Psychological Bulletin, 1996, 119.

[51] Cacioppo J. T. ,Petty R. E. , Kao C. F.. The efficient assessment of need for cognition. Journal of Personality Assessment, 1984, 48.

[52] Cacioppo J. T. ,Petty R. E. , Kao C. F. , Rodriguez R.. Central and peripheral routes to persuasion: An individual difference perspective. Journal of Personality and Social Psychology, 1986, 51.

[53] Cacioppo J. T. ,Petty R. E. , Morris K. J.. Effects of need for

cognition on message evaluation, recall and persuasion. Journal of Personality and Social Psychology, 1983, 45.

[54] Cacioppo J. T., Tassinary L. G.. Inferring psychological significance from physiological signals. American Psychologist, 1990, 45.

[55] Celsi R. L., Rose R. L., Leigh T. W.. An exploration of high-risk leisure consumption through skydiving. Journal of Consumer Research, 1993, 20.

[56] Chandran S., Morwitz. V. G.. Effects of participative pricing on consumers' cognitions and actions: A goal theoretic perspective. Journal of Consumer Research, 2005, 32 (2).

[57] Chang G. S.-Y., Lorenzi P.. The effects of participative versus assigned goal setting on intrinsic motivation. Journal of Management, 1983, 9 (1).

[58] Chartrand T. L., Huber J., Shiv B., Tanner. R. J.. Nonconscious goals and consumer choice. Journal of Consumer Research, 2008, 35 (2).

[59] Chernev A.. Goal orientation and consumer preference for the status quo. Journal of Consumer Research, 2004, 31 (3).

[60] Choi J. N.. Individual and contextual predictors of creative performance: The mediating role of psychological processes. Creativity Research Journal, 2004, 16 (2).

[61] Cohen A. R.. Need for cognition and order of communication as determinants of opinion change. The order of presentation in persuasion. New Haven, CT: Yale University Press, 1957.

[62] Cohen A. R., Stotland E., Wolfe D. M.. An experimental investigation of need for cognition. Journal of Abnormal and Social Psychology, 1955, 51.

[63] Cohen J., Cohen P.. Applied multiple regression analysis for the behavioral sciences (1st. Ed). NJ: Eribaum, 1983.

[64] Condra M.. The link between need for cognition and political

interest, involvement, and media usage. Psychology, 1992, 29.

[65] Cooley C. H.. Human nature and social order. New York: Scribner's, 1902.

[66] Cooper S., McLoughlin D., Keating A.. Individual and neo-tribal consumption: Tales from the simpsons of springfield. Journal of Consumer Behaviou, 2005, 4 (5).

[67] CÔTÉ S.. Reconciling the feelings-as-information and hedonic contingency models of how mood influences systematic information processing. Journal of Applied Social Psychology, 2005, 35 (8).

[68] Cova B., Cova V.. Tribal marketing: The tribalisation of society and its impact on the conduct of marketing. European Journal of Marketing, 2002, 36 (5/6).

[69] Csikszentmihalyi M.. Beyond boredom and anxiety. San Francisco: Jossey-Bass, 1975a.

[70] Csikszentmihalyi M.. Creativity: Flow and the psychology of discovery and invention. New York: Harper Collins, 1996.

[71] Csikszentmihalyi M.. The domain of creativity. Creativity research handbook. Cresskill, NJ: Hampton Press, 2003.

[72] Csikszentmihalyi M.. The psychology of optimal experience. New York: Harper &Row, 1975b.

[73] Csikszentmihalyi M.. Society, culture, and person: A systems view of creativity. Handbook of creativity. Cambridge: Cambridge University Press, 1988.

[74] Cury F., Elliot A., Sarrazin P., Fonseca D. D., Rufo. M.. The trichotomous achievement goal model and intrinsic motivation: A sequential mediational analysis. Journal of Experimental Social Psychology, 2002, 38 (5).

[75] Dahl D. W., Moreau. C. P.. Thinking inside the box: Why consumers enjoy constrained creative experiences. Journal of

Marketing Research, 2007, 44 (3).
[76] De Cremer D., Van Vugt M.. Social identification effects in social dilemmas: A transformation of motives. European Journal of Social Psychology, 1999, 29.
[77] Deci E. L.. Effects of externally mediatd rewards on intrinsic motivation. Journal of Personality and Social Psychology, 1971, 18.
[78] Deci E. L., Ryan R. M.. The support of autonomy and the control of behavior. Journal of Personality and Social Psychology, 1987, 53.
[79] Derrida J.. Of grammatology. Spivak G., trans. Baltimore, MD: Johns Hopkins Press, 1977.
[80] Desjeux D.. Scale of observation: A micro-sociological epistemology of social science practice. Visual Sociology, 1996, 11 (2).
[81] Desmeules R.. The impact of variety on consumer happiness: Marketing and the tyranny of freedom. Academy of Marketing Science Review, 2002.
[82] Dolich I. J.. Congruence relationships between self images and product brands. Journal of Marketing Research, 1969, 6.
[83] Dornic S., Ekehammar B., Laaksonen T.. Tolerance for mental effort: Self-ratings related to perception, performance, and personality. Personality and Individual Differences, 1991, 12.
[84] Douglas B. H.. Poststructualist lifestyle analysis: Conceptualizing the social patterning of consumption in postmodernity. Journal of Consumer Research, 1997, 23 (4).
[85] Douglas M., Isherwood B.. The world of goods. New York: Basic Books, 1978.
[86] Dreu C. K. W. D., Baas M., Nijstad B. A.. Hedonic tone and activation level in the mood-creativity link: Toward a dual pathway to creativity model. Journal of Personality and Social Psychology, 2008, 94 (5).

[87] Durik A. M. , Harackiewicz J. M. . Achievement goals and intrinsic motivation: Coherence, concordance, and achievement orientation. Journal of Experimental Social Psychology, 2003, 39 (4).

[88] Eisenberger R. , Fasolo P. , Davis-LaMastro V. . Perceived organizational support and employee diligence, commitment, and innovation. Journal of Applied Psychology, 1990, 75.

[89] Ekvall G. . Climate, structre and innovativeness of organization: A theoretical framework and a experiment. Stockholm, Sweden: FAradet-The Council for Management and Work life Issues, 1983.

[90] Ekvall G. . Organizational climate for creativity and innovation. European Journal of Work and Organizational Psychology, 1996, 5.

[91] Elliot A. J. ,Harackiewicz J. M. . Approach and avoidance achievement goals and intrinsic motivation: A mediational analysis. Journal of Personality and Social Psychology, 1996, 70 (3).

[92] Elliot A. J. , Harackiewicz J. M. . Goal setting, achievement orientation, and intrinsic motivation: A mediational analysis. Journal of Personality and Social Psychology, 1994, 66 (5).

[93] Estrada C. A. , Isen A. M. , Young M. J. . Positive affect facilitates integration of information and decreases anchoring in reasoning among physicians. Organizational behavior and human decision processes, 1997, 72 (1).

[94] Farley F. H. . World of the type t personality. Psychology Today, 1986, 20 (5).

[95] Finch B. J. . Internet discussions as a source for consumer product customer involvement and quality information: An exploratory study. Journal of Operations Management, 1999, 17 (5).

[96] Fiske D. W. . Consistency of the factorial structures of personality rating from different sources. Journal of Abnormal and Social

Psychology, 1949, 44.

[97] Fiske D. W., Maddi S. R.. Functions of varied experience. Homewood. IL: The Dorsey Press, 1961.

[98] Fiske J.. Reading the popular. Boston, MA: Unwin Hyman, 1989.

[99] Fizgibbon M.. Of shadow and substance: The dilemma of measuring innovation. IBAR, 2000, 21 (2).

[100] Foote N. N.. Identification as the basis for a theory of motivation. American Sociological Review, 1951, 16.

[101] Foster H.. "Postmodernism: A preface", in foster, h. (ed.). The Anti-Aesthetic: Essays on Postmodern Culture, Bay Press, Port Townsend, WA., 1983.

[102] Foxall G. R.. Marketing, innovation and customers. Quarterly Review of Marketing, 1989.

[103] Freitas A. L., Liberman N., Higgins E. T.. Regulatory fit and resisting temptation during goal pursuit. Journal of Experimental Social Psychology, 2002, 38 (3).

[104] Freitas A. L., Salovey P., Liberman. N.. Abstract and concrete self-evaluative goals. Journal of Personality and Social Psychology, 2001, 80 (3).

[105] Friedrich R. J.. In defense of multiplicative terms in multiple regression equations. American Journal of Political Science, 1982, 26 (4).

[106] Friesen G. B.. Co-creation: When 1 and 1 make 11. Consulting to Management, 2001, 12 (1).

[107] Fromkin H. L.. Effects of experimentally aroused feelings of undistinctiveness upon valuation of scarce and novel experiences. Journal of Personality and Social Psychology, 1970, 16.

[108] Fromkin H. L.. Feelings of interpersonal undistinctiveness: An unpleasant affective state. Jouranl of Experimental Research in Personality, 1972, 6.

[109] Fromkin H. L., Brandt J. M., Dipboye R. L., Pyle M.. Number of similar strangers and feelings of undistinctiveness as boundary conditions for the similarity-attraction relationship: A bridge between "different sandboxes". Institute for research in the behavioral, economic, and management sciences. WestLafayette, IN: Purdue University, 1974.

[110] Fromkin H. L., Lipshitz R. A.. A construct validity method of scale development: The uniqueness scale. Institute for research in the behavioral, economic, and management sciences. WestLafayette, IN: Purdue University, 1976.

[111] Fromkin H. L., Synder C. M.. The search for uniqueness and valuation of scarcity: A neglected dimension of value in exchange theory. Social exchange: Advances in theory and research. NY: Plenum, 1980.

[112] Füller J., Jawecki G., Mühlbacher H.. Innovation creation by online basketball communities. Journal of Business Research, 2007, 60 (1).

[113] Füller J., Matzler K., Hoppe. M.. Brand community members as a source of innovation. Journal of Product Innovation Management, 2008, 25 (6).

[114] Gales L., Mansour-Cole D.. User involvement in innovation projects. Journal of Engineering and Technology Management, 1995, 12 (1/2).

[115] Galinsky A. D., Magee J. C., Gruenfeld D. H., Whitson J. A., Liljenquist K. A.. Power reduces the press of the situation: Implications for creativity, conformity, and dissonance. Journal of Personality and Social Psychology, 2008, 95 (6).

[116] Gardner H.. Frames of mind. New York: Basic Books, 1983.

[117] Getzels J. W.. Problem-finding and the inventiveness of solution. Journal of Creative Behavior, 1975, 9.

[118] Getzels J. W., Csikszentmihalyi M.. The creative vision: A

longitudinal study of problem-finding in art. New York: Wiley, 1976.

[119] Getzels J. W. , Csikszentmihalyi M. . Scientific creativity. Science Journal, 1967, 3.

[120] Getzels J. W. , Jackson P. W. . Creativity and intelligence: Explorations with gifted students. New York: Wiley, 1962.

[121] Goldsmith R. E. , Nugent N. . Innovativeness and cognitive complexity: A second look. Psychology Report, 1984, 55.

[122] Goodwin S. A. . Impact of stimulus variables on exploratory behavior. Advances in Consumer Research, 1980.

[123] Grossbart S. L. , Mittelstaedt R. A. , Devere S. P. . Customer stimulation needs and innovative shopping behavior: The case of recycled urban places. Advances in Consumer Research, 1976, 3.

[124] Grubb E. L. . Consumer self-concept, symbolism and market behavior: A theoretical approach. Journal of Marketing, 1967, 31.

[125] Guilford J. P. . Creativity, intelligence, and their educational implications. San Diego: EDITS/Robert Knapp, 1968.

[126] Guilford J. P. . The structure of intellect. Psychological Bulletin, 1956, 53.

[127] Guilford J. P. . Way beyond the iq: Guide to improving intelligence and creativity. New York: Creative Education Foundation, 1977.

[128] Guiliford J. P. . Creativity. American Psychologist, 1950, 5 (9).

[129] Gulati R. . Does familiarity breed trust? The implications of repeated ties for contractual choice in alliance. Journal of Academy Management, 1995, 38 (1).

[130] Gummesson E. . Relationship marketing: Its role in the service economy. Understanding services management. New York: John Wiley and Sons, 1995.

[131] Haahti A.. Theory of relationship cultivation: A point of view to design of experience. Journal of Business and Management, 2003, 9 (3).

[132] Hall D. T., Schneider B., Nygren H. T.. Personal factors in organizational identification. Administrative Science Quarterly, 1970, 15.

[133] Harackiewicz J. M., Barron K. E., Pintrich P. R., Elliot A. J., Thrash. T. M.. Revision of achievement goal theory: Necessary and illuminating. Journal of Educational Psychology, 2002, 94 (3).

[134] Harackiewicz J. M., Barron K. E., Tauer J. M., Carter S. M., Elliot. A. J.. Short-term and long-term consequences of achievement goals: Predicting interest and performance over time. Journal of Educational Psychology, 2000, 92 (2).

[135] Harackiewicz J. M., Durik A. M., Barron K. E., Linnenbrink-Garcia L., Tauer. J. M.. The role of achievement goals in the development of interest: Reciprocal relations between achievement goals, interest, and performance. Journal of Educational Psychology, 2008, 100.

[136] Harackiewicz J. M., Elliot A. J.. Achievement goals and intrinsic motivation. Journal of Personality and Social Psychology, 1993, 65.

[137] Harackiewicz J. M., Elliot. A. J.. The joint effects of target and purpose goals on intrinsic motivation: A meditational analysis. Personality and Social Psychology Bulletin, 1998, 24 (7).

[138] Hargadon A., Sutton R. I.. Technology brokening and innovation in a product development firm. Administrative Science Quarterly, 1997, 42 (4).

[139] Harrington D. M.. The ecology of human creativity: A psychological perspective. Theories of creativity. Newbury Park, CA: Sage, 1990.

[140] Haugtvedt C. P. , Petty R. E. , Cacioppo J. T. . Need for cognition and advertising: Understanding the role of personality variables in consumer behavior. Journal of Consumer Psychology, 1992.

[141] Higgins E. T. . Self-discreancy: A theory relating self and affect. Psychological Review, 1987, 94.

[142] Higgins E. T. . Self-discreancy: What patterns of self beliefs cause people to suffer? . Advances in Experimental Social Psychology, 1989, 22.

[143] Hirschman E. C. . Innovativeness, novelty seeking, and consumer creativity. Journal of Consumer Research, 1980, 7 (4).

[144] Hirschman E. C. , Holbrook M. B. . Hedonic consumption, emerging concept, methods and propositons. Journal of Marketing, 1982, 46.

[145] Hirst M. K. . Intrinsic motivation as influencued by task interdependence. Journal of Applied Psychology, 1988, 73 (1).

[146] Hirt E. R. ,Devers E. E. , McCrea S. M. . I want to be creative: Exploring the role of hedonic contingency theory in the positive mood-cognitive flexibility link. Journal of Personality and Social Psychology, 2008, 94 (2).

[147] Hirt E. R. , McDonald H. E. , Levine G. M. , Melton R. J. , Martin L. L. . One person's enjoyment is another person's boredom: Mood effects on responsiveness to framing. Personality and Social Psychology Bulletin, 1999, 25 (1).

[148] Holbrook M. . The nature of customer value: An axiology of services in the consumption experience. Service quality. Thousand Oaks: CA: Sage, 1994.

[149] Holbrook M. , Hirschman E. . The experiential aspects of consumption. Journal of Consumer Research, 1982, 9.

[150] Holbrook M. B. , O's Shaughnessy J. , Bell S. . Actions and reactions in the consumption experience, the complementary roles of reasons and emotions in consumer behavior. Research in Consumer Behavor, 1990, 4.

[151] Holt D. B. . How consumers consume: A typology of consumption practices. Journal of Consumer Research, 1995, 22 (1).

[152] Hulleman C. S. , Durik A. M. , Schweigert S. A. , Harackiewicz. J. M. . Task values, achievement goals, and interest: An integrative analysis. Journal of Educational Psychology, 2008, 100 (2).

[153] Hurt H. T. ,Joseph K. , Cook C. . Scale for the measurement of innovativeness. Human Communication Research, 1977, 4 (1).

[154] Hyland M. E. . Motivational control theory: An integrative framework. Journal of Personality and Social Psychology, 1988, 55 (4).

[155] Isen A. M. . An influence of positive affect on decision making in complex situations: Theoretical issues with practical implication. Journal of Consumer Psychology, 2001, 11 (2).

[156] James W. . The principles of psychology. New York: Holk, 1890.

[157] Jeffrey F. D. . The co-creation of meaning between marketers and consumers. Advances in Consumer Research, 2003, 31.

[158] Jianxin Z. , Schwarzer R. . Measuring optimistic self-beliefs: A chinese adaption of the general self-efficacy scale. Psychologia, 1995, 58.

[159] Joachimsthaler E. A. , Lastovicka J. L. . Optimal stimulation level-exploratory behavior models. Journal of Consumer Research, 1984, 11.

[160] Johar J. S. , Sirgy M. J. . Value-expressive versus utilitarian advertising appeals: When and why to use which appeal. Journal of advertising, 1991, 20 (3).

[161] Joshi A. W. , Sharma S. . Customer knowledge development: Antecedents and impact on new product performance. Journal of Marketing, 2004, 68 (October).

[162] Kahn B. E. . Dynamic relationships with customers: High-variety strategies. Journal of the Academy of Marketing Science, 1998, 26 (1).

[163] Kanter R. M. . Some effects of proportions on group life: Skewed sex ratios and responses to token women. American Journal of Sociology, 1977, 82.

[164] Karagozoglu, Necmi, Brown W. B. . Time-based management of the new product development process. Journal of Product Innovation Management, 1993, 10 (3).

[165] Kassin S. M. , Reddy M. E. , Tulloch W. F. . Juror interpretations of ambiguous evidence: The need for cognition, presentation order, and persuasion. Law and Human Behavior, 1990, 14.

[166] Katz A. . Creativity in the cerebral hemispheres. Creativity research handbook. Cresskill, NJ: Hampton, 1997.

[167] Kaulio M. A. . Customer, consumer, and user involvement in product development: A framework and a review of selected methods. Total Quality Management, 1998, 9.

[168] Kelley S. W. , Donnelly, James H. J. , Skinner S. J. . Customer participation in service production and delivery. Journal of Retailing, 1990, 66.

[169] Kellogg D. L. , Youngdahl W. E. , Bowen D. E. . On the relationship between customer participation and satisfaction: Two frameworks. International Journal of Service Industry Management, 1997, 8 (3).

[170] Kelman H. C. . Processes of opinion change. Public Opinion

Quarterly, 1961, 25.

[171] Kirmani A., Campbell. M. C.. Goal seeker and persuasion sentry: How consumer targets respond to interpersonal marketing persuasion. Journal of Consumer Research, 2004, 31 (3).

[172] Kirton M. J.. Adaptors and innovators: A description and measure. Journal of Applied Psychology, 1976, 61.

[173] Kline, Leiss W.. Advertising, needs and commodity fetishism. Canadian Journal of Political and Social Theory, 1978, 2 (1).

[174] Kroeber-Riel W.. Activation research: Psychobiological approaches in consumer research. Journal of Consumer Research, 1979, 5 (4).

[175] Lassiter G. D., Briggs M. A., Bowman R. E.. Need for cognition and the perception of ongong behavior. Personality and Social Psychology Bulletin, 1991, 17.

[176] Leary M. R., Sheppaard J. A., McNeil M. S., Jenkins T. B., Barnes B. D.. Objectivism in information utilization: Theory and measurement. Journal of Personality Assessment, 1986, 50.

[177] Leavitt C., Walton J.. Development of a scale for innovativeness. Advances in Consumer Research, 1975, 2.

[178] Lee F. K., Sheldon K. M., Turban. D. B.. Personality and the goal-striving process: The influence of achievement goal patterns, goal level, and mental focus on performance and enjoyment. Journal of Applied Psychology, 2003, 88 (2).

[179] Leiss W.. Needs, exchanges and fetishism of objects. Canadian Journal of Political and Social Theory, 1978, 2 (3).

[180] Lepper M. R., Greene D., Nisbett R.. Undermining children's intrinsic interest with extrinsic rewards: A case of the "overjustification" hypothesis. Journal of Personality and Social Psychology, 1973, 28.

[181] Leuba C.. Toward some integration of learning theories: The

concept of optimum stimulation. Psychological Reports, 1955, 1.

[182] Levinson H.. A psychologist diagnoses merger failures. Harvard Business Review, 1970, 48 (2).

[183] Levitt T.. The morality of advertising. Harvard Business Review, 1970, 48 (4).

[184] Locander W. B., Spivey W. A.. A functional approach to attitude measurement. Journal of Marketing Research, 1978, 15.

[185] Locksley S., Oritz V., Hepbum C.. Social categorization and discriminatory behavior: Extinguishing the minimal intergroup discrimination effect. Journal of Personality and Social Psychology, 1980, 39.

[186] Lovelace R. F.. Stimulating creativity through managerial intervention. R&D Mangement., 1986, 16 (2).

[187] Lubart T. I.. Creativity across culture. Handbook of creativity. Cambridge: Cambridge University Press, 1999.

[188] Lumsden C., Findlay C.. Evolution of the creative mind. Creativity Research Journal, 1988, 1.

[189] Lumsden C. J.. Evolving creative minds: Stories and mechanisms. Handbook of creativity. Cambridge: Cambridge University Press, 1999.

[190] Lundkvist, Anders, Yakhlef A.. Customer involvement in new service development: A conversational approach. Managing Service Quality, 2004, 14 (2/3).

[191] Lunt P., Livingstone S.. Mass consumption and personal identity: Everyday economic experience. Buckingham: Open University Press, 1992.

[192] Lynn M., Harris J.. The desire for unique consumer products: A new individual difference scale. Psychology & Marketing, 1997, 14.

[193] Lynn W. M.. Scarcity effects on value: A quantitative review of the commodity theory literature. Psychology and Markting, 1991, 8.

[194] M. A. H., Turner J. C.. Social identity and conformity: A theory of referent informational influence. Current issues in European social psychology, 1987, 2.

[195] Mael F.. Organizational identification: Construct redefinition and a field application with organizational alumni. Unpublished doctoral dissertation. Detroit: Wayne State University, 1988.

[196] Mael F., Ashforth B. E.. Alumni and their alma mater: A partial test of the reformulated model of organizational identification. Journal of Organizational Behavior, 1992, 13.

[197] Maggie B., Melnyk L.. Individual differences in children's suggestibility: A review and synthesis. Appled Cognitive Psychology, 2004, 18 (8).

[198] Markus H.. Self-schemata and processing information about the self. Journal of Personality and Social Psychology, 1977, 35 (63-78).

[199] Markus H., Nurius P.. Possible selves. American Psychologist, 1986, 41.

[200] Markus H., Smith J., Moreland R. L.. Role of the self-concept in the perception of others. Journal of Personality and Social Psychology, 1985, 49 (6).

[201] Martin C. R., Horne D. A., Schultz A. M.. The business-to-business customer in the service innovation process. European Journal of Innovation Management, 1999, 12 (2).

[202] Martin L. L., Seta J. J., Crelia R. A.. Assimilation and contrast as a function of people's willingness and ability to expend effort in forming an impression. Journal of Personality and Social Psychology, 1990, 59.

[203] Martin W. S., Bellizzi J.. An analysis of congruous relationships

between self-images and product images. Journal of Academy of Marketing Science, 1982, 10.

[204] Martindale C.. Biological bases of creativity. Handbook of creativity. Cambridge: Cambridge University Press, 1999.

[205] Marx K.. Contribution to a critique of political economy. New York: International Publishers, 1970.

[206] Maslach C., Stapp J., Santee R. T.. Individuation: Conceptual analysis and assessment. Journal of Personality and Social Psychology, 1985, 49 (September).

[207] Maslow A. H.. Motivation and personality. 2nd ed.. New York: Harper &Row, 1970.

[208] Maslow A. H.. Toward a psychology of being. Toronto: Van Nos Reinhold, 1968.

[209] Mathisen G. E., Einarsen S.. A review of instruments assessing creative and innovative environments within organizations. Creativity Research Journal, 2004, 16 (1).

[210] Matthing J., Sanden B., Edvardsson. B.. New service development: Learning from and with customers. International Journal of Service Industry Management, 2004, 15 (5).

[211] Mayer R. E.. Fifty years of creativity research. Handbook of creativity. Cambridge: Cambridge University Press, 1999.

[212] McAlexander J. H., Schouten J. W., Koening H. F.. Building brand community. Journal of Marketing, 2002, 66 (1).

[213] McAlexander J. H., Schouten. J. W.. Brandfests: Servicescapes for the cultivation of brand equity. Servicescapes: The concept of place in contemporary markets. Chicago: American Marketing Association, 1998.

[214] McAlister L.. A dynamic attribute satiation model of variety seeking behavior. Journal of Consumer Research, 1982, 9 (December).

[215] McAlister L., Pessemieer E.. Variety seeking behavior: An

interdisciplinary review. Journal of Consumer Research, 1982, 9.

[216] McEvily B., Zaheer A.. Bridging ties: A source of firm heterogeneity in competitive capabilities. Strategic Management Journal, 1999, 20 (12).

[217] Mead G. H.. Mind, self and society. Chicago: University of Chicago Press, 1934.

[218] Mehrabian A., Russell J. A.. An approach to environmental psychology. Cambridge, MA: MIT Press, 1974.

[219] Midgley D. F.. Innovation and new product marketing. New York: John Wiley and Sons, Inc, 1977.

[220] Midgley D. F.. A simple mathematical theory of innovative behavior. Journal of Consumer Research, 1976, 3.

[221] Midgley D. F., Dowling G. R.. Innovativeness: The concept and its measurement. Journal of Consumer Research, 1978, 4.

[222] Miller C. M., McIntyre S. H., Mantrala M. K.. Toward formalizing fashion theory. Journal of Marketing Research, 1993, 30 (2).

[223] Mittelstaedt R. A., Grossbart S. L., Curtis W. W., DeVere S. P.. Optimum stimulation level and the adoption decision process. Journal of Consumer Research, 1976, 3.

[224] Moneta G. B., Siu C.. Trait intrinsic and extrinsic motivations, academic performance, and creativity in hong kong college students. Journal of College Student Development, 2002, 43 (5).

[225] Morf C. C., Weir C., Davidov. M.. Narcissim and intrinsic motivation: The role of goal congruence. Journal of Experimental Social Psychology, 2000, 36 (4).

[226] Morgan A. J.. The evolving self in consumer behavior exploring possible selves. Advances in Consumer Research, 1993, 20.

[227] Morgan R. M., Hunt S. D.. The commitment-trust theory of relationship marketing. Journal of Marketing, 1994, 58 (3).

[228] Mossholder K. W.. Effects of externally mediated goal setting in intrinsic motivation: A laboratory experiment. Journal of Applied Psychology, 1980, 65 (2).

[229] Mowday R. T., Steera R. M., Porter L. W.. The measurement of organizational commitment. Journal of Vocational Behavior, 1979, 4.

[230] Mueller J. H., Haupt S. G., Growe T. R.. Personal relevance of traits and things. Bulletin of the Psychonomic Society, 1988, 26.

[231] Mumford M. D., Gustafson S. B.. Creativity syndrome: Integration, application and innovation. Psychological Bulletin, 1988, 103.

[232] Muniz A. M., O'Guinn. T. C.. Brand community. Journal of Consumer Research, 2001, 27 (4).

[233] Munson J. M.. Typological investigation of self-concept congruity and brand preference: Toward a predictive model. Ann Arbor, MI: University Microfilms International, 1974.

[234] Munson J. M., Spivey W. A.. Assessing self-concept. Advances in Consumer Research, 1980, 7.

[235] Munson J. M., Spivey W. A.. Product and brand user stereotypes among social classes. Advances in Consumer Research, 1981, 8.

[236] Murray H. A.. Explorations in personality. New York: Oxford University Press, 1938.

[237] Nambian S.. Designing virtual customer environments for new product development: Toward a theory. Academy of Management Review, 2002, 27.

[238] Nelson R. R.. The role of knowledge in R&D efficiency. Quarterly Journal of Economics, 1982, 97 (3).

[239] Netemeyer R. G., Bearden W. O., Teel. J. E.. Consumer susceptibility to interpersonal influence and attributional sensitivity. Psychology & Marketing, 1992, 9 (5).

[240] Newell A. , Simon H.. Human problem solving. Englewood Cliffs, NJ: Pretice-Hall, 1972.

[241] Nietzsche F.. The portable nietzsche. New York: The Viking Press, Inc. , 1964.

[242] Normann R. ,Ramirez R.. From value chain to value constellation: Designing interactive strategy. Harvard Business Review, 1993, 71 (July-August).

[243] Oakes P. , Turner J. C.. Distinctiveness and the salience of social category membership: Is there an automatic perceptual bias towards novelty? . European Journal of Social Psychology, 1986, 16.

[244] Oliver R. L. ,Swan J. E.. Consumer perceptions of interpersonal equity and satisfaction in transaction: A field survey approach. Journal of Marketing, 1989, 53 (2).

[245] Osberg T.. The convergent and discriminant validity of the need for cognition scale. Journal of Personality Assessment, 1987, 51.

[246] Perkins D. N. T. ,Nieva V. F. , Lawler E. E.. Managing creation: The challenge of building a new organization. New York: Wiley, 1983.

[247] Peterman. M. L.. The effects of concrete and abstract consumer goals on information processing. Psychology & Marketing, 1997, 14 (6).

[248] Petty R. E. ,Cacioppo J. T.. The elaboration likelihood model of persuasion. Advances in experimental social psychology, 1986, 19.

[249] Philippe C.. Cognitive aging: A primer. Canadian Psychology, 2001, 42 (1).

[250] Pieters R. G. M. , Verplanken B. , Modde J. M.. Need for cognition: Relationship with reasoned action. Nederlands Tijdschrift voor de Psychologie, 1987, 42.

[251] Pine B. H. , Gilmore J. H. . The experience economy: Work is theater and every business a stage. Boston, MA: Harvard Business School Press, 1999.

[252] Prahalad C. K. , Rarnaswamy V. . Co-creating value with your customers. Optimize, 2004a (1).

[253] Prahalad C. K. , Rarnaswamy V. . Co-creating value with your customers. . Strategy & Leadership, 2004b, 32 (3).

[254] Prahalad C. K. , Rarnaswamy V. . Co-opting customer competence. Harvard Business Review, 2000, 78 (1/2).

[255] Prahalad C. K. , Rarnaswamy V. . The future of competition: Co-creating unique value with customers. Boston, MA: Harvard Business School Press, 2004c.

[256] Price L. L. , M. Ridgway N. . Use innovativeness, vicarious exploration and purchase exploration: Three facets of consumer varied behaviorsociation. Educator's Conference Proceedings, 1982.

[257] Raju P. S. . Exploratory brand switching: An empirical examination of its determinants. Journal of Economic Psychology, 1984, 5.

[258] Raju P. S. . Optimum stimulation level: Its relationship to personality, demographics, and exploratory behavior. Journal of Consumer Research, 1980, 7.

[259] Raju P. S. . Theories of exploratory behavior: Review and consumer research implication. Research in marketing. Greenwich, CT: JAI Press, 1981.

[260] Raju P. S. , Venkatesan M. . Exploratory behavior in the consumer context: A state of the art review. Advances in Consumer Research, 1980, 7.

[261] Ridgeway N. M. . Exploration in product usage : A model of use innovativeness. Psychology and Marketing, 1994, 11 (1).

[262] Ritter T. , Walter A. . Relationship-specific antecedents of customer

involvement in new product development. International Journal of Technology Management, 2003, 26 (5/6).

[263] Rogers C.. Client-centered therapy: Its current practices, implications and theory. Boston: Hougton Mifflin, 1951.

[264] Rogers E. M.. Diffusion of innovations. New York: The Free Press, 1962.

[265] Rogers E. M.. New product adoption and diffusion. Journal of Consumer Research, 1976, 2.

[266] Rogers E. M., Shoemaker F. F.. Communication of innovation. New York: The Free Press, 1971.

[267] Rosenberg S., Gara M. A.. The multiplicity of personal identity. Review of Personality and Social Psychology, 1985, 6.

[268] Rowley T., Behrens D., Krackhardt D.. Redundant governance structures: An analysis of structural and relational embeddedness in the steel and semiconductor industries. Strategic Management Journal, 2000, 21 (3).

[269] Runco M., Charles R.. Development trends in creativity. Creativity research handbook. Cresskill, NJ: Hampton, 1997.

[270] Sahlins M.. Culture and practical reason. Chicago: University of Chicago Press, 1976.

[271] Sanna L. J., Meier S., Wegner E. A.. Counterfactuals and motivation: Mood as input to affective enjoyment and preparation. British Journal of Social Psychology, 2001, 40 (Part 2).

[272] Sansone C., Sachau D. A., Weir C.. Effects of instruction on intrinsic interest: The importance of context. Journal of Personality and Social Psychology, 1989, 57 (5).

[273] Sartre J. -P.. Existential psychoanalysis. Barnes, New York: Philisophical Library, 1953.

[274] Schmitt B. H.. Experiential marketing. Journal of Marketing Management, 1999a, 15.

[275] Schmitt B. H.. Experiential marketing: How to get customers to

sense, feel, think, act and relate to your company brands. New York: The Free Press, 1999b.

[276] Senko C., Harackiewicz. J. M.. Achievement goals, task performance, and interest: Why perceived goal difficulty matters. Personality and Social Psychology Bulletin, 2005, 31 (12).

[277] Senko C., Harackiewicz. J. M.. Regulation of achievement goals: The role of competence feedback. Journal of Educational Psychology, 2005, 97 (3).

[278] Sheth J., Parvatiyar A.. Relationship marketing in consumer markets: Antecedents and consequeces. Handbook of relationship marketing. Thousand Oaks, CA: Sage Publications, 2000.

[279] Sheth J. N., Sisodia R. S., Sharma A.. The antecedents and consequences of customer-centric marketing. Journal of Academy of Marketing Science, 2000, 28 (1).

[280] Simon H. A.. Information processing models of cognition. Annual Review of Psychology, 1979.

[281] Simonson I., Nowlis S. M.. The role of explanations and need for uniqueness in consumer decision making: Unconventional choices based on reasons. Journal of Consumer Research, 2000, 27 (1).

[282] Sirgy J. M.. Self-concept in consumer behavior: A critical review. Journal of Consumer Research, 1982, 9.

[283] Sirgy J. M., Grewal D., Managleburg. T.. Retailing environment, self-congruity, and retail patronage: An integrative model and a research agenda. Journal of Business Research, 2000, 49 (2).

[284] Sivadas E., Dwyer F. R.. An examination of organizational factors influencing new product success in internal and alliance-based processes. Journal of Marketing, 2000, 64 (1).

[285] Skevington S. M.. Intergroup relations and social change within

a nursing context. British Journal of Social and Clinical Psychology, 1980, 19.

[286] Snyder C. R.. Product scarcity by need for uniqueness interaction: A consumer catch-22 carousel? . Basic and Applied Social Psychology, 1992, 13 (1).

[287] Snyder C. R., Fromkin H. L.. Abnormality as a positive characteristic: The development and validation of a scale measuring need for uniqueness. Journal of Abnormal Psychology, 1977, 86 (October).

[288] Snydr C. R., Endelman J. R.. Effects of degree of interpersonal similarity on physical distance and self reported attraction: A comparison of uniqueness and reinforcement theory predictions. Journal of Personality and Social Psychology, 1979, 47.

[289] Snydr C. R., Forsyth D. R.. Handbook of social and clinical psychology. Elmsford, NY: Pergamon, 1991.

[290] Snydr C. R., Fromkin H. L.. Uniqueness: The human pursuit of difference. New York: Plenum, 1980.

[291] Snydr C. R., Higins R. L., Stucky R. J.. Excuses: Masquerades in search of grace. New York: Wiley, 1983.

[292] Sperber D.. Rethinking symbolism. Cambridge: Cambridge University Press, 1975.

[293] Sperry R. W.. The great cerebral commissure. Scientific American, 1964, 210 (1).

[294] Srull T. K., Lichtenstein M., Rothbart M.. Associative storage and retrieval processes in person memory. Journal of Experimental Psychology: Learning, Memory and Cogniton, 1985, 11 (316-345).

[295] Stayman D. M., Kardes F. R.. Spontaneous inference processes in advertising: Effects of need for cognition and self-monitoring on inference generation and utilization. Journal of Consumer Psychology, 1992, 1.

[296] Steele-Johnson D. ,Beauregard R. S. , Hoover P. B. , Schmidt. A. M. . Goal orientation and task demand effects on motivation, affect, and performance. Journal of Applied Psychology, 2000, 85 (5).

[297] Steenkamp J. , Hofstede F ter W. M. . A cross-national comparison into the national and national cultural antecedents of consumer innovativeness. Journal of Marketing, 1999, 63 (2).

[298] Steenkamp J. -B. E. M. ,Baumgartner H. . The role of optimum stimulation level in exploratory consumer behavior. Journal of Consumer Research, 1992, 19 (3).

[299] Steenkamp J. -B. E. M. ,Baumgartner H. . The role of optimum stimulation level in exploratory consumer behavior. Journal of Consumer Research, 1992, 19.

[300] Stein M. I. . Creativity and culture. Journal of Psychology, 1953, 36.

[301] Sternberg R. J. . Handbook of human creativity. New York: Cambridge University Press, 1999.

[302] Sternberg R. J. . Intelligence applied: Understanding and increasing your intellectual skills. San Diego: Harcourt, Brace, Jovanovich, 1986.

[303] Sternberg R. J. . The nature of creativity. Cambridge: Cambridge University Press, 1988.

[304] Sternberg R. J. ,Lubart T. . Short selling investment theories of creativity? A reply to runco. Creativity Research Journal, 1991, 4.

[305] Sternberg R. J. , Lubart T. I. . The concept of creativity: prospects and paradigms. Handbook of creativity. Cambridge: Cambridge University Press, 1999.

[306] Sternberg R. J. ,Lubart T. I. . Defying the crowed: Cultivating creativity in a culture comformity. New York: Free Press, 1995.

[307] Sternberg R. J. , Lubart T. I. . Investing in creativity. American Psychologist, 1996, 51 (2).

[308] Stewart G. W. . Can productive thinking be taught? . Journal of Higher Education, 1950, 21.

[309] Stryker S. , Serpe R. T. . Commitment, identity salience, and role behavior: Theory and research example. Personality, roles and social behavior. NY: Springer-Verlag, 1982.

[310] Swan J. E. , Bowers M. R. , Grover R. . Customer involvement in the selection of service specifications. Journal of Services Marketing, 2002, 16 (1).

[311] Tajfel H. . The achievement of group differentiation. Differentiation between social groups: Studies in the social psychology of intergroup relations. London: Academic Press, 1978.

[312] Tajfel H. , Turner J. C. . The social identity theory of intergroup behavior. Psychology of intergroup relations (2nd ed). Chcago: Nelson-Hall, 1985.

[313] Tauer J. M. , Harackiewicz. J. M. . The effects of cooperation and competition on intrinsic motivation and performance. Journal of Personality and Social Psychology, 2004, 86 (6).

[314] Teichert T. , Rost K. . Trust, involvement profile and customer retention-modelling, effects and implications. International Journal of Technology Management, 2003, 26 (5/6).

[315] Terman L. M. . Genetic studies of genius. Stanford, Calif. : Satnford University Press, 1925.

[316] Thompson M. M. , Zanna M. P. . The conflicted individual: Personality-based and domain-specific antecedents of ambivalent social attitudes. Journal of Personality and Social Psychology, 1995, 63.

[317] Thurstone E. P. . Creative talent. Applications of Psychology, 1952.

[318] Tian K. , Belk R. W. . Extended self and possessions in the workplace. Journal of Consumer Research, 2005, 32 (1).

[319] Tian K. T. ,Bearden W. O. , Hunter G. L. . Consumers' need for uniqueness: Scale development and validation. Journal of Consumer Research, 2001, 28 (1).

[320] Tian K. T. ,Bearden W. O. , Hunter G. L. . Consumers' need for uniqueness: Scale development and validation. Journal of Consumer Research, 2001, 28 (1).

[321] Tolman E. C. . Identification and the past-war world. Journal of Abnormal and Social Psychology, 1943, 38.

[322] Torrance E. P. . Educational achievement of the highly intelligent and the highly creative: Eight partial replications of the getzels-jackson study. Bureau of educational research. Minneapolis. MN: University of Minnesota, 1960a.

[323] Torrance E. P. . Guiding creative talent. Englewood Cliffs, NJ: Prentice-Hall, 1960b.

[324] Turner J. C. . Social identification and psychological group formation. The social dimension: European developments in social psychology. Cambridge: Cambridge University Press, 1984.

[325] Turner J. C. ,Hogg M. A. , Oakes P. J. , Reicher S. D. , Wetherell M. . Rediscovering the social group: A self-categorization theory. Oxford, England: Basil Blackwell, 1987.

[326] Unsworth K. . Unpacking creativity. Academy of Management Review. , 2001, 26 (2).

[327] Van Vugt M. ,De Cremer D. . Leadership in social dilemmas: The effects of group identification on collective actions to provide public goods. Journal of Personality and Social Psychology, 1999, 76.

[328] Van Vugt M. ,Mark and Hart C. M. . Social identity as social glue: The origins of group loyalty. Journal of Personality and

Social Psychology, 2004, 86 (4).

[329] Vargo, Lusch. Evolving to a new dominant logic for marketing. Journal of Marketing, 2004, 68 (January).

[330] Vaughn L. A., Malik J., Schwartz S., Petkova Z., Trudeau. L.. Regulatory fit as input for stop rules. Journal of Personality and Social Psychology, 2006, 91 (4).

[331] Venkatraman M. P., Maclnnis D. J.. The epistemic and sensory exploratory behaviors of hedonic and cognitive consumers. Advances in Consumer Research, 1985, 12.

[332] Venkatraman M. P., Price L. L.. Differentiating between cognitive and sensory innovativeness. Journal of Business Research, 1990, 20.

[333] Verplanken B., Hazenberg P. T., Palenewen G. R.. Need for cognition and external information search effort. Journal of Research in Personality, 1992, 26.

[334] von Hippel E.. The dominant role of the user in semiconductor and electronic subassembly process innovation. IEEE Transactions on Engineering Management, 1977, 24 (May).

[335] von Hippel E.. "Sticky information" and the locus of problem solvingamplications for innovation. Management Science, 1994, 40 (4).

[336] Wahlers R. G., Dunn M. G.. Optimal stimulation level measurement and exploratory behavior: Review and analysis. Advances in Consumer Research, 1987, 13.

[337] Wallach M. A., Kogan N.. Modes of thinking in young children. New York: Holt, Rinehart and Winston, 1965.

[338] White R. W.. Motivation reconsidered: The concept of competence. Psychological Review, 1959, 66.

[339] Wicker F. W., Brown G.. Moods, goals, and measures of intrinsic motivation. Journal of Psychology, 1990, 124 (1).

[340] Wiekens C. J., Stapel D. A.. I versus we: The effects of self-

construal level on diversity. Social Cognition, 2008, 26 (3).
[341] Wiener Y.. Commitment in organizations: A normative view. Academy of Management Review, 1982, 7.
[342] Wilder D. A., Allen V. L.. Group membership and preference for information about others. Personality and Social Psychology Bulletin, 1978, 4.
[343] Zairi M.. Managing user-supplier interactions: Management of R&D activity. Management Decision, 1992, 30 (8).
[344] Zuckerman M.. Behavioral expressions and biosocial bases of sensation seeking. Cambridge: University of Cambridge Press, 1994.
[345] Zuckerman M.. The pscholophsiology of sensations seeking. Journal of Personality and Social Psychology, 1990, 58 (1).
[346] Zuckerman M.. Sensation seeking: Beyond the optimal level arousal. Hillsdale, NJ: Lawrence Erlbaum Associates, 1979.
[347] 阿尔法·汉森. 二十世纪六十年代的经济问题. 张伯建，朱基俊，王运成，译. 北京：商务印书馆，1964.
[348] 薛贵. 内部动机与外部动机与创造力的关系研究. 心理发展与教育，2001，2.
[349] 凡勃伦. 有闲阶级论. 北京：商务印书馆，1981.
[350] 符国群. 消费者行为学. 北京：高等教育出版社，2001.
[351] 高建江. 班杜拉论自我效能的形成与发展. 心理科学，1992，6.
[352] 高中春. 自我效能理论述评. 心理发展与教育，2000，1.
[353] 李冬琴，黄晓春. 论新产品开发中的信息粘滞. 科技进步与对策，2005，1.
[354] 利布里奇，图沃-玛沙奇，奇尔波. 叙事研究：阅读、分析和诠释. 王红艳主译，释觉舫审校. 重庆：重庆大学出版社，2008.
[355] 刘凤娥，黄希庭. 自我概念的多维度多层次模型研究述评. 心理学动态，2001，9.

[356] 迈克·费瑟斯通．消费文化与后现代主义．南京：译林出版社，2000.
[357] 皮埃尔·布迪厄．实践感．蒋梓骅，译．南京：译林出版社，2005.
[358] 施建农，徐凡．超常与常态儿童的兴趣、动机与创造性思维的比较研究．心理学报，1997，29（3）.
[359] 苏特杰·哈利．广告符码消费社会中的政治经济学和拜物现象．马姗姗，译．北京：中国人民大学出版社，1987.
[360] 孙雍君．斯腾伯格创造力理论述评．自然辩证法通讯，2000，1.
[361] 王才康，胡中锋，刘勇．一般自我效能感量表的信度和效度研究．应用心理学，2001，7.
[362] 王宁．消费社会学——一个分析的视角．北京：社会科学文献出版社，2001.
[363] 吴兴明．省思波德里亚：我们如何理解消费社会．文化研究，2005，5.
[364] 希夫曼，卡纽克．消费者行为学（第七版）．上海：华东师范大学出版社，2002.
[365] 徐展，张庆林．关于创造性的研究述评．心理学动态，2001，1.
[366] 曾荣侠．大学生一般自我效能感及其与应对方式、心理健康关系的研究．河南大学硕士研究生学位论文，2004.
[367] 詹志禹．“创造力”的定义与创造力的发展．教育研究，2002，100.
[368] 张爱卿．动机论：迈向21世纪的动机心理学研究．武汉：华中师范大学出版社，1999.
[369] 张剑，郭德俊．环境因素与创造性的社会心理学理论．心理科学，2003a，2.
[370] 张剑，郭德俊．内部动机与外部动机关系的研究进展．心理科学进展，2003b，4.
[371] 张晋萍．中学生一般自我效能感、认知需求和创造性关系

研究．山西大学硕士研究生学位论文，2004.
[372] 张鼐昆，方俐洛，凌文栓．自我效能感的理论及研究现状．心理学动态，1999，1.
[373] 张学华，陈文标．基于外部缄默知识的新产品开发研究．科技进步与对策，2005，6.
[374] 章志光．社会心理学．北京：人民教育出版社，1996.
[375] 周昌忠．创造心理学．北京：中国青年出版社，1986.
[376] 周勇，董奇．学习动机、归因、自我效能感与学习自我监控学习的关系．研究心理发展与教育，1994，10.

中国当代哲学问题探索
中国辩证法史稿（第一卷）
德国古典哲学逻辑进程（修订版）
毛泽东哲学分支学科研究
哲学研究方法论
改革开放的社会学研究
邓小平哲学研究
社会认识方法论
康德黑格尔哲学研究
人文社会科学哲学
中国共产党解放和发展生产力思想研究
思想政治教育有效性研究（第二版）
政治文明论
中国现代价值观的初生历程
精神动力论
广义政治论
中西文化分野的历史反思
第二次世界大战与战后欧洲一体化起源研究
哲学与美学问题
行为主义政治学方法论研究
政治现代化比较研究
调和与制衡
“跨越论”与落后国家经济发展道路
村民自治与宗族关系研究
中国特色社会主义基本问题研究
一种中道自由主义：托克维尔政治思想研究
社会转型与组织化调控
中国现阶段所有制结构及其演变的理论与实证研究
战后美国对外经济制裁
从简帛中挖掘出来的政治哲学

国际经济法概论
国际私法
国际组织法
国际条约法
国际强行法与国际公共政策
比较外资法
比较民法学
犯罪通论
刑罚通论
中国刑事政策学
中国冲突法研究
中国与国际私法统一化进程（修订版）
比较宪法学
人民代表大会制度的理论与实践
国际民商新秩序的理论建构
中国涉外经济法律问题新探
良法论
国际私法（冲突法篇）（修订版）
比较刑法原理
担保物权法比较研究
澳门有组织犯罪研究
行政法基本原则研究
国际刑法学
遗传资源获取与惠益分享的法律问题研究
欧洲联盟法总论
民事诉讼辩论原则研究
权力的法治规约
宪法与公民教育
国际商事争议解决机制研究
人民监督员制度的立法研究

当代西方经济学说（上、下）
唐代人口问题研究
非农化及城镇化理论与实践
马克思经济学手稿研究
西方利润理论研究
西方经济发展思想史
宏观市场营销研究
经济运行机制与宏观调控体系
三峡工程移民与库区发展研究
２１世纪长江三峡库区的协调与可持续发展
经济全球化条件下的世界金融危机研究
中国跨世纪的改革与发展
中国特色的社会保障道路探索
发展经济学的新发展
跨国公司海外直接投资研究
利益冲突与制度变迁
市场营销审计研究
以人为本的企业文化
路径依赖、管理哲理与第三种调节方式研究
中国劳动力流动与“三农”问题
新开放经济宏观经济学理论研究
关系结合方式与中间商自发行为的关系研究
发达国家发展初期与当今发展中国家经济发展比较研究
旅游业、政府主导与公共营销
创新、模仿、知识产权和全球经济增长
消费者非伦理行为形成机理及决策过程研究
网络口碑的形成、传播与影响机制研究
消费者参与企业创造的心理机制研究

武汉大学学术丛书 书目

文言小说高峰的回归
文坛是非辩
评康殷文字学
中国戏曲文化概论（修订版）
法国小说论
宋代女性文学
《古尊宿语要》代词助词研究
社会主义文艺学
文言小说审美发展史
海外汉学研究
《文心雕龙》义疏
选择·接受·转化
中国早期文化意识的嬗变（第一卷）
中国早期文化意识的嬗变（第二卷）
中国文学流派意识的发生和发展
汉语语义结构研究
明清词研究史
新文学的版本批评
中国古代文论诗性特征研究
唐五代逐臣与贬谪文学研究
王蒙传论
教育格言论析
嘉靖前期诗坛研究（1522-1550）
清词话考述
"原来"、"从来"、"连连"三组时间副词研究
中唐元和诗歌传播接受史的文化学考察
宋词传播方式研究

中国印刷术的起源
现代情报学理论
信息经济学
中国古籍编撰史
大众媒介的政治社会化功能
现代信息管理机制研究
科学信息交流研究
比较出版学
IRM-KM范式与情报学发展研究
公共信息资源的多元化管理

随机分析学基础
流形的拓扑学
环论
近代鞅论
鞅与ｂａｎａｃｈ空间几何学
现代偏微分方程引论
算子函数论
随机分形引论
随机过程论
平面弹性复变方法（第二版）
光纤孤子理论基础
Ｂａｎａｃｈ空间结构理论
电磁波传播原理
计算固体物理学
电磁理论中的并矢格林函数
穆斯堡尔效应与晶格动力学
植物进化生物学
广义遗传学的探索
水稻雄性不育生物学
植物逆境细胞及生理学
输卵管生殖生理与临床
Ａｇｅｎｔ和多Ａｇｅｎｔ系统的设计与应用
因特网信息资源深层开发与利用研究
并行计算机程序设计导论
并行分布计算中的调度算法理论与设计
水文非线性系统理论与方法
拱坝CADC的理论与实践
河流水沙灾害及其防治
地球重力场逼近理论与中国2000似大地水准面的确定
碾压混凝土材料、结构与性能
喷射技术理论及应用
Dirichlet级数与随机Dirichlet级数的值分布
地下水的体视化研究
病毒分子生态学
解析函数边值问题（第二版）
工业测量
日本血吸虫超微结构
能动构造及其时间标度
基于内容的视频编码与传输控制技术
机载激光雷达测量技术理论与方法
相对论与相对论重力测量
水工钢闸门检测理论与实践
空间信息的尺度、不确定性与融合
基于序列图像的视觉检测理论与方法

中日战争史（１９３１～１９４５）（修订版）
中苏外交关系研究（１９３１～１９４５）
汗简注释
国民军史
中国俸禄制度史
斯坦因所获吐鲁番文书研究
敦煌吐鲁番文书初探（二编）
十五十六世纪东西方历史初学集（续编）
清代军费研究
魏晋南北朝隋唐史三论
湖北考古发现与研究
德国资本主义发展史
法国文明史
李鸿章思想体系研究
唐长孺社会文化史论丛
殷墟文化研究
战时美国大战略与中国抗日战场（1941~1945年）
古代荆楚地理新探·续集
汉水中下游河道变迁与堤防
吐鲁番文书总目（日本收藏卷）
用典研究
《四库全书总目》编纂考
元代教育研究
中国实录体史学研究
分歧与协调
明清长江流域山区资源开发与环境演变
清代财政政策与货币政策研究
"封建"考论（第二版）
经济开发与环境变迁研究
中国华洋义赈救灾总会研究
明清鄂东宗族与地方社会
历史时期长江中游地区人类活动与环境变迁专题研究